1))(.9.
Сваb.2.

ŒUVRES

COMPLÈTES

DE MOLIÈRE.

II.

ŒUVRES
COMPLÈTES
DE MOLIÈRE,
AVEC
DES REMARQUES GRAMMATICALES,
DES AVERTISSEMENS
ET DES OBSERVATIONS SUR CHAQUE PIÈCE,
Par M. BRET.

TOME DEUXIÈME.

TROYES,
GOBELET, IMPRIMEUR DU ROI
ET LIBRAIRE, PRÈS L'HÔTEL-DE-VILLE, N.° 11.

1819.

SGANARELLE,

OU

LE COCU IMAGINAIRE,

COMÉDIE.

AVERTISSEMENT

DE L'ÉDITEUR

SUR SGANARELLE,

OU

LE COCU IMAGINAIRE.

Cette comédie en vers et en un acte fut jouée à Paris sur le théâtre du Petit Bourbon, le 28 mai 1660.

Il est aisé d'apercevoir pourquoi les éditeurs de Molière, depuis 1734 jusqu'à nous, ont partagé cette pièce en trois actes. La scène restoit vide après la sixième et la dix-septième scène, et ils ont pu croire que cette coupure étoit indiquée par Molière; c'est ainsi que les premiers critiques ont divisé par estime les chefs-d'œuvre des théâtres anciens.

Cependant il ne nous est pas possible de croire qu'elle n'ait pas été jouée en un acte en 1660, comme elle l'est encore aujourd'hui; des mémoires du tems nous apprennent que la scène dix-septième, qui est le monologue, étoit alors appelée *la belle scène* ; or, dès qu'il y avoit une scène dix-septième, le partage qu'ont fait de cette pièce nos derniers éditeurs, est de leur invention, puisque ce même monologue y devient la scène onzième du deuxième acte. L'édition de 1682, faite par La Grange, camarade de Molière, et Vinot, son ami, ne nous offre cette comédie qu'en un acte.

Avant d'entrer dans le détail des faits qui regardent cet ouvrage, il faut faire observer deux choses à nos lecteurs.

La première, c'est que tous ceux qui ont écrit sur Molière se sont accordés à dire que le séjour de Paris avoit déjà perfectionné son style dans cette troisième pièce en vers. Cependant elle est encore pleine des fautes du tems qu'on a déjà observées dans les deux premières.

La seconde, c'est que Molière, par le choix des noms comiques et bas de *Sganarelle*, de *Gorgibus* et de *Villebrequin*, annonçoit suffisamment à ses spectateurs qu'ils devoient s'attendre à cette liberté grossière de style qui est ordinaire à de très-petits bourgeois tels que ceux-ci.

Le mot de *cocu*, par exemple, est retranché depuis long-tems du dictionnaire des honnêtes gens (1), mais il est toujours dans la bouche du peuple et du demi-bourgeois ; c'est dans cette

---

(1) Le scrupuleux Baillet, en parlant de cette pièce, n'osa point en nommer le titre ; il écrit le *c... imaginaire*.

classe que les hommes sont encore originaux et vrais; le *Contemplateur* (1) Molière avoit dû jeter les yeux sur cet ordre de citoyens, où les ridicules sont dans toute leur franchise et dans toute leur naïveté. Devoit-il les faire parler autrement qu'ils ne parlent, et l'énergie des mots dont ils se servent habituellement, devoit-elle lui échapper?

Paris n'avoit point alors cet excès de délicatesse qui proscriroit aujourd'hui un pareil ouvrage, et le succès du *Cocu imaginaire* ne nous permet pas d'en douter. Le mariage de Louis XIV avoit fait sortir de cette capitale un grand nombre de ses habitans, lorsque Molière donna sa pièce, et cependant elle eut un concours prodigieux de spectateurs, elle fut jouée quarante fois de suite, avec les mêmes applaudissemens.

Molière y joua le rôle de Sganarelle avec une intelligence, un comique et une vérité qu'on ignoroit encore sur tous nos théâtres. C'étoit exactement le *mime* dont parle Cicéron : *qui ore, vultu, imitandis moribus, voce, denique corpore videtur ipse.*

Le personnage de Sganarelle, disent les auteurs de l'Histoire du théâtre français, *semble avoir été introduit à l'imitation de ceux de Jodelet, de Gros-René, etc.; mais nous ignorons*, ajoutent-ils, *le nom de l'auteur qui prit ce caractère, et le tems qu'il passa au théâtre.*

(1) C'est le nom que Despréaux donnoit à Molière.

Comment a-t-on pu comparer le caractère de *Sganarelle* à celui de *Jodelet*, personnage fantastique, pur bouffon, toujours hors de la nature, et à qui Molière devoit faire abandonner nos théâtres ? Le rôle de *Sganarelle* est comique, mais il est beaucoup plus dans notre façon d'être et dans la vérité.

Quel est cet autre embarras sur le nom de l'auteur qui prit ce caractère et sur le tems auquel il parut sur la scène ? Ces historiens n'ont trouvé, avant Molière, aucune pièce où ce personnage soit introduit, c'est donc Molière qui l'a créé et qui le destinoit pour lui-même.

Grimarêt, dans la vie de Molière, dit qu'un bourgeois fut assez sot pour vouloir se plaindre du *Cocu imaginaire*, qui lui ressembloit ; on lui fit observer que les maris, qui sur cette matière en étoient quittes pour l'imagination, étoient les plus heureux ; et le bourgeois, consolé par un aussi bon raisonnement, se calma.

Il n'étoit pas si aisé à notre auteur d'arrêter l'envie de ses rivaux, que deux succès alarmoient pour leur intérêt et pour leur gloire : on cita le canevas italien, qui a pour titre : *Arlichino cornuto per opinione*, qui avoit servi à Molière, comme quelques parties de l'échafaudage d'un maçon peuvent servir à celui d'un habile architecte. Cette pièce enfin, dit M. de Voltaire, eut le sort des bons ouvrages, qui ont de mauvais censeurs et de mauvais copistes.

Un nommé François *Doneau*, parent de l'auteur du *Mercure galant*, composa, en moins de

SUR LE COCU IMAGINAIRE.

deux mois, le seul ouvrage qui l'ait fait connoître, et qui a pour titre : *les Amours d'Alcippe et de Céphise, ou la Cocue imaginaire*; on le trouve dans quelques anciennes éditions de Molière.

M. de Voltaire et quelques autres écrivains disent que cette pièce du sieur *Doneau* fut jouée sur la fin de 1661; mais les historiens de notre théâtre, beaucoup plus exacts, assurent qu'elle ne l'a point été. Quoi qu'il en soit, M. *Doneau* paroît moins contraint que son parent M. de *Visé*, sur les éloges qu'il fait de Molière. Voici comment il s'explique dans sa préface : cet endroit que nous allons en citer, apprendra suffisamment aux lecteurs ce que c'étoit que la *Cocue imaginaire*.

Jamais on ne vit de sujet mieux conduit, jamais rien de si bien fondé que la jalousie de Sganarelle, et jamais rien de si spirituel que les vers...... J'aurois bien fait un autre sujet que celui de M. Molière pour faire éclater les plaintes de la femme, mais ils n'auroient pas eu tous les deux les mêmes sujets de faire éclater leur jalousie ; il y auroit eu du plus ou du moins. C'est pourquoi il a fallu qu'ils raisonnassent sur les mêmes incidens ; tellement qu j'ai été contraint de me servir du même sujet, c'est ce qui fait que vous n'y trouverez rien de changé, sinon que tous les hommes de l'un sont changés en femmes dans l'autre. Je pourrois aussi vous parler du mot de Cocue dont je me suis servi ; mais je crois qu'il n'en est pas besoin, d'autant que nous sommes dans un tems où chacun parle à sa mode.

Molière ne fut pas assez enivré de son succès pour se rendre à la sollicitation des libraires, et pour *sauter*, comme il le dit, *du théâtre de Bourbon dans la Galerie du Palais*. Le public ne dut l'impression du *Cocu imaginaire* qu'à un effort de mémoire.

Un particulier, nommé *Neuvillenaine*, après les cinq ou six premières représentations, se vit en état d'écrire presque toute la pièce et de la communiquer à ses amis. Mais comme il apprit qu'on se disposoit à abuser de la confiance qu'il avoit eue en laissant courir son manuscrit, il prit la résolution de la faire imprimer lui-même telle qu'il l'avoit, et de la dédier à M. de *Molier*. C'est ainsi qu'il écrit le nom de notre auteur.

Les argumens que le sieur de *Neuvillenaine* mit à la tête de chaque scène, rendent cette première édition assez précieuse, parce qu'ils notent, en quelque façon, la pantomime théâtrale de la pièce, qu'ils rendent le compte le plus étendu de tout le jeu de Sganarelle, et qu'ils suppléent aux vides que la mémoire de l'éditeur avoit laissés.

L'homme de génie qui a donné quelques-uns de ses momens à Molière en 1736, dit que le dénouement amené par *Villebrequin* est un des moins bien ménagés et des moins heureux de l'auteur. Cependant il est dans la nature que deux vieillards, sans consulter leurs enfans, ayent arrangé une union que le mariage antécédent et secret d'un des futurs rend impossible ; c'est ce qui forme le dénouement du *Cocu imaginaire*. *Villebrequin* vient annoncer la nécessité où le met son fils de retirer sa parole, et il rend par là à *Gorgibus* (1) la liberté de tenir son premier engagement avec *Lélie*; ce qui termine l'acte à la satisfaction de toutes les parties. Le dénouement est donc suffisamment ameué, surtout dans une espèce de farce, où le mérite si rare d'exciter le rire, rend le spectateur moins délicat sur les finesses de l'art.

(1) *Gorgibus* n'est point un nom imaginaire, comme on pourroit le croire; ce nom étoit celui d'un des témoins qu'on avoit fait entendre dans les informations de 1650, faites sur la *conjuration publique*. Voyez les Mémoires de Retz, Liv. 3, où ce Cardinal parle de la *Comette*, de *Marsan* et de *Gorgibus*, filous fieffés, qui avoient déposé contre lui et MM. de *Beauffort* et *Brusselles*.

ACTEURS.

GORGIBUS, bourgeois.
CÉLIE, fille de Gorgibus.
LÉLIE, amant de Célie.
GROS-RENÉ, valet de Lélie.
SGANARELLE, bourgeois, et cocu imaginaire.
LA FEMME de Sganarelle.
VILLEBREQUIN, père de Valère.
LA SUIVANTE de Célie.
UN PARENT de la femme de Sganarelle.

La scène est dans une place publique.

SGANARELLE,
OU
LE COCU IMAGINAIRE.

SCÈNE I.

GORGIBUS, CÉLIE, LA SUIVANTE
de Célie.

CÉLIE *sortant toute éplorée.*

Ah! n'espérez jamais que mon cœur y consente.
GORGIBUS.
Que marmotez-vous là, petite impertinente?
Vous prétendez choquer ce que j'ai résolu?
Je n'aurai pas sur vous un pouvoir absolu?
Et, par sottes raisons, votre jeune cervelle
Voudroit régler ici la raison paternelle?
Qui de nous deux à l'autre a droit de faire loi?
A votre avis, qui mieux, ou de vous, ou de moi,
O sotte! peut juger ce qui vous est utile?
Par la corbleu! gardez d'échauffer trop ma bile;
Vous pourriez éprouver, sans beaucoup de longueur *,
Si mon bras sait encor montrer quelque vigueur;
Votre plus court sera, madame la mutine,
D'accepter sans façon l'époux qu'on vous destine.

* *Sans beaucoup de longueur, pour sans beaucoup de retard, ne se dit pas.*

J'ignore, dites-vous, *de quelle humeur il est,*
Et dois auparavant consulter, s'il vous plaît :
Informé du grand bien qui lui tombe en partage,
Dois-je prendre le soin d'en savoir davantage?
Et cet époux, ayant vingt mille bons ducats,
Pour être aimé de vous, doit-il, manquer d'appas?
Allez, tel qu'il puisse être, avecque * cette somme
Je vous suis caution qu'il est très-honnête homme.

CÉLIE.

Hélas!

GORGIBUS.

Hé bien, hélas! Que veut dire ceci?
Voyez le bel hélas qu'elle nous donne ici!
Hé! Que si la colere une fois me transporte,
Je vous ferai chanter hélas de belle sorte.
Voila, voilà le fruit de ces empressemens
Qu'on vous voit nuit et jour à lire vos romans;
De quolibets d'amour votre tête est remplie,
Et vous parlez de Dieu bien moins que de Clélie.
Jetez moi dans le feu tous ces méchans écrits
Qui gâtent tous les jours tant de jeunes esprits;
Lisez-moi, comme il faut, au lieu de ces sornettes,
Les quatrains de Pibrac **, et les doctes tablettes

---

* .... *Avecque cette somme.* Les trois dernières lettres du mot *avecque*, dit l'abbé d'Olivet, ne forment une syllabe que pour les yeux.

** *Les quatrains de Pibrac et les doctes tablettes*
Du conseiller Mathieu.

Guy Dufaur de Pibrac, magistrat célèbre du seizième siècle, a mérité l'éloge d'avoir introduit le premier au Barreau, la véritable éloquence; il mourut en 1584. Nous avons de lui des plaidoyers, des harangues et des poësies connues sous le nom de *quatrains*, qui sont remplis d'instructions utiles pour la conduite de la vie.

Pierre Mathieu, historiographe de France, mort à Toulouse en 1621, à 58 ans, a composé en français l'Histoire des choses mémorables arrivées sous le règne de Henri IV. Son style est affecté et de mauvais gout, dit M. l'abbé Ladvocat. Le livre dont parle Molière a pour titre *les Tablettes de la vie et de la mort.*

SCÈNE I.

Du conseiller Mathieu ; l'ouvrage est de valeur,
Et plein de beaux dictons à réciter par cœur.
La guide des pécheurs * est encore un bon livre ;
C'est là qu'en peu de tems on apprend à bien vivre ;
Et si vous n'aviez lu que ces moralités,
Vous sauriez un peu mieux suivre mes volontés.

CÉLIE.

Quoi ! vous prétendez donc, mon père, que j'oublie
La constante amitié que je dois à Lélie ?
J'aurois tort, si sans vous je disposois de moi ;
Mais vous-même à ses vœux engageâtes ma foi.

GORGIBUS.

Lui fût-elle engagée encore davantage,
Un autre est survenu, dont le bien l'en dégage **.
Lélie est fort bien fait ; mais apprends qu'il n'est rien
Qui ne doive céder au soin d'avoir du bien,
Que l'or donne aux plus laids certain charme pour plaire,
Et que sans lui le reste est une triste affaire.
Valère, je crois bien, n'est pas de toi chéri ;
Mais, s'il ne l'est amant, il le sera mari.
Plus que l'on ne le croit, ce nom d'époux engage,
Et l'amour est souvent un fruit du mariage.
Mais suis-je pas bien fat de vouloir raisonner,
Où de droit absolu j'ai pouvoir d'ordonner ?
Trêve donc, je vous prie, à vos impertinences.
Que je n'entende plus vos sottes doléances.
Ce gendre doit venir vous visiter ce soir,
Manquez un peu, manquez à bien le recevoir ;

---

* *La guide des pécheurs est encore un bon livre.* Livre ascétique, ou de dévotion, par Louis de Grenade, Dominicain Espagnol, mort en 1588. Le Dictionnaire de l'Académie Française décide que ce mot *guide* n'est plus d'usage au féminin que dans ces phrases, *la Guide des pécheurs, la Guide des chemins,* qui sont des titres de vieux livres.

** *Un autre est survenu dont le bien l'en dégage.* Cela seroit plus clair s'il y avoit *dont le bien me dégage ;* mais cela n'en seroit pas écrit avec moins de contrainte.

Si je ne vous lui vois faire fort bon visage *,
Je vous... Je ne veux pas en dire davantage.

SCÈNE II.
CÉLIE, LA SUIVANTE de Célie.
LA SUIVANTE.

Quoi, refuser, madame, avec cette rigueur,
Ce que tant d'autres gens voudroient de tout leur cœur?
A des offres d'hymen répondre par des larmes,
Et tarder tant à dire un oui si plein de charmes?
Hélas! que ne veut-on aussi me marier?
Ce ne seroit pas moi qui se feroit prier;
Et loin qu'un pareil oui me donnât de la peine,
Croyez que j'en dirois bien vite une douzaine.
Le précepteur qui fait répéter la leçon
A votre jeune frère, a fort bonne raison
Lorsque, nous discourant des choses de la terre,
Il dit que la femelle est ainsi que le lierre,
Qui croît beau, tant qu'à l'arbre il se tient bien serré,
Et ne profite point s'il en est séparé.
Il n'est rien de plus vrai, ma très-chère maîtresse,
Et je l'éprouve en moi, chétive pécheresse.
Le bon Dieu fasse paix à mon pauvre Martin;
Mais j'avois, lui vivant, le teint d'un Chérubin,
L'embonpoint merveilleux; l'œil gai, l'ame contente,
Et maintenant je suis ma commère dolente;
Pendant cet heureux tems, passé comme un éclair,
Je me couchois sans feu dans le fort de l'hiver **;

* *Si je ne vous lui vois faire fort bon visage.* Vers médiocre, où le mot *fort* n'est mis que pour le besoin du vers. Il étoit aisé de dire, *Si je ne vous vois pas lui faire bon visage.* En général, cette scène a du naturel et de la vérité. Gorgibus y parle à sa fille du ton d'un bourgeois qui veut être obéi.

** *Je me couchois sans feu dans le fort de l'hiver,* etc. Imitation. D'il *Sabbadino*, nov. de Bocace. *Sappi, se prende moglie, che l'invernata te tenerà le rene calde, et la state fresco il stomacho. E poi quando ancora stranuti haverrai almeno, chi te dirà, Dio te aiuti.*

SCÈNE II.

Sécher même les draps me sembloit ridicule ;
Et je tremble à présent dedans la canicule.
Enfin il n'est rien tel, madame, croyez-moi,
Que d'avoir un mari la nuit auprès de soi,
Ne fût-ce que pour l'heur d'avoir qui vous salue
D'un, Dieu vous soit en aide, alors qu'on éternue.

CÉLIE.

Peux-tu me conseiller de commettre un forfait,
D'abandonner Lélie, et prendre ce mal fait * ?

LA SUIVANTE.

Votre Lélie aussi n'est, ma foi, qu'une bête,
Puisque si hors de tems son voyage l'arrête ;
Et la grande longueur de son éloignement **
Me le fait soupçonner de quelque changement.

CÉLIE *lui montrant le portrait de Lélie.*

Ah ! ne m'accable point par ce triste présage.
Vois attentivement les traits de ce visage,
Ils jurent à mon cœur d'éternelles ardeurs ;
Je veux croire, après tout, qu'ils ne sont point menteurs,
Et que, comme c'est lui que l'art y représente,
Il conserve à mes feux une amitié constante.

LA SUIVANTE.

Il est vrai que ces traits marquent un digne amant,
Et que vous avez lieu de l'aimer tendrement..

CÉLIE.

Et cependant il faut.... Ah, soutiens-moi.
(*Laissant tomber le portrait de Lélie.*)

---

* *D'abandonner Lélie, et prendre ce mal-fait.* Le peuple dit substantivement *ce mal-bâti, ce contrefait*, pour *cet homme mal bâti* ; mais il ne dit jamais *ce mal-fait.* C'est donc une négligence de Molière, dont il faut faire l'aveu. Le mot de *forfait* que Célie emploie pour désigner la légereté qu'il y auroit de sa part à abandonner Lélie, n'est pas le mot propre.

** *Et la grande longueur de son éloignement. Grande longueur*, pléonasme. L'évanouissement de Célie dans cette scène est peu préparé ; il n'est fait que pour donner lieu à la perte du portrait qui doit servir de fond à toute l'intrigue.

LA SUIVANTE.

Madame,
D'où vous pourroit venir.... Ah, bons dieux, elle pâme !
Hé ! vîte, holà quelqu'un !

SCÈNE III.
CÉLIE, SGANARELLE, LA SUIVANTE
de Célie.

SGANARELLE.

Qu'est-ce donc ? Me voilà.

LA SUIVANTE.

Ma maîtresse se meurt.

SGANARELLE.

Quoi ! n'est-ce que cela ?
Je croyois tout perdu de crier de la sorte ;
Mais approchons pourtant. Madame, êtes-vous morte ?
Ouais ! Elle ne dit mot.

LA SUIVANTE.

Je vais faire venir
Quelqu'un pour l'emporter, veuillez la soutenir.

SCÈNE IV.
CÉLIE, SGANARELLE, LA FEMME
de Sganarelle.

SGANARELLE *en passant la main sur le sein de Célie.*

Elle est froide partout, et je ne sais qu'en dire.
Approchons-nous pour voir si sa bouche respire.
Ma foi, je ne sais pas ; mais j'y trouve encor moi
Quelque signe de vie.

LA FEMME *de Sganarelle regardant par la fenêtre.*

Ah, qu'ost-ce que je voi ?
Mon mari dans ses bras... Mais je m'en vais descendre ;
Il me trahit, sans doute, et je veux le surprendre.

SGANARELLE.

Il faut se dépêcher de l'aller secourir ;

SCÈNE V.

Certes, elle auroit tort de se laisser mourir.
Aller en l'autre monde est très-grande sottise,
Tant que dans celui-ci l'on peut être de mise.
(Il la porte chez elle.)

SCÈNE V.

LA FEMME de *Sganarelle* seule.

Il s'est subitement éloigné de ces lieux,
Et sa fuite a trompé mon desir curieux :
Mais de sa trahison je ne suis plus en doute,
Et le peu que j'ai vu me la découvre toute.
Je ne m'étonne plus de l'étrange froideur
Dont je le vois répondre à ma pudique ardeur ;
Il réserve, l'ingrat, ses caresses à d'autres,
Et nourrit leurs plaisirs par les jeûnes des nôtres.
Voilà de nos maris le procédé commun ;
Ce qui leur est permis leur devient importun ;
Dans les commencemens ce sont toutes merveilles,
Ils témoignent pour nous des ardeurs non pareilles :
Mais les traîtres bientôt se lassent de nos feux,
Et portent autre part ce qu'ils doivent chez eux.
Ah! que j'ai de dépit que la loi n'autorise
A changer de mari comme on fait de chemise !
Cela seroit commode ; et j'en sais telle ici
Qui, comme moi, ma foi, le voudroit bien aussi *.
(En ramassant le portrait que Célie avoit laissé tomber.)
Mais quel est ce bijou que le sort me présente ?
L'émail en est fort beau, la gravure charmante,
Ouvrons.

* *Cela seroit commode, et j'en sais telle ici,*
Qui, comme moi, ma foi, le voudroit bien aussi.

Ce n'est point aux spectateurs que la femme de Sganarelle adresse la parole ; et l'actrice qui joue ce rôle, auroit grand tort de jeter les yeux sur le parterre ou sur les loges, qui n'existent jamais dans une pièce bien faite et pour un acteur intelligent. La femme de Sganarelle se trouve dans la rue, et elle peut y songer à plus d'une voisine qui lui suggère la plaisanterie qu'elle fait dans ces deux vers.

LE COCU IMAGINAIRE.
SCÈNE VI.
SGANARELLE, LA FEMME de Sganarelle.

SGANARELLE *se croyant seul.*

On la croyoit morte et ce n'étoit rien.
Il n'en faut plus qu'autant*, elle se porte bien.
Mais j'aperçois ma femme.

LA FEMME *de Sganarelle, se croyant seule.*

O ciel! c'est miniature,
Et voilà d'un bel homme une vive peinture !

SGANARELLE *à part, et regardant par-dessus l'épaule de sa femme.*

Que considère-t-elle avec attention ?
Ce portrait, mon honneur, ne me dit rien de bon.
D'un fort vilain soupçon je me sens l'ame émue.

LA FEMME *de Sganarelle sans apercevoir son mari.*

Jamais rien de plus beau ne s'offrit à ma vue ;
Le travail plus que l'or s'en doit encor priser.
O que cela sent bon !

SGANARELLE *à part.*

Quoi! peste, le baiser?
Ah, j'en tiens !

LA FEMME *de Sganarelle poursuit.*

Avouons qu'on doit être ravie
Quand d'un homme ainsi fait on se peut voir servie**,
Et que s'il en contoit avec attention,

---

* *Il n'en faut plus qu'autant, elle se porte bien. Autant :* de quoi ? On ne le devine point. Vers négligé.
Cette tournure de phrase, si difficile à concevoir, est encore usitée dans quelques provinces, et signifie : *Quand il en arriveroit autant, il n'y auroit pas grand mal.* Une jeune femme de Bourgogne disoit après sa première couche, lorsqu'on lui demandoit des nouvelles de sa santé : *Il n'en faut plus qu'autant, je me porte bien.*

** *Quand d'un homme ainsi fait on se peut voir servie.* On se sert de quelqu'un, mais on est servi par quelqu'un. Il étoit aisé de dire : *Lorsque par un tel homme on peut se voir servie.*

SCÈNE VI.

Le penchant seroit grand à la tentation.
Ah, que n'ai-je un mari d'une aussi bonne mine !
Au lieu de mon pelé, de mon rustre....

SGANARELLE *lui arrachant le portrait.*

Ah, mâtine * !
Nous vous y surprenons en faute contre nous,
En diffamant l'honneur de votre cher époux.
Donc, à votre calcul ; ô ma trop digne femme !
Monsieur, tout bien compté, ne vaut pas bien madame ?
Et, de par Belzébut, qui vous puisse emporter,
Quel plus rare parti pourriez-vous souhaiter ?
Peut-on trouver en moi quelque chose à redire ?
Cette taille, ce port, que tout le monde admire ;
Ce visage si propre à donner de l'amour,
Pour qui mille beautés soupirent nuit et jour ;
Bref, en tout et partout, ma personne charmante,
N'est donc pas un morceau dont vous soyez contente ?
Et, pour rassasier votre appétit gourmand,
Il faut joindre au mari le ragoût d'un galant.

LA FEMME *de Sganarelle.*

J'entends à demi-mot où va la raillerie.
Tu crois par ce moyen....

SGANARELLE.

A d'autres, je vous prie !
La chose est avérée, et je tiens dans mes mains
Un bon certificat du mal dont je me plains.

LA FEMME *de Sganarelle.*

Mon courroux n'a déjà que trop de violence,

---

* *Au lieu de mon pelé, de mon rustre....*

Ah, mâtine !

Voilà des mots terribles pour nos oreilles délicates. Ce sont des gentillesses du dialogue dramatique des Italiens. Voyez l'*Hypocrite de l'Arétin*, acte 2, scène 18, où *Maia* et *Lisco*, mari et femme, se traitent ainsi :

Lisco.

Ribaldonaccia, tagna, turca.

Maia.

Ah porco..... Baga, di vino.

Sans le charger encor d'une nouvelle offense,
Ecoute, ne crois pas retenir mon bijou,
Et songe un peu....

SGANARELLE.

Je songe à te rompre le cou.
Que ne puis-je, aussi bien que je tiens la copie,
Tenir l'original !

LA FEMME *de Sganarelle.*

Pourquoi ?

SGANARELLE.

Pour rien, ma mie.
Doux objet de mes vœux, j'ai grand tort de crier,
Et mon front de vos dons vous doit remercier.

(*Regardant le portrait de Lélie.*)

Le voilà le beau fils, le mignon de couchette,
Le malheureux tison de ta flamme secrette,
Le drôle avec lequel....

LA FEMME *de Sganarelle.*

Avec lequel ? Poursui.

SGANARELLE.

Avec lequel te dis-je.... et j'en crève d'ennui.

LA FEMME *de Sganarelle.*

Que me veut donc conter par là ce maître ivrogne * ?

SGANARELLE.

Tu ne m'entends que trop, madame la carogne.
Sganarelle est un nom qu'on ne me dira plus,
Et l'on va m'appeler seigneur Cornelius ** :

* *Que me veut donc conter par là ce maître ivrogne ?*
Tu ne m'entends que trop, madame la carogne.

Même remarque. Comment a-t-on pu dire que le style de Molière s'étoit perfectionné dans cette pièce ?

** *Et l'on va m'appeler seigneur Cornelius.* Cette plaisanterie de mot ressemble à celle de Plaute dans son *Amphitryon*, lorsqu'il fait dire a Sosie qu'il craint bien de s'appeler désormais *Quintus*, parce qu'il va être le cinquième que Mercure ait assommé.

Ajoutez à la note sur ce vers, que l'évêque du Belay disoit à un mari qui se plaignoit hautement, qu'il valoit mieux être *Cornelius Tacitus*, que *Publius Cornelius*. Molière n'ignoroit et ne négligeoit aucun des bons contes de son tems.

SCÈNE VI.

J'en suis pour mon honneur; mais à toi qui me l'ôtes,
Je t'en ferai du moins pour un bras ou deux côtes *.

LA FEMME de Sganarelle.

Et tu m'oses tenir de semblables discours ?

SGANARELLE.

Et tu m'oses jouer de ces diables de tours ?

LA FEMME de Sganarelle.

Et quels diables de tours ? Parle donc sans rien feindre.

SGANARELLE.

Ah, cela ne vaut pas la peine de se plaindre ?
D'un panache de cerf sur le front me pourvoir :
Hélas, voilà vraiment un beau venez-y voir !

LA FEMME de Sganarelle.

Donc, après m'avoir fait la plus sensible offense
Qui puisse d'une femme exciter la vengeance,
Tu prends d'un feint courroux le vain amusement,
Pour prévenir l'effet de mon ressentiment ?
D'un pareil procédé l'insolence est nouvelle ;
Celui qui fait l'offense est celui qui querelle.

SGANARELLE.

Hé, la bonne effrontée ! A voir ce fier maintien,
Ne la croiroit-on pas une femme de bien ?

LA FEMME de Sganarelle.

Va, poursuis ton chemin, cajole tes maîtresses,
Adresse-leur tes vœux, et fais-leur tes caresses :
Mais rends-moi mon portrait, sans te jouer de moi.

(*Elle lui arrache le portrait et s'enfuit.*)

SGANARELLE.

Oui, tu crois m'échapper, je l'aurai malgré toi.

---

* *J'en suis pour mon honneur, mais à toi qui me l'ôtes,*
Je t'en ferai du moins pour un bras ou deux côtes.

Je t'en ferai à toi pour, etc., cela n'est pas français. *Le bras et les côtes*, est bien peu digne de Molière.

SCÈNE VII.

LÉLIE, GROS-RENÉ.

GROS-RENÉ.

Enfin nous y voici : mais, monsieur, si je l'ose,
Je voudrois vous prier de me dire une chose.

LÉLIE.

Hé bien, parle.

GROS-RENÉ.

Avez-vous le diable dans le corps,
Pour ne point succomber à de pareils efforts ?
Depuis huit jours entiers, avec vos longues traites,
Nous sommes à piquer des chiennes de mazettes,
De qui le train maudit nous a tant secoués,
Que je m'en sens pour moi tous les membres roués;
Sans préjudice encor d'un accident bien pire,
Qui m'afflige un endroit que je ne veux pas dire :
Cependant, arrivé, vous sortez bien et beau,
Sans prendre de repos, ni manger un morceau.

LÉLIE.

Ce grand empressement n'est pas digne de blâme;
De l'hymen de Célie on alarme mon âme;
Tu sais que je l'adore; et je veux être instruit,
Avant tout autre soin, de ce funeste bruit.

GROS-RENÉ.

Oui; mais un bon repas vous seroit nécessaire
Pour s'aller éclaircir, monsieur, de cette affaire;
Et votre cœur, sans doute, en deviendroit plus fort
Pour pouvoir résister aux attaques du sort.
J'en juge par moi-même; et la moindre disgrace,
Lorsque je suis à jeun, me saisit, me terrasse ;
Mais quand j'ai bien mangé, mon ame est ferme à tout,
Et les plus grands revers n'en viendroient pas à bout.
Croyez-moi, bourrez-vous, et sans réserve aucune,
Contre les coups que peut vous porter la fortune;
Et, pour fermer chez vous l'entrée a la douleur,
De vingt verres de vin entourez votre cœur.

SCÈNE IX.
LELIE.

Je ne saurois manger.

GROS-RENÉ, *bas à part.*

(*haut.*) Si-fait bien moi, je meure.

Votre dîné pourtant seroit prêt tout-à-l'heure.

LELIE.

Tais-toi ; je te l'ordonne.

GROS-RENÉ.

Ah, quel ordre inhumain!

LÉLIE.

J'ai de l'inquiétude, et non pas de la faim.

GROS-RENÉ.

Et moi j'ai de la faim et de l'inquiétude
De voir qu'un sot amour fait toute votre étude.

LÉLIE.

Laisse-moi m'informer de l'objet de mes vœux,
Et sans m'importuner, va manger si tu veux.

GROS-RENÉ.

Je ne réplique point à ce qu'un maître ordonne.

SCÈNE VIII.
LÉLIE *seul.*

Non, non, à trop de peur mon ame s'abandonne.
Le père m'a promis, et la fille a fait voir
Des preuves d'un amour qui soutient mon espoir.

SCÈNE IX.
SGANARELLE, LÉLIE.

SGANARELLE *sans voir Lélie, et tenant dans ses mains le portrait.*

Nous l'avons, et je puis voir à l'aise la trogne
Du malheureux pendard qui cause ma vergogne * ;
Il ne m'est point connu.

---

* *Nous l'avons, et je puis voir à l'aise la trogne
Du malheureux pendard qui cause ma vergogne.*

Trogne et *vergogne* sont du style le plus grossier.
Bon pour le premier de ces mots ; mais il ne falloit pas le dire de vergogne.

LÉLIE à part.

Dieux ! qu'aperçois-je ici ?
Et, si c'est mon portrait, que dois-je croire aussi * ?

SGANARELLE sans voir Lélie.

Ah, pauvre Sganarelle, à quelle destinée
Ta réputation est-elle condamnée !
Faut....

(*Apercevant Lélie qui le regarde, il se tourne d'un autre côté.*)

LÉLIE à part.

Ce gage ne peut, sans alarmer ma foi,
Être sorti des mains qui le tenoient de moi.

SGANARELLE à part.

Faut-il que désormais à deux doigts on te montre,
Qu'on te mette en chansons, et qu'en toute rencontre,
On te rejette au nez le scandaleux affront
Qu'une femme mal née imprime sur ton front !

LÉLIE à part.

Me trompé-je ?

SGANARELLE à part.

Ah ! truande, as-tu bien le courage **
De m'avoir fait cocu dans la fleur de mon âge ?
Et femme d'un mari qui peut passer pour beau,
Faut-il qu'un marmouzet, un maudit étourneau....

LÉLIE à part, et regardant encore le portrait que tient
Sganarelle.

Je ne m'abuse point ; c'est mon portrait lui-même.

SGANARELLE lui tourne le dos.

Cet homme est curieux.

LÉLIE à part.

Ma surprise est extrême.

SGANARELLE à part.

A qui donc en a-t-il ?

---

* *Et, si c'est mon portrait, que dois-je croire aussi ?*
Aussi ne se trouve là que pour la rime, et n'a aucun sens.
On pourroit dire, *que penser de ceci ?*

** *Ah, truande ! as-tu bien le courage....* Ce mot est de
l'ignoble le plus fort.

SCÈNE IX.

LELIE *à part.*

Je le veux accoster.

(*haut.*)   (*Sganarelle veut s'éloigner.*)

Puis-je?... Hé! de grace, un mot.

SGANARELLE *à part, s'éloignant encore.*

Que me veut-il conter?

LÉLIE.

Puis-je obtenir de vous, de savoir l'aventure
Qui fait dedans vos mains trouver cette peinture?

SGANARELLE *à part.*

D'où lui vient ce desir? Mais je m'avise ici....

(*Il examine Lélie et le portrait qu'il tient.*)

Ah, ma foi, me voilà de son trouble éclairci!
Sa surprise à présent n'étonne plus mon ame;
C'est mon homme, ou plutôt c'est celui de ma femme *.

LÉLIE.

Retirez-moi de peine **, et dites d'où vous vient....

SGANARELLE.

Nous savons, Dieu merci, le souci qui vous tient;
Ce portrait qui vous fâche est votre ressemblance,
Il étoit en des mains de votre connoissance;
Et ce n'est pas un fait qui soit secret pour nous
Que les douces ardeurs de la dame et de vous.
Je ne sais pas si j'ai dans sa galanterie,
L'honneur d'être connu de votre seigneurie :
Mais faites-moi celui de cesser désormais
Un amour qu'un mari peut trouver fort mauvais;
Et songez que les nœuds du sacré mariage....

LÉLIE.

Quoi! celle, dites-vous, dont vous tenez ce gage....

SGANARELLE.

Est ma femme, et je suis son mari.

---

* *C'est mon homme, ou plutôt c'est celui de ma femme.* Voilà Molière. On peut le chicaner sur quelques mots; mais dans les choses, il est étonnant. Son naturel, sa précision, son comique, seront toujours inimitables.

** *Retirez-moi de peine* : il faudroit, *tirez-moi de peine*, et pour le vers, *tirez-moi d'embarras.*

LELIE.
Son mari ?
SGANARELLE.
Oui, son mari, vous dis-je, et mari très-marri * ;
Vous en savez la cause, et je m'en vais l'apprendre
Sur l'heure à ses parens.

SCÈNE X.

LÉLIE seul.

Ah, que viens-je d'entendre !
On me l'avoit bien dit, et que c'étoit de tous
L'homme le plus mal fait qu'elle avoit pour époux.
Ah, quand mille sermens de ta bouche infidelle
Ne m'auroient pas promis une flamme éternelle,
Le seul mépris d'un choix si bas et si honteux
Devoit bien soutenir l'intérêt de mes feux,
Ingrate ; et quelque bien.... Mais ce sensible outrage,
Se mêlant aux travaux d'un assez long voyage,
Me donne tout-à-coup un choc si violent,
Que mon cœur devient foible, et mon corps chancelant.

SCÈNE XI.

LÉLIE, LA FEMME de Sganarelle.

LA FEMME de Sganarelle se croyant seule.

(apercevant Lélie.)

Malgré moi mon perfide.... Hélas, quel mal vous presse ?
Je vous vois prêt, monsieur, à tomber en foiblesse.
LÉLIE.
C'est un mal qui m'a pris assez subitement.

---

* *Et mari très-marri.* Jeu de mots dont on se souvient tous les jours, et qui, d'ailleurs, convient à un homme du caractère de Sganarelle.

SCÈNE XIII.
LA FEMME de Sganarelle.
Je crains ici pour vous l'évanouissement * ;
Entrez dans cette salle, en attendant qu'il passe.
LÉLIE.
Pour un moment ou deux j'accepte cette grace.

SCÈNE XII.
SGANARELLE, UN PARENT de la femme de Sganarelle.
LE PARENT.
D'un mari sur ce point j'approuve le souci ;
Mais c'est prendre la chèvre un peu bien vîte aussi :
Et tout ce que de vous je viens d'ouïr contre elle,
Ne conclut point, parent, qu'elle soit criminelle :
C'est un point délicat ; et de pareils forfaits,
Sans les bien avérer, ne s'imputent jamais.
SGANARELLE.
C'est-à-dire qu'il faut toucher au doigt la chose.
LE PARENT.
Le trop de promptitude à l'erreur nous expose.
Qui sait comme en ses mains ce portrait est venu,
Et si l'homme, après tout, lui peut être connu ?
Informez-vous-en donc ; et, si c'est ce qu'on pense,
Nous serons les premiers à punir son offense.

SCÈNE XIII.
SGANARELLE seul.
On ne peut pas mieux dire ; en effet, il est bon
D'aller tout doucement. Peut-être sans raison
Me suis-je en tête mis ces visions cornues,

---

* Lélie tombe ici en foiblesse dans les bras de madame Sganarelle, comme Célie est tombée dans ceux du jaloux. Il faut quelquefois être moins difficile pour les scènes sur lesquelles se fonde l'imbroglio d'une pièce comique : le double évanouissement est le nœud de celle-ci.

Et les sueurs au front m'en sont trop tôt venues.
Par ce portrait enfin dont je suis alarmé,
Mon déshonneur n'est pas tout-à-fait confirmé.
Tâchons donc par nos soins....

SCÈNE XIV.

SGANARELLE, LA FEMME *de Sganarelle sur la porte de sa maison, reconduisant Lélie*, LÉLIE.

SGANARELLE *à part les voyant.*

Ah! que vois-je? Je meure,
Il n'est plus question de portrait à cette heure,
Voici, ma foi, la chose en propre original.

LA FEMME *de Sganarelle.*

C'est par trop vous hâter, monsieur; et votre mal,
Si vous sortez sitôt, pourra bien vous reprendre.

LÉLIE.

Non, non, je vous rends grace, autant qu'on puisse rendre,
Du secours obligeant que vous m'avez prêté.

SGANARELLE *à part.*

La masque encore après lui fait civilité.

(*La femme de Sganarelle rentre dans sa maison.*)

SCÈNE XV.

SGANARELLE, LÉLIE.

SGANARELLE *à part.*

Il m'aperçoit; voyons ce qu'il me pourra dire.

LÉLIE *à part.*

Ah! mon ame s'émeut, et cet objet m'inspire....
Mais je dois condamner cet injuste transport,
Et n'imputer mes maux qu'aux rigueurs de mon sort.
Envions seulement le bonheur de sa flamme.

(*En s'approchant de Sganarelle.*)

O trop heureux d'avoir une si belle femme!

SCÈNE XVI.

SGANARELLE, CÉLIE *à sa fenêtre voyant Lélie qui s'en va.*

SGANARELLE *seul.*

Ce n'est point s'expliquer en termes ambigus.
Cet étrange propos me rend aussi confus
Que s'il m'étoit venu des cornes à la tête.

(*Regardant le côté par où Lélie est sorti.*)

Allez, ce procédé n'est point du tout honnête.

CÉLIE *à part en entrant.*

Quoi, Lélie a paru tout-à-l'heure à mes yeux !
Qui pourroit me cacher son retour en ces lieux ?

SGANARELLE *sans voir Célie.*

O trop heureux d'avoir une si belle femme !
Malheureux bien plutôt, de l'avoir cette infâme !
Dont le coupable feu, trop bien vérifié,
Sans respect ni demi * nous a cocufié.
Mais je le laisse aller après un tel indice,
Et demeure les bras croisés comme un jocrisse !
Ah, je devois du moins lui jeter son chapeau,
Lui ruer quelque pierre, ou crotter son manteau **
Et sur lui hautement, pour contenter ma rage,
Faire, au larron d'honneur, crier le voisinage.

(*Pendant le discours de Sganarelle, Célie s'approche peu à peu, et attend, pour lui parler, que son transport soit fini.*)

CÉLIE *à Sganarelle.*

Celui qui maintenant devers vous est venu,
Et qui vous a parlé, d'où vous est-il connu ?

---

* *Sans respect ni demi :* vieille façon de parler dont Molière s'est servi deux ou trois fois dans ses premières pièces ; c'est-à-dire, avant qu'il eût son ami Despréaux pour surveillant.

** *Lui ruer quelque pierre ou crotter son manteau.* Nos amoureux ne paroissent plus en manteau sur le théâtre. Voilà de ces traits qui font vieillir Molière malgré nous.

LE COCU IMAGINAIRE.

SGANARELLE.

Hélas, ce n'est pas moi qui le connois, madame!
C'est ma femme.

CÉLIE.

Quel trouble agite ainsi votre ame?

SGANARELLE.

Ne me condamnez point d'un deuil hors de saison * :
Et laissez-moi pousser des soupirs à foison.

CÉLIE.

D'où vous peuvent venir ces douleurs non communes?

SGANARELLE.

Si je suis affligé, ce n'est pas pour des prunes ** ;
Et je le donnerois à bien d'autres qu'à moi,
De se voir sans chagrin au point où je me voi.
Des maris malheureux vous voyez le modèle,
On dérobe l'honneur au pauvre Sganarelle ;
Mais c'est peu que l'honneur dans mon affliction,
L'on me dérobe encor la réputation.

* *Ne me condamnez point d'un deuil hors de saison* ; ce qui signifie, *Ne croyez pas que je m'afflige sans raison.* On ne peut guère être plus loin de ce qu'on veut dire. Le plus naturel, le plus vrai de nos écrivains, a eu bien de la peine à se défendre du galimatias si commun à la poésie de ce temps.

** *Si je suis affligé, ce n'est pas pour des prunes.*

Nous croyons devoir, à propos de cette expression, amuser nos lecteurs d'un conte ancien.

On avoit fait présent à *Martin Grandin*, doyen de Sorbonne, de quelques boîtes d'excellentes prunes de Gênes, qu'il enferma dans son cabinet. Ses écoliers, ayant trouvé sa clé, firent main-basse sur les boîtes. Le docteur, à son retour, fit grand bruit, et il alloit chasser tous ses pensionnaires, si l'un d'eux, tombant à ses genoux, ne lui eut dit : Eh ! monsieur, *on dira donc que vous nous avez chassés pour des prunes.* A ce mot, le bon doyen ne put s'empêcher de rire, et il se calma.

Le sel de ce conte prouve que cette expression triviale étoit déja reçue, et qu'il faut en aller chercher l'origine encore plus loin. Les Grecs avoient une espèce de proverbe égal à celui-ci pour le sens. Il se trouve dans le vingt-deuxième livre de l'Iliade : οὐχ ἱερεῖον, ὐδ'ὲ βοείην. Ce n'est point pour un cuir de bœuf.

SCÈNE XVI.

CÉLIE.

Comment?

SGANARELLE.

Ce damoiseau, parlant par révérence,
Me fait cocu, madame, avec toute licence;
Et j'ai su par mes yeux avérer aujourd'hui
Le commerce secret de ma femme et de lui.

CÉLIE.

Celui qui maintenant....

SGANARELLE.

Oui, oui, me déshonore;
Il adore ma femme, et ma femme l'adore.

CÉLIE.

Ah! j'avois bien jugé que ce secret retour
Ne pouvoit me couvrir que quelque lâche tour;
Et j'ai tremblé d'abord, en le voyant paroître,
Par un pressentiment de ce qui devoit être.

SGANARELLE.

Vous prenez ma défense avec trop de bonté,
Tout le monde n'a pas la même charité;
Et plusieurs qui tantôt ont appris mon martyre,
Bien loin d'y prendre part, n'en ont rien fait que rire.

CÉLIE.

Est-il rien de plus noir que ta lâche action *,
Et peut-on lui trouver une punition?
Dois-tu ne te pas croire indigne de la vie,
Après t'être souillé de cette perfidie?
O ciel! Est-il possible?

SGANARELLE.

Il est trop vrai pour moi.

CÉLIE.

Ah, traître, scélérat, ame double et sans foi!

SGANARELLE.

La bonne ame!

---

* *Est-il rien de plus noir que ta lâche action ?* On voit dans toutes les comédies du tems de celle-ci, que l'usage général étoit de faire tutoyer les amans. Molière, dans ses dernières pièces, renonça à cet usage peu décent.

CÉLIE.
Non, non, l'enfer n'a point de gêne
Qui ne soit pour ton crime une trop douce peine.
SGANARELLE.
Que voilà bien parler !
CÉLIE.
Avoir ainsi traité
Et la même innocence et la même bonté *.
SGANARELLE *soupire haut.*
Hai !
CÉLIE.
Un cœur qui jamais n'a fait la moindre chose
A mériter l'affront ** où ton mépris l'expose !
SGANARELLE.
Il est vrai.
CÉLIE.
Qui bien loin.... Mais c'est trop, et ce cœur
Ne sauroit y songer sans mourir de douleur.
SGANARELLE.
Ne vous fâchez point tant, ma très-chère madame ;
Mon mal vous touche trop, et vous me percez l'ame.
CÉLIE.
Mais ne t'abuse pas jusqu'à te figurer
Qu'à des plaintes sans fruit j'en veuille demeurer :
Mon cœur, pour se venger, sait ce qu'il te faut faire,
Et j'y cours de ce pas, rien ne m'en peut distraire.

* . . . . *Avoir ainsi traité*
Et la même innocence, et la même bonté.

On ne sait ce que veut dire Célie avec cette même innocence et cette même bonté.

Il falloit se souvenir que Corneille, dans le Cid, acte 2, scène 2, avoit dit : *Sais-tu que ce vieillard fut la même vertu,* pour dire *la vertu même.*

** *A mériter l'affront.....* Il faut *pour mériter l'affront.*

SCÈNE XVII.*

SGANARELLE seul.

Que le ciel la préserve à jamais de danger !
Voyez quelle bonté de vouloir me venger !
En effet son courroux, qu'excite ma disgrace,
M'enseigne hautement ce qu'il faut que je fasse ;
Et l'on ne doit jamais souffrir, sans dire mot,
De semblables affronts, à moins qu'être un vrai sot.
Courons donc le chercher, ce pendard qui m'affronte ;
Montrons notre courage à venger notre honte.
Vous apprendrez, maroufle, à rire à nos dépens,
Et, sans aucun respect, faire cocus les gens.

(*Il revient après avoir fait quelques pas.*)

Doucement, s'il vous plaît ; cet homme a bien la mine
D'avoir le sang bouillant et l'ame un peu mutine ;
Il pourroit bien, mettant affront dessus affront,
Charger de bois mon dos comme il a fait mon front.
Je hais de tout mon cœur les esprits colériques,
Et porte grand amour aux hommes pacifiques.
Je ne suis point battant de peur d'être battu,
Et l'humeur débonnaire est ma grande vertu.

---

* C'est cette scène qui, dans les dernières éditions de Molière, est la onzième du second acte, et qu'on appeloit dans la nouveauté *la belle scène*. Il faudroit abréger ce monologue, dont Molière lui-même auroit peut-être retranché beaucoup de choses, si la mémoire trop fidèle du sieur *de Neuvillenaine* ne les eût rendues publiques. Tels sont d'abord les quatre vers qui commencent par *La bière est un séjour par trop mélancolique*. Qui croiroit que notre auteur n'eût pas dédaigné d'emprunter quelque chose de Scaron, qui avoit dit en 1646, dans son *Jodelet Duéliste* :

(*La bière.*)
Qu'on dit être un séjour mal sain et caterreux ?

On pourroit supprimer ensuite quatre autres vers qui commencent par ces mots : *Puisqu'on tient à bon droit*, etc. On pourroit encore passer de ce vers plaisant, *Elles font la sottise, et nous sommes les sots*, à celui qui commence par *Moquons-nous de cela*, etc., ce sont seize vers de moins ; et le monologue réduit à cinquante-deux, seroit encore assez long.

Mais mon honneur me dit que d'une telle offense
Il faut absolument que je prenne vengeance.
Ma foi, laissons-le dire autant qu'il lui plaira,
Au diantre qui pourtant rien du tout en fera.
Quand j'aurai fait le brave, et qu'un fer pour ma peine,
M'aura d'un vilain coup transpercé la bedaine,
Que par la ville ira le bruit de mon trépas,
Dites-moi, mon honneur, en serez-vous plus gras ?
La bière est un séjour par trop mélancolique,
Et trop mal sain pour ceux qui craignent la colique.
Et quant à moi, je trouve, ayant tout compassé,
Qu'il vaut mieux être encor cocu que trépassé.
Quel mal cela fait-il ? La jambe en devient-elle
Plus tortue après tout, et la taille moins belle ?
Peste soit qui premier trouva l'invention
De s'affliger l'esprit de cette vision,
Et d'attacher l'honneur de l'homme le plus sage
Aux choses que peut faire une femme volage.
Puisqu'on tient, à bon droit, tout crime personnel,
Que fait là notre honneur pour être criminel ?
Des actions d'autrui l'on nous donne le blâme;
Si nos femmes sans nous ont un commerce infâme,
Il faut que tout le mal tombe sur notre dos ?
Elles font la sottise, et nous sommes les sots.
C'est un vilain abus, et les gens de police
Nous devroient bien régler une telle injustice.
N'avons-nous pas assez des autres accidens,
Qui nous viennent happer en dépit de nos dents ?
Les querelles, procès, faim, soif et maladie,
Troublent-ils pas assez le repos de la vie,
Sans aller de surcroît, aviser sottement
De se faire un chagrin qui n'a nul fondement ?
Moquons-nous de cela, méprisons les alarmes,
Et mettons sous nos pieds les soupirs et les larmes.
Si ma femme a failli, qu'elle pleure bien fort;
Mais pourquoi moi pleurer, puisque je n'ai point tort ?
En tout cas, ce qui peut m'ôter ma fâcherie,
C'est que je ne suis pas seul de ma confrérie.
Voir cajoler sa femme, et n'en témoigner rien,

SCÈNE XVIII.

Se pratique aujourd'hui par force gens de bien.
N'allons donc point chercher à faire une querelle,
Pour un affront qui n'est que pure bagatelle.
L'on m'appellera sot, de ne me venger pas;
Mais je le serois fort, de courir au trépas.
(Mettant sa main sur sa poitrine.)
Je me sens là pourtant remuer une bile
Qui veut me conseiller quelque action virile :
Oui, le courroux me prend; c'est trop être poltron:
Je veux résolument me venger du larron.
Déjà pour commencer, dans l'ardeur qui m'enflamme,
Je vais dire partout qu'il couche avec ma femme.

SCÈNE XVIII.
GORGIBUS, CÉLIE, LA SUIVANTE
de Célie.

CÉLIE.
Oui, je veux bien subir une si juste loi;
Mon père, disposez de mes vœux et de moi;
Faites, quand vous voudrez, signer cet hyménée,
A suivre mon devoir je suis déterminée;
Je prétends gourmander mes propres sentimens,
Et me soumettre en tout à vos commandemens.

GORGIBUS.
Ah, voilà qui me plaît, de parler de la sorte !
Parbleu, si grande joie à l'heure me transporte,
Que mes jambes sur l'heure en caprioleroient
Si nous n'étions point vus de gens qui s'en riroient.
Approche-toi de moi; viens-çà, que je t'embrasse.
Une telle action n'a pas mauvaise grace;
Un père, quand il veut, peut sa fille baiser,
Sans que l'on ait sujet de s'en scandaliser.
Va, le contentement de te voir si bien née,
Me fera rajeunir de dix fois une année.

SCÈNE XIX.

CÉLIE, LA SUIVANTE de Célie.

LA SUIVANTE.

Ce changement m'étonne.

CÉLIE.

Et lorsque tu sauras
Par quel motif j'agis, tu m'en estimeras.

LA SUIVANTE.

Cela pourroit bien être.

CÉLIE.

Apprends donc que Lélie
A pu blesser mon cœur par une perfidie ;
Qu'il étoit en ces lieux sans....

LA SUIVANTE.

Mais il vient à nous.

SCÈNE XX.

LÉLIE, CÉLIE, LA SUIVANTE de Célie.

LÉLIE.

Avant que pour jamais je m'éloigne de vous,
Je veux vous reprocher au moins en cette place......

CÉLIE.

Quoi ! me parler encore ? Avez-vous cette audace ?

LÉLIE.

Il est vrai quelle est grande ; et votre choix est tel,
Qu'à vous rien reprocher je serois criminel.
Vivez, vivez contente, et bravez ma mémoire,
Avec le digne époux qui vous comble de gloire.

CÉLIE.

Oui, traître, j'y veux vivre ; et mon plus grand desir,
Ce seroit que ton cœur en eût du déplaisir.

LÉLIE.

Qui rend donc contre moi ce courroux légitime ?

CÉLIE.

Quoi ! tu fais le surpris et demandes ton crime ?

SCÈNE XXI.

CÉLIE, LÉLIE, SGANARELLE, *armé de pied en cap*, LA SUIVANTE *de Célie.*

SGANARELLE.

Guerre, guerre mortelle à ce larron d'honneur,
Qui sans miséricorde a souillé notre honneur.

CÉLIE *à Lélie, lui montrant Sganarelle.*

Tourne, tourne les yeux, sans me faire répondre.

LÉLIE.

Ah, je vois !....

CÉLIE.

Cet objet suffit pour te confondre.

LÉLIE.

Mais pour vous obliger bien plutôt à rougir.

SGANARELLE *à part.*

Ma colère à présent est en état d'agir ;
Dessus ses grands chevaux est monté mon courage ;
Et si je le rencontre on verra du carnage.
Oui, j'ai juré sa mort ; rien ne peut m'empêcher :
Où je le trouverai, je veux le dépêcher.

(*Tirant son épée à demi, il approche de Lélie.*)

Au beau milieu du cœur il faut que je lui donne....

LÉLIE *se retournant.*

A qui donc en veut-on ?

SGANARELLE.

Je n'en veux à personne.

LÉLIE.

Pourquoi ces armes-là ?

SGANARELLE.

C'est un habillement

(*à part.*)

Que j'ai pris pour la pluie. Ah, quel contentement
J'aurois à le tuer ! Prenons-en le courage.

LÉLIE *se retournant encore.*

Hai ?

SGANARELLE.

Je ne parle pas.

(à part, après s'être donné des soufflets pour s'exciter.)
Ah! poltron, dont j'enrage,
Lâche, vrai cœur de poule.

CÉLIE à *Lélie.*

Il t'en doit dire assez,
Cet objet dont tes yeux nous paroissent blessés.

LÉLIE.

Oui, je connois par là que vous êtes coupable
De l'infidélité la plus inexcusable,
Qui jamais d'un amant puisse outrager la foi.

SGANARELLE à *part.*

Que n'ai-je un peu de cœur!

CÉLIE.

Ah, cesse devant moi,
Traître, de ce discours l'insolence cruelle!

SGANARELLE à *part.*

Sganarelle, tu vois qu'elle prend ta querelle :
Courage, mon enfant; sois un peu vigoureux.
Là, hardi, tâche à faire un effort généreux
En le tuant, tandis qu'il tourne le derrière *.

LÉLIE *faisant deux ou trois pas sans dessein, fait retourner Sganarelle qui s'approchoit pour le tuer.*

Puisqu'un pareil discours émeut votre colère,
Je dois de votre cœur me montrer satisfait,
Et l'applaudir ici du beau choix qu'il a fait.

CÉLIE.

Oui, oui, mon choix est tel qu'on n'y peut rien reprendre.

LÉLIE.

Allez, vous faites bien de le vouloir défendre.

SGANARELLE.

Sans doute, elle fait bien de défendre mes droits.
Cette action, monsieur, n'est point selon les lois :

---

* *En le tuant, tandis qu'il tourne le derrière.* Dans cette scène, très-théâtrale par la double erreur de Célie et de Lélie sur le compte de Sganarelle, et très-plaisante par la poltronerie du jaloux, on voit avec peine qu'il se propose de tuer Lélie en traître : c'est le rendre odieux, et le faire cesser d'être ridicule.

SCÈNE XXII.

J'ai raison de m'en plaindre ; et, si je n'étois sage,
On verroit arriver un étrange carnage.
LELIE.
D'où vous naît cette plainte, et quel chagrin brutal ?...
SGANARELLE.
Suffit. Vous savez bien où le bât me fait mal ;
Mais votre conscience et le soin de votre ame
Vous devroient mettre aux yeux que ma femme est ma femme,
Et, vouloir à ma barbe en faire votre bien,
Que ce n'est pas du tout agir en bon chrétien.
LELIE.
Un semblable soupçon est bas et ridicule.
Allez, dessus ce point n'ayez aucun scrupule :
Je sais qu'elle est à vous ; et bien loin de brûler...
CÉLIE.
Ah, qu'ici tu sais bien, traître, dissimuler !
LELIE.
Quoi ! me soupçonnez-vous d'avoir une pensée
De qui son ame ait lieu de se croire offensée ?
De cette lâcheté voulez-vous me noircir ?
CÉLIE.
Parle, parle à lui-même : il pourra t'éclaircir.
SGANARELLE à *Célie*.
Vous me défendez mieux que je ne saurois faire,
Et du biais qu'il faut vous prenez cette affaire.

SCÈNE XXII.

CÉLIE, LÉLIE, SGANARELLE, LA FEMME *de Sganarelle*, LA SUIVANTE *de Célie*.

LA FEMME *de Sganarelle*.
Je ne suis point d'humeur à vouloir contre vous
Faire éclater, madame, un esprit trop jaloux ;
Mais je ne suis point dupe, et vois ce qui se passe :
Il est de certains feux de fort mauvaise grace ;
Et votre ame devroit prendre un meilleur emploi,
Que de séduire un cœur qui doit n'être qu'à moi.

CELIE.

La déclaration est assez ingénue.

SGANARELLE à sa femme.

L'on ne demande pas, carogne, ta venue * ;
Tu la viens quereller lorsqu'elle me défend,
Et tu trembles de peur qu'on t'ôte ton galant.

CÉLIE.

Allez, ne croyez pas que l'on en ait envie.
(se tournant vers Lélie.)
Tu vois si c'est mensonge ; et j'en suis fort ravie.

LELIE.

Que me veut-on conter ?

LA SUIVANTE.

Ma foi, je ne sais pas
Quand on verra finir ce galimatias ;
Depuis assez long-tems je tâche à le comprendre,
Et si, plus je l'écoute, et moins je puis l'entendre.
Je vois bien à la fin que je m'en dois mêler.
(Elle se met entre Lélie et sa maîtresse.)
Répondez-moi par ordre, et me laissez parler.
(à Lélie.)
Vous, qu'est-ce qu'à son cœur peut reprocher le vôtre ?

LELIE.

Que l'infidèle a pu me quitter pour un autre ;
Que lorsque, sur le bruit de son hymen fatal,
J'accours tout transporté d'un amour sans égal,
Dont l'ardeur résistoit à se croire oubliée,
Mon abord en ces lieux la trouve mariée.

LA SUIVANTE.

Mariée ! à qui donc !

LELIE montrant Sganarelle.

A lui.

LA SUIVANTE.

Comment, à lui ?

---

* L'on ne demande pas, carogne, ta venue : il faut que l'acteur soit bien sûr du respect qu'inspire Molière, pour oser prononcer de pareils mots.

SCÈNE XXII.

LELIE.

Oui-dà.

LA SUIVANTE.

Qui vous l'a dit ?

LELIE.

C'est lui-même aujourd'hui.

LA SUIVANTE à *Sganarelle.*

Est-il vrai ?

SGANARELLE.

Moi, j'ai dit que c'étoit à ma femme
Que j'étois marié ?

LELIE.

Dans un grand trouble d'ame,
Tantôt de mon portrait je vous ai vu saisi.

SGANARELLE.

Il est vrai : le voilà.

LELIE à *Sganarelle.*

Vous m'avez dit aussi
Que celle aux mains de qui vous avez pris ce gage,
Etoit liée à vous des nœuds du mariage.

SGANARELLE *montrant sa femme.*

Sans doute. Et je l'avois de ses mains arraché ;
Et n'eusse pas sans lui découvert son péché * ;

LA FEMME *de Sganarelle*

Que me viens-tu conter par ta plainte importune ?
Je l'avois sous mes pieds rencontré par fortune ;
Et même quand après ton injuste courroux,

(*montrant Lélie.*)

J'ai fait dans sa foiblesse entrer monsieur chez nous,
Je n'ai pas reconnu les traits de sa peinture.

CÉLIE.

C'est moi qui du portrait ai causé l'aventure ;

---

* . . . . . *Et je l'avois de ses mains arraché,*
Et n'eusse pas sans lui découvert son péché.

L'expression trop peu plaisante de *péché*, ne nous paroît guère du Dictionnaire de la Comédie, quoiqu'on vienne de l'employer même en ariette dans *les deux Avares.* Molière s'en est encore servi dans *l'Ecole des Femmes.*

Et je l'ai laissé choir en cette pamoison,
(à *Sganarelle.*)
Qui m'a fait par vos soins remettre à la maison.

LA SUIVANTE.

Vous le voyez, sans moi vous y seriez encore,
Et vous aviez besoin de mon peu d'ellébore.

SGANARELLE *à part.*

Prendrons-nous tout ceci pour de l'argent comptant?
Mon front l'a, sur mon ame, eu bien chaude pourtant.

LA FEMME *de Sganarelle*.

Ma crainte toutefois n'est pas trop dissipée,
Et, doux que soit le mal *, je crains d'être trompée.

SGANARELLE *à sa femme.*

Hé, mutuellement, croyons-nous gens de bien!
Je risque plus du mien que tu ne fais du tien;
Accepte sans façon le marché qu'on propose.

LA FEMME *de Sgana elle.*

Soit. Mais gare le bois si j'apprends quelque chose.

CÉLIE à *Lélie, après avoir parlé bas ensemble.*

Ah, Dieux! s'il est ainsi, qu'est-ce donc que j'ai fait?
Je dois de mon courroux appréhender l'effet.
Oui, vous croyant sans foi, j'ai pris pour ma vengeance
Le malheureux secours de mon obéissance,
Et depuis un moment mon cœur vient d'accepter
Un hymen que toujours j'eus lieu de rebuter.
J'ai promis à mon père; et ce qui me désole....
Mais je le vois venir.

LÉLIE.

Il me tiendra parole.

---

* *Et, doux que soit le mal....* pour *Quelque doux que soit le mal,* ne se diroit plus aujourd'hui.

SCÈNE XXIII.

GORGIBUS, CÉLIE, LÉLIE, SGANA-
RELLE, LA FEMME *de Sganarelle*, LA
SUIVANTE *de Célie*.

LÉLIE.

Monsieur, vous me voyez en ces lieux de retour ;
Brûlant des mêmes feux ; et mon ardent amour
Verra, comme je crois, la promesse accomplie
Qui me donna l'espoir de l'hymen de Célie.

GORGIBUS.

Monsieur, que je revois en ces lieux de retour,
Brulant des mêmes feux ; et dont l'ardent amour
Verra, que vous croyez la promesse accomplie,
Qui vous donne l'espoir de l'hymen de Célie,
Très-humble serviteur à votre seigneurie *.

LELIE.

Quoi, monsieur, est-ce ainsi qu'on trahit mon espoir?

GORGIBUS.

Oui, monsieur, c'est ainsi que je fais mon devoir ;
Ma fille en suit les lois.

CÉLIE.

Mon devoir m'intéresse,
Mon père, à dégager vers lui votre promesse.

GORGIBUS.

Est-ce répondre en fille à mes commandemens ?
Tu te démens bientôt de tes bons sentimens ;
Pour Valère tantôt.... Mais j'aperçois son père :
Il vient assurément pour conclure l'affaire.

---

* *Très-humble serviteur à votre seigneurie.* Voilà le seul
exemple chez Molière de trois rimes féminines de suite. Le
premier de ces trois vers est d'un style embarrassé et peu clair.

SCÈNE XXIV ET DERNIÈRE.

VILLEBREQUIN, GORGIBUS, CÉLIE, LÉLIE, SGANARELLE, LA FEMME *de Sganarelle*, LA SUIVANTE *de Célie*.

GORGIBUS.

Qui vous amène ici, Seigneur Villebrequin ?

VILLEBREQUIN.

Un secret important que j'ai su ce matin,
Qui rompt absolument ma parole donnée.
Mon fils, dont votre fille acceptoit l'hymenée,
Sous des liens cachés trompant les yeux de tous,
Vit depuis quatre mois avec Lise en époux ;
Et comme des parens le bien et la naissance
M'ôtent tout le pouvoir de casser l'alliance,
Je vous viens....

GORGIBUS.

Brisons-là. Si, sans votre congé,
Valère votre fils ailleurs s'est engagé,
Je ne vous puis celer que ma fille Célie
Dès long-tems par moi-même est promise à Lélie,
Et que, riche en vertu, son retour aujourd'hui
M'empêche d'agréer un autre époux que lui.

VILLEBREQUIN.

Un tel choix me plaît fort.

LELIE.

Et cette juste envie
D'un bonheur éternel va couronner ma vie....

GORGIBUS.

Allons choisir le jour pour se donner la foi.

SGANARELLE *seul*.

A-t-on mieux cru jamais être cocu que moi !
Vous voyez qu'en ce fait la plus forte apparence
Peut jeter dans l'esprit une fausse créance.
De cet exemple-ci ressouvenez-vous bien ;
Et, quand vous verriez tout, ne croyez jamais rien.

FIN.

DON GARCIE
DE NAVARRE,
OU
LE PRINCE JALOUX,
COMÉDIE HÉROÏQUE,

ACTEURS.

DON GARCIE, Prince de Navarre, amant de Done Elvire.

DONE ELVIRE, Princesse de Léon.

DON ALPHONSE, Prince de Léon, cru Prince de Castille, sous le nom de Don Sylve.

DONE IGNES, Comtesse, amante de Don Sylve, aimée par Maurégat, usurpateur de l'État de Léon.

ELISE, confidente de Done Elvire.

DON ALVAR, confident de Don Garcie, amant d'Elise.

DON LOPE, autre confident de Don Garcie, amant d'Elise.

DON PEDRE, Écuyer d'Ignès.

UN PAGE de Done Elvire.

La scène est dans Astorgue, ville d'Espagne, dans le royaume de Léon.

AVERTISSEMENT

DE L'ÉDITEUR

SUR

DON GARCIE DE NAVARRE,

OU LE PRINCE JALOUX.

Cette pièce fut jouée à Paris le 4 février 1661, trois mois après que le Roi eut accordé à la troupe de Molière la salle que le cardinal de Richelieu avoit fait bâtir dans son palais.

Le début de Molière dans ce nouvel établissement, fut bien moins heureux que celui qu'il avoit fait sur le théâtre du Petit-Bourbon.

Don Garcie de Navarre n'eut aucun succès, et l'on traita plus durement encore Molière comme acteur que comme auteur. *Il suffit de dire*, écrit le sieur *de Visé* dans la troisième partie de ses Nouvelles nouvelles, page 227, *que c'étoit une pièce sérieuse, et que Molière en avoit le premier rôle, pour vous faire connoître que l'on ne s'y devoit pas beaucoup divertir.*

Il avoit en effet encore moins de dispositions pour jouer le genre sérieux que pour le traiter, et son obstination à s'y faire voir trop long-tems, et même dans le tragique, servit toujours l'envie et la malignité de ses ennemis.

Ce premier échec de Molière leur étoit bien nécessaire, et l'on ne sauroit douter que leur humeur contre lui n'ait rendu cette disgrace plus considérable qu'elle ne devoit l'être, puisqu'il y avoit alors peu de pièces aussi bien faites et aussi sagement intriguées que celle *du Prince Jaloux*.

Plusieurs morceaux de cet ouvrage qu'il a transportés depuis dans son *Misantrope* et dans son *Amphitryon*, sont peut-être la raison la plus forte qui puisse empêcher de le reproduire aujourd'hui sur notre théâtre, où les efforts de nos écrivains tendent tous à nous accoutumer au genre sérieux, toujours plus aisé à traiter que le genre plaisant.

Le caractère de *Don Garcie* dont Molière s'étoit chargé, et qu'il fut obligé de céder à un autre acteur (1), a servi de modèle à tous les écrivains qui, depuis notre auteur, ont traité la jalousie sur nos théâtres; mais il leur est arrivé à peu près ce qu'éprouva Molière, en ne prenant point cette passion du côté du ridicule. La jalousie ne peut-être ni mieux peinte, ni suivie avec plus de vérité et de gradation; mais la tristesse de ce sentiment chez les grands en rend

---

(1) Voyez la vengeance des Marquis par de Villiers.

l'injustice et les excès peu soutenables ailleurs que dans le tragique. Cette épreuve fut une leçon utile pour Molière, qui ne considéra plus la jalousie que dans l'ordre bourgeois, où sa naïveté et sa folie furent désormais pour lui une source intarissable de gaîté. *On apprendra*, dit M. Riccoboni, *dans le Prince Jaloux, le Cocu imaginaire, le George-Dandin, etc., à tirer d'une seule passion une si grande diversité de sujets.*

On ignore ce qu'a voulu dire l'éditeur de 1734, lorsqu'il a avancé que le fond de cette pièce, tirée de l'espagnol (1), est vicieux. On n'aperçoit rien qui puisse fonder cette opinion. La fable de l'ouvrage est noble et sage, et n'a contre elle que le sérieux qui la perdit. Les rires qu'avoient excités *les Précieuses* et *le Cocu imaginaire*, sembloient avoir interdit à Molière toute autre voie d'amuser ses spectateurs. Il risqua presque toujours de déplaire, lorsqu'il voulut prendre un ton plus élevé que celui de ses premiers ouvrages.

Quoi qu'il en soit, il subit avec modestie l'arrêt sévère du public. Il paroît même qu'il avoit dessein que cette comédie héroïque ne parût jamais, puisqu'il en transporta beaucoup de vers dans deux de ses meilleures pièces.

Le Prince Jaloux ne fut imprimé qu'après sa mort, dans le septième volume de l'édition de

___

(1) L'auteur espagnol s'appeloit *Cicognini*, à ce que dit la Bibliothèque des théâtres.

1682. A l'égard des vers dont Molière a fait un second emploi, *voyez* la scène 5 de l'acte 2, la scène 8 de l'acte 4 de *Don Garcie*, et la scène 3 du 4.ᵉ acte du *Misantrope*; *voyez* aussi la scène 8 de l'acte 2 d'*Amphitryon*.

On ne fera point de remarques particulières sur cette comédie, puisqu'elle est perdue pour le théâtre. On se bornera à observer qu'on trouve dans la dernière scène une faute qu'on n'a point aperçue dans toutes les autres pièces de Molière, c'est d'avoir donné trois syllabes au mot *gaîté*, en l'écrivant ainsi, *gayeté*.

Mais je vous avourai que cette gayeté, etc.

DON GARCIE DE NAVARRE,

OU LE PRINCE JALOUX.

ACTE PREMIER.

SCÈNE I.

D. ELVIRE, ÉLISE.

D. ELVIRE.

Non, ce n'est point un choix qui, pour ces deux amans,
Sut régler de mon cœur les secrets sentimens;
Et le prince n'a point, dans tout ce qu'il peut être,
Ce qui fit préférer l'amour qu'il fait paroître.
Don Sylve, comme lui, fit briller à mes yeux
Toutes les qualités d'un héros glorieux ;
Même éclat de vertus, joint à même naissance,
Me parloit en tous deux pour cette préférence ;
Et je serois encore à nommer le vainqueur,
Si le mérite seul prenoit droit sur un cœur :
Mais ces chaînes du ciel qui tombent sur nos ames,
Décidèrent en moi du destin de leurs flammes ;
Et toute mon estime égale entre les deux,
Laissa vers Don Garcie entraîner tous mes vœux.

ÉLISE.

Cet amour que pour lui votre astre vous inspire,
N'a sur vos actions pris que bien peu d'empire,
Puisque nos yeux, madame, ont pu long-tems douter
Qui de ces deux amans vous vouliez mieux traiter.

D. ELVIRE.

De ces nobles rivaux l'amoureuse poursuite,
A de fâcheux combats, Elise, m'a réduite.
Quand je regardois l'un, rien ne me reprochoit
Le tendre mouvement où mon ame penchoit;
Mais je me l'imputois à beaucoup d'injustice,
Quand de l'autre à mes yeux s'offroit le sacrifice :
Et Don Sylve, après tout, dans ses soins amoureux,
Me sembloit mériter un destin plus heureux.
Je m'opposois encor ce qu'au sang de Castille
Du feu roi de Léon semble devoir la fille ;
Et la longue amitié qui, d'un étroit lien,
Joignit les intérêts de son père et du mien.
Ainsi, plus dans mon ame un autre prenoit place,
Plus de tous ses respects je plaignois la disgrace :
Ma pitié, complaisante à ses brûlans soupirs,
D'un dehors favorable amusoit ses desirs ;
Et vouloit réparer, par ce foible avantage,
Ce qu'au fond de mon cœur je lui faisois d'outrage.

ÉLISE.

Mais son premier amour que vous avez appris,
Doit de cette contrainte affranchir vos esprits ;
Et, puisqu'avant ces soins, où pour vous il s'engage,
Done Ignès de son cœur avoit reçu l'hommage,
Et que, par des liens aussi fermes que doux,
L'amitié vous unit cette comtesse et vous ;
Son secret révélé vous est une matière
A donner à vos vœux liberté toute entière ;
Et vous pouvez, sans crainte, à cet amant confus,
D'un devoir d'amitié couvrir tous vos refus.

D. ELVIRE.

Il est vrai que j'ai lieu de chérir la nouvelle
Qui m'apprit que Don Sylve étoit un infidèle,

ACTE I. SCÈNE I.

Puisque par ses ardeurs mon cœur tyrannisé
Contre elles à présent se voit autorisé ;
Qu'il en peut justement combattre les hommages,
Et, sans scrupule, ailleurs donner tous ses suffrages.
Mais enfin quelle joie en peut prendre ce cœur,
Si d'une autre contrainte il souffre la rigueur ?
Si d'un prince jaloux l'éternelle foiblesse
Reçoit indignement les soins de ma tendresse,
Et semble préparer, dans mon juste courroux,
Un éclat à briser tout commerce entre nous.

ELISE.

Mais si de votre bouche il n'a point su sa gloire,
Est-ce un crime pour lui que de n'oser la croire ?
Et ce qui d'un rival a pu flatter les feux,
L'autorise-t-il pas à douter de vos vœux ?

D. ELVIRE.

Non, non, de cette sombre et lâche jalousie
Rien ne peut excuser l'étrange frénésie,
Et par mes actions je l'ai trop informé
Qu'il peut bien se flatter du bonheur d'être aimé.
Sans employer la langue, il est des interprètes
Qui parlent clairement des atteintes secrètes.
Un soupir, un regard, une simple rougeur,
Un silence, est assez pour expliquer un cœur.
Tout parle dans l'amour ; et sur cette matière
Le moindre jour doit être une grande lumière,
Puisque chez notre sexe où l'honneur est puissant,
On ne montre jamais tout ce que l'on ressent.
J'ai voulu, je l'avoue, ajuster ma conduite,
Et voir d'un œil égal l'un et l'autre mérite :
Mais que contre ses vœux on combat vainement,
Et que la différence est connue aisément
De toutes ces faveurs qu'on fait avec étude,
A celles où du cœur fait pencher l'habitude !
Dans les unes toujours on paroît se forcer ;
Mais les autres, hélas ! se font sans y penser:
Semblables à ces eaux si pures et si belles,
Qui coulent sans effort des sources naturelles.

Ma pitié pour Don Sylve avoit beau l'émouvoir,
J'en trahissois les soins sans m'en apercevoir;
Et mes regards au prince, en un pareil martyre,
En disoient toujours plus que je n'en voulois dire.

ÉLISE.

Enfin si les soupçons de cet illustre amant,
Puisque vous le voulez, n'ont point de fondement,
Pour le moins font-ils foi d'une ame bien atteinte,
Et d'autres chériroient ce qui fait votre plainte.
De jaloux mouvemens doivent être odieux,
S'ils partent d'un amour qui déplaît à nos yeux :
Mais tout ce qu'un amant nous peut montrer d'alarmes
Doit, lorsque nous l'aimons, avoir pour nous des charmes ;
C'est par là que son feu se peut mieux exprimer ;
Et, plus il est jaloux, plus nous devons l'aimer.
Ainsi, puisqu'en votre ame un prince magnanime....

D. ELVIRE.

Ah, ne m'avancez point cette étrange maxime !
Partout la jalousie est un monstre odieux :
Rien n'en peut adoucir les traits injurieux ;
Et plus l'amour est cher qui lui donne naissance,
Plus on doit ressentir les coups de cette offense.
Voir un prince emporté, qui perd à tous momens
Le respect que l'amour inspire aux vrais amans ;
Qui dans les soins jaloux où son ame se noie,
Querelle également mon chagrin et ma joie,
Et dans tous mes regards ne peut rien remarquer,
Qu'en faveur d'un rival il ne veuille expliquer :
Non, non, par ses soupçons je suis trop offensée,
Et sans déguisement je te dis ma pensée.
Le prince Don Garcie est cher à mes desirs,
Il peut d'un cœur illustre échauffer les soupirs ;
Au milieu de Léon on a vu son courage
Me donner de sa flamme un noble témoignage,
Braver en ma faveur les périls les plus grands,
M'enlever aux desseins de nos lâches tyrans,
Et, dans ces murs forcés, mettre ma destinée
A couvert des horreurs d'un indigne hymenée ;

ACTE I. SCÈNE I.

Et je ne cèle point que j'aurois de l'ennui
Que la gloire en fût due à quelque autre que lui ;
Car un cœur amoureux prend un plaisir extrême
A se voir redevable, Élise, à ce qu'il aime ;
Et sa flamme timide ose mieux éclater,
Lorsqu'en favorisant elle croit s'acquitter.
Oui, j'aime qu'un secours, qui hasarde sa tête,
Semble à sa passion donner droit de conquête ;
J'aime que mon péril m'ait jetée en ses mains ;
Et, si les bruits communs ne sont pas des bruits vains,
Si la bonté du ciel nous ramène mon frère,
Les vœux les plus ardens que mon cœur puisse faire,
C'est que son bras encor sur un perfide sang
Puisse aider à ce frère à reprendre son rang ;
Et par d'heureux succès d'une haute vaillance
Mériter tous les soins de sa reconnoissance :
Mais avec tout cela, s'il pousse mon courroux,
S'il ne purge ses feux de leurs transports jaloux,
Et ne les range aux lois que je lui veux prescrire,
C'est inutilement qu'il prétend Donc Elvire :
L'hymen ne peut nous joindre, et j'abhore des nœuds
Qui deviendroient sans doute un enfer pour tous deux.

ÉLISE.

Bien que l'on pût avoir des sentimens tout autres,
C'est au prince, madame, à se régler aux vôtres ;
Et dans votre billet ils sont si bien marqués,
Que quand il les verra de la sorte expliqués....

D. ELVIRE.

Je n'y veux point, Élise, employer cette lettre,
C'est un soin qu'à ma bouche il me vaut mieux commettre.
La faveur d'un écrit laisse aux mains d'un amant
Des témoins trop constans de notre attachement :
Ainsi donc empêchez qu'au prince on ne la livre.

ÉLISE.

Toutes vos volontés sont des lois qu'on doit suivre.
J'admire cependant que le ciel ait jeté
Dans le goût des esprits tant de diversité,
Et que, ce que les uns regardent comme outrage,

Soit vu par d'autres yeux sous un autre visage.
Pour moi, je trouverois mon sort tout-à-fait doux,
Si j'avois un amant qui pût être jaloux,
Je saurois m'applaudir de son inquiétude;
Et ce qui pour mon ame est souvent un peu rude,
C'est de voir Don Alvar ne prendre aucun souci....

D. ELVIRE.

Nous ne le croyions pas si proche; le voici.

SCÈNE II.

D. ELVIRE, D. ALVAR, ÉLISE.

D. ELVIRE.

Votre retour surprend; qu'avez-vous à m'apprendre ?
Don Alphonse vient-il, a-t-on lieu de l'attendre ?

D. ALVAR.

Oui, madame, et ce frère en Castille élevé,
De rentrer dans ses droits voit le tems arrivé.
Jusqu'ici Don Louis, qui vit à sa prudence
Par le feu roi mourant commettre son enfance,
A caché ses destins aux yeux de tout l'état,
Pour l'ôter aux fureurs du traître Maurégat;
Et bien que le tyran, depuis sa lâche audace,
L'ait souvent demandé pour lui rendre sa place,
Jamais son zèle ardent n'a pris de sûreté
A l'appât dangereux de sa fausse équité :
Mais les peuples émus par cette violence
Que vous a voulu faire une injuste puissance,
Ce généreux vieillard a cru qu'il étoit tems
D'éprouver le succès d'un espoir de vingt ans :
Il a tenté Léon, et ses fidèles trames
Des grands, comme du peuple, ont pratiqué les ames,
Tandis que la Castille armoit dix mille bras
Pour redonner ce prince aux vœux de ses états,
Il fait auparavant semer sa renommée,
Et ne veut le montrer qu'en tête d'une armée,
Que tout prêt à lancer le foudre punisseur
Sous qui doit succomber un lâche ravisseur.

On investit Léon, et Don Sylve en personne
Commande le secours que son père vous donne.
D. ELVIRE.
Un secours si puissant doit flatter notre espoir;
Mais je crains que mon frère y puisse trop devoir.
D. ALVAR.
Mais, madame, admirez que malgré la tempête
Que votre usurpateur voit gronder sur sa tête,
Tous les bruits de Léon annoncent pour certain
Qu'à la comtesse Ignès il va donner la main.
D. ELVIRE.
Il cherche dans l'hymen de cette illustre fille
L'appui du grand crédit où se voit sa famille:
Je ne reçois rien d'elle, et j'en suis en souci;
Mais son cœur au tyran fut toujours endurci.
ÉLISE.
De trop puissans motifs d'honneur et de tendresse
Opposent ses refus aux nœuds dont on la presse,
Pour....
D. ALVAR.
Le prince entre ici.

SCÈNE III.
D. GARCIE, D. ELVIRE, D. ALVAR, ÉLISE.
D. GARCIE.
Je viens m'intéresser,
Madame, au doux espoir qu'il vous vient d'annoncer.
Ce frère qui menace un tyran plein de crimes,
Flatte de mon amour les transports légitimes :
Son sort offre à mon bras des périls glorieux
Dont je puis faire hommage à l'éclat de vos yeux,
Et par eux m'acquérir, si le ciel m'est propice,
La gloire d'un revers que vous doit sa justice,
Qui va faire à vos pieds choir l'infidélité,
Et rendre à votre sang toute sa dignité.
Mais ce qui plus me plaît d'une attente si chère,

C'est que pour être roi, le ciel vous rend ce frère ;
Et qu'ainsi mon amour peut éclater au moins
Sans qu'à d'autres motifs on impute ses soins,
Et qu'il soit soupçonné que dans votre personne
Il cherche à me gagner le droit d'une couronne.
Oui, tout mon cœur voudroit montrer aux yeux de tous,
Qu'il ne regarde en vous autre chose que vous ;
Et cent fois, si je puis le dire sans offense,
Ses vœux se sont armés contre votre naissance ;
Leur chaleur indiscrette a d'un destin plus bas
Souhaité le partage à vos divins appas ;
Afin que de ce cœur le noble sacrifice
Pût du ciel envers vous réparer l'injustice,
Et votre sort tenir des mains de mon amour
Tout ce qu'il doit au sang dont vous tenez le jour.
Mais puisqu'enfin les cieux de tout ce juste hommage,
A mes feux prévenus dérobent l'avantage,
Trouvez bon que ces feux prennent un peu d'espoir
Sur la mort que mon bras s'apprête à faire voir,
Et qu'ils osent briguer par d'illustres services
D'un frère et d'un état les suffrages propices.

D. ELVIRE.

Je sais que vous pouvez, prince, en vengeant nos droits,
Faire par votre amour parler cent beaux exploits :
Mais ce n'est pas assez pour le prix qu'il espère,
Que l'aveu d'un état, et la faveur d'un frère.
Done Elvire n'est pas au bout de cet effort,
Et je vous vois à vaincre un obstacle plus fort.

D. GARCIE.

Oui, madame, j'entends ce que vous voulez dire.
Je sais bien que pour vous mon cœur en vain soupire ;
Et l'obstacle puissant qui s'oppose à mes feux,
Sans que vous le nommiez, n'est pas secret pour eux.

D. ELVIRE.

Souvent on entend mal ce qu'on croit bien entendre ;
Et par trop de chaleur, prince, on se peut méprendre ;
Mais, puisqu'il faut parler, desirez-vous savoir
Quand vous pourrez me plaire, et prendre quelqu'espoir ?

ACTE I. SCÈNE III.

D. GARCIE.

Ce me sera, madame, une faveur extrême,

D. ELVIRE.

Quand vous saurez m'aimer comme il faut que l'on aime !

D. GARCIE.

Et que peut-on, hélas ! observer sous les cieux,
Qui ne cède à l'ardeur que m'inspirent vos yeux ?

D. ELVIRE.

Quand votre passion ne fera rien paroître
Dont se puisse indigner celle qui l'a fait naître.

D. GARCIE.

C'est là son plus grand soin.

D. ELVIRE.

Quand tous ses mouvemens
Ne prendront point de moi de trop bas sentimens.

D. GARCIE.

Il vous révère trop.

D. ELVIRE.

Quand d'un injuste ombrage
Votre raison saura me réparer l'outrage,
Et que vous bannirez enfin ce monstre affreux
Qui de son noir venin empoisonne vos feux,
Cette jalouse humeur dont l'importun caprice
Aux vœux que vous m'offrez rend un mauvais office ;
S'oppose à leur attente, et contre eux à tous coups
Arme les mouvemens de mon juste courroux.

D. GARCIE.

Ah ! madame, il est vrai, quelque effort que je fasse,
Qu'un peu de jalousie en mon cœur trouve place,
Et qu'un rival absent de vos divins appas
Au repos de ce cœur vient livrer des combats.
Soit caprice ou raison, j'ai toujours la croyance
Que votre ame en ces lieux souffre de son absence,
Et que, malgré mes soins, vos soupirs amoureux
Vont trouver à tous coups ce rival trop heureux.
Mais si de tels soupçons ont de quoi vous déplaire,
Il vous est bien facile, hélas ! de m'y soustraire ;
Et leur bannissement, dont j'accepte la loi,
Dépend bien plus de vous, qu'il ne dépend de moi ;

Oui, c'est vous qui pouvez, par deux mots pleins de flamme,
Contre la jalousie armer toute mon ame ;
Et des pleines clartés d'un glorieux espoir,
Dissiper les horreurs que ce monstre y fait choir.
Daignez donc étouffer le doute qui m'accable,
Et faites qu'un aveu d'une bouche adorable
Me donne l'assurance, au fort de tant d'assauts,
Que je ne puis trouver dans le peu que je vaux.

D. ELVIRE.

Prince, de vos soupçons la tyrannie est grande.
Au moindre mot qu'il dit, un cœur veut qu'on l'entende ;
Et n'aime point ces feux dont l'importunité
Demande qu'on s'explique avec plus de clarté.
Le premier mouvement qui découvre notre ame,
Doit d'un amant discret satisfaire la flamme ;
Et c'est à s'en dédire autoriser nos vœux,
Que vouloir plus avant pousser de tels aveux.
Je ne dis point quel choix, s'il m'étoit volontaire,
Entre Don Sylve et vous mon ame pourroit faire ;
Mais vouloir vous contraindre à n'être point jaloux,
Auroit dit quelque chose à tout autre que vous;
Et je croyois cet ordre un assez doux langage,
Pour n'avoir pas besoin d'en dire davantage.
Cependant votre amour n'est pas encor content ;
Il demande un aveu qui soit plus éclatant ;
Pour l'ôter de scrupule, il me faut à vous-même,
En des termes exprès, dire que je vous aime ;
Et peut-être qu'encor, pour vous en assurer,
Vous vous obstineriez à m'en faire jurer.

D. GARCIE.

Hé bien, madame, hé bien, je suis trop téméraire,
De tout ce qui vous plaît je dois me satisfaire.
Je ne demande point de plus grande clarté.
Je crois que vous avez pour moi quelque bonté,
Que d'un peu de pitié mon feu vous sollicite,
Et je me vois heureux plus que je ne mérite.
C'en est fait, je renonce à mes soupçons jaloux ;
L'arrêt qui les condamne est un arrêt bien doux,

ACTE I. SCÈNE V.

Et je reçois la loi qu'il daigne me prescrire,
Pour affranchir mon cœur de leur injuste empire.
D. ELVIRE.
Vous promettez beaucoup, prince, et je doute fort
Si vous pourrez sur vous faire ce grand effort.
D. GARCIE.
Ah, madame, il suffit, pour me rendre croyable,
Que ce qu'on vous promet doit être inviolable ;
Et que l'heur d'obéir à sa divinité
Ouvre aux plus grands efforts trop de facilité !
Que le ciel me déclare une éternelle guerre,
Que je tombe à vos pieds d'un éclat de tonnerre ;
Ou pour périr encor par de plus rudes coups,
Puissé-je voir sur moi fondre votre courroux,
Si jamais mon amour descend à la foiblesse
De manquer au devoir d'une telle promesse ;
Si jamais dans mon ame aucun jaloux transport
Fait....

SCÈNE IV.

D. ELVIRE, D. GARCIE, D. ALVAR, ÉLISE, UN PAGE, *présentant un billet à D. Elvire.*

D. ELVIRE.
J'EN étois en peine, et tu m'obliges fort.
Que le courier attende.

SCÈNE V.

D. ELVIRE, D. GARCIE, D. ALVAR, ÉLISE.

D. ELVIRE *bas à part.*
A ces regards qu'il jette,
Vois-je pas que déjà cet écrit l'inquiette ?
Prodigieux effet de son tempérament !
(*haut.*)
Qui vous arrête, prince, au milieu du serment ?

D. GARCIE.
J'ai cru que vous aviez quelque secret ensemble,
Et je ne voulois pas l'interrompre.

D. ELVIRE.
　　　　　　　　　　Il me semble
Que vous me répondez d'un ton fort altéré.
Je vous vois tout-à-coup le visage égaré.
Ce changement soudain a lieu de me surprendre ;
D'où peut-il provenir, le pourroit-on apprendre ?

D. GARCIE.
D'un mal qui tout-à-coup vient d'attaquer mon cœur.

D. ELVIRE.
Souvent plus qu'on ne croit ces maux ont de rigueur,
Et quelque prompt secours vous seroit nécessaire.
Mais encor, dites-moi, vous prend-t-il d'ordinaire ?

D. GARCIE.
Par fois.

D. ELVIRE.
　　　Ah, prince foible, hé bien, par cet écrit,
Guérissez-le ce mal, il n'est que dans l'esprit !

D. GARCIE.
Par cet écrit, madame ? Ah, ma main le refuse !
Je vois votre pensée, et de quoi l'on m'accuse,
Si....

D. ELVIRE.
　　　Lisez-le, vous dis-je, et satisfaites-vous ?

D. GARCIE.
Pour me traiter après de foible, de jaloux ?
Non, non ; je dois ici vous rendre un témoignage
Qu'à mon cœur cet écrit n'a point donné d'ombrage ;
Et bien que vos bontés m'en laissent le pouvoir,
Pour me justifier je ne veux point le voir.

D. ELVIRE.
Si vous vous obstinez à cette résistance,
J'aurois tort de vouloir vous faire violence ;
Et c'est assez enfin que vous avoir pressé
De voir de quelle main ce billet est tracé.

ACTE I. SCÈNE V.

D. GARCIE.

Ma volonté toujours vous doit être soumise.
Si c'est votre plaisir que pour vous je le lise,
Je consens volontiers à prendre cet emploi.

D. ELVIRE.

Oui, oui, prince, tenez, vous le lirez pour moi.

D. GARCIE.

C'est pour vous obéir au moins, et je puis dire....

D. ELVIRE.

C'est ce que vous voudrez : dépêchez-vous de lire.

D. GARCIE.

Il est de Done Ignès, à ce que je connoi.

D. ELVIRE.

Oui. Je m'en réjouis et pour vous et pour moi.

D. GARCIE *lit.*

Malgré l'effort d'un long mépris,
Le tyran toujours m'aime, et depuis votre absence,
Vers moi, pour me porter au dessein qu'il a pris,
Il semble avoir tourné toute sa violence,
Dont il poursuivoit l'alliance
De vous et de son fils.

Ceux qui sur moi peuvent avoir empire,
Par de lâches motifs qu'un faux honneur inspire,
Approuvent tous cet indigne lien ;
Mais je mourrai plutôt que de consentir rien.
Puissiez-vous jouir, belle Elvire,
D'un destin plus doux que le mien.

D. IGNÈS.

Dans la haute vertu son ame est affermie.

D. ELVIRE.

Je vais faire réponse à cette illustre amie.
Cependant, apprenez, prince, à vous mieux armer
Contre ce qui prend droit de vous trop alarmer.
J'ai calmé votre trouble avec cette lumière,
Et la chose a passé d'une douce manière ;
Mais, à n'en point mentir, il seroit des momens
Où je pourrois entrer en d'autres sentimens.

D. GARCIE.
Hé quoi ! vous croyez donc....
D. ELVIRE.
Je crois ce qu'il faut croire:
Adieu. De mes avis conservez la mémoire;
Et, s'il est vrai pour moi que votre amour soit grand,
Donnez-en à mon cœur les preuves qu'il prétend.
D. GARCIE.
Croyez que désormais c'est toute mon envie,
Et qu'avant d'y manquer, je veux perdre la vie.

ACTE II.

SCÈNE I.

ÉLISE, D. LOPE.

ÉLISE.

Tout ce que fait le prince, à parler franchement,
N'est pas ce qui me donne un grand étonnement;
Car que d'un noble amour une ame bien saisie
En pousse les transports jusqu'à la jalousie,
Que de doutes fréquens ses vœux soient traversés,
Il est fort naturel, et je l'approuve assez:
Mais ce qui me surprend, Don Lope, c'est d'entendre
Que vous lui préparez les soupçons qu'il doit prendre,
Que votre ame les forme, et qu'il n'est en ces lieux
Fâcheux que par vos soins, jaloux que par vos yeux.
Encore un coup, Don Lope, une ame bien éprise,
Des soupçons qu'elle prend ne me rend point surprise;
Mais qu'on ait sans amour tous les soins d'un jaloux,
C'est une nouveauté qui n'appartient qu'à vous.

ACTE II. SCÈNE I.

D. LOPE.

Que sur cette conduite à son aise l'on glose,
Chacun règle la sienne au but qu'il se propose;
Et, rebuté par vous des soins de mon amour,
Je songe auprès du prince a bien faire ma cour.

ÉLISE.

Mais savez-vous qu'enfin il fera mal la sienne,
S'il faut qu'en cette humeur votre esprit l'entretienne?

D. LOPE.

Et quand, charmante Élise, a-t-on vu, s'il vous plaît,
Qu'on cherche auprès des grands que son propre intérêt?
Qu'un parfait courtisan veuille charger leur suite
D'un censeur des défauts qu'on trouve en leur conduite?
Et s'aille inquiéter si son discours leur nuit,
Pourvu que sa fortune en tire quelque fruit?
Tout ce qu'on sait ne va qu'à se mettre en leur grace;
Par la plus courte voie on y cherche une place,
Et les plus prompts moyens de gagner leur faveur,
C'est de flatter toujours le foible de leur cœur;
D'applaudir en aveugle à ce qu'ils veulent faire,
Et n'appuyer jamais ce qui peut leur déplaire :
C'est la le vrai secret d'être bien auprès d'eux.
Les utiles conseils font passer pour fâcheux,
Et vous laissent toujours hors de la confidence,
Où vous jette d'abord l'adroite complaisance.
Enfin, on voit partout que l'art des courtisans
Ne tend qu'à profiter des foiblesses des grands,
A nourrir les erreurs, et jamais dans leur âme
Ne porter les avis des choses qu'on y blâme.

ÉLISE.

Ces maximes un tems leur peuvent succéder :
Mais il est des revers qu'on doit appréhender;
Et dans l'esprit des grands qu'on tâche de surprendre,
Un rayon de lumière à la fin peut descendre,
Qui sur tous ces flatteurs venge équitablement
Ce qu'a fait à leur gloire un long aveuglement.
Cependant je dirai que votre ame s'explique
Un peu bien librement sur votre politique;

Et ces nobles motifs, au prince rapportés,
Serviroient assez mal vos assiduités.

D. LOPE.

Outre que je pourrois désavouer sans blâme
Ces libres vérités sur quoi s'ouvre mon âme,
Je sais fort bien qu'Élise a l'esprit trop discret
Pour aller divulguer cet entretien secret.
Qu'ai-je dit, après tout, que sans moi l'on ne sache :
Et dans mon procédé que faut-il que je cache?
On peut craindre une chute avec quelque raison,
Quand on met en usage ou ruse ou trahison.
Mais qu'ai-je à redouter, moi, qui partout n'avance
Que les soins approuvés d'un peu de complaisance,
Et qui suis seulement par d'utiles leçons
La pente qu'a le prince à de jaloux soupçons?
Son ame semble en vivre, et je mets mon étude
A trouver des raisons à son inquiétude,
A voir de tous côtés s'il ne se passe rien
A fournir le sujet d'un secret entretien;
Et quand je puis venir, enflé d'une nouvelle,
Donner à son repos une atteinte mortelle ;
C'est lors que plus il m'aime, et je vois sa raison
D'une audience avide avaler ce poison,
Et m'en remercier comme d'une victoire
Qui combleroit ses jours de bonheur et de gloire.
Mais mon rival paroît, je vous laisse tous deux ;
Et bien que je renonce à l'espoir de vos vœux,
J'aurois un peu de peine à voir qu'en ma présence
Il reçut des effets de quelque préférence ;
Et je veux, si je puis, m'épargner ce souci.

ÉLISE.

Tout amant de bon sens en doit user ainsi.

SCÈNE II.

D. AVAR, ÉLISE.

D. ALVAR.

Enfin nous apprenons que le roi de Navarre
Pour les desirs du prince aujourd'hui se déclare;

ACTE II. SCÈNE IV.

Et qu'un nouveau renfort de troupes nous attend
Pour le fameux service où son amour prétend.
Je suis surpris, pour moi, qu'avec tant de vîtesse
On ait fait avancer.... Mais....

SCÈNE III.
D. GARCIE, ÉLISE, D. ALVAR.

D. GARCIE.
Que fait la princesse ?
ÉLISE.
Quelques lettres, seigneur ; je le présume ainsi ;
Mais elle va savoir que vous êtes ici.
D. GARCIE.
J'attendrai qu'elle ait fait.

SCÈNE IV.
D. GARCIE seul.

Près de souffrir sa vue,
D'un trouble tout nouveau je me sens l'ame émue,
Et la crainte mêlée à mon ressentiment
Jette par tout mon corps un soudain tremblement.
Prince, prends garde au moins qu'un aveugle caprice
Ne te conduise ici dans quelque précipice,
Et que de ton esprit les désordres puissans
Ne donnent un peu trop au rapport de tes sens :
Consulte ta raison, prends sa clarté pour guide ;
Vois si de tes soupçons l'apparence est solide,
Ne démens pas leur voix ; mais aussi garde bien
Que, pour les croire trop, ils ne t'imposent rien,
Qu'à tes premiers transports ils n'osent trop permettre,
Et relis posément cette moitié de lettre.
Ah ! qu'est-ce que mon cœur, trop digne de pitié,
Ne voudroit pas donner pour son autre moitié !
Mais, après tout, que dis-je ? Il suffit bien de l'une,
Et n'en voilà que trop pour voir mon infortune.

Quoique votre rival...
Vous devez toutefois vous...
Et vous avez en vous à...
L'obstacle le plus grand...
Je chéris tendrement ce...
Pour me tirer des mains de...
Son amour, ses devoirs...
Mais il m'est odieux avec...
Otez donc à vos feux ce...
Méritez les regards que l'on...
Et lorsqu'on vous oblige...
Ne vous obstinez point à...

Oui, mon sort par ces mots est assez éclairci,
Son cœur, comme sa main, se fait connoître ici;
Et les sens imparfaits de cet écrit funeste,
Pour s'expliquer à moi n'ont pas besoin du reste.
Toutefois, dans l'abord agissons doucement,
Couvrons à l'infidèle un vif ressentiment;
Et, de ce que je tiens ne donnant point d'indice,
Confondons son esprit par son propre artifice.
La voici. Ma raison, renferme mes transports,
Et rends-toi pour un tems maîtresse du dehors.

SCÈNE V.

D. ELVIRE, D. GARCIE.

D. ELVIRE.

Vous avez bien voulu que je vous fisse attendre?

D. GARCIE *bas, à part.*

Ah! qu'elle cache bien....

D. ELVIRE

On vient de nous apprendre
Que le roi, votre père, approuve vos projets,
Et veut bien que son fils nous rende nos sujets;
Et mon ame en a pris une alégresse extrême.

D. GARCIE.

Oui, madame, et mon cœur s'en réjouit de même;
Mais....

ACTE II. SCÈNE V.

D. ELVIRE.
Le tyran, sans doute, aura peine à parer
Les foudres que partout il entend murmurer;
Et j'ose me flatter que le même courage
Qui put bien me soustraire à sa brutale rage,
Et, dans les murs d'Astorgue arraché de ses mains,
Me faire un sûr asyle à braver ses desseins,
Pourra, de tout Léon, achevant la conquête,
Sous ses nobles efforts faire choir cette tête.

D. GARCIE.
Le succès en pourra parler dans quelques jours.
Mais, de grace, passons a quelqu'autre discours.
Puis-je, sans trop oser, vous prier de me dire
A qui vous avez pris, madame, soin d'écrire,
Depuis que le destin nous a conduits ici?

D. ELVIRE.
Pourquoi cette demande, et d'où vient ce souci?

D. GARCIE.
D'un desir curieux de pure fantaisie.

D. ELVIRE.
La curiosité naît de la jalousie.

D. GARCIE.
Non, ce n'est rien du tout de ce que vous pensez;
Vos ordres de ce mal me défendent assez.

D. ELVIRE.
Sans chercher plus avant quel intérêt vous presse,
J'ai deux fois à Léon écrit à la comtesse,
Et deux fois au marquis Don Louis à Burgos.
Avec cette réponse êtes-vous en repos?

D. GARCIE.
Vous n'avez point écrit à quelqu'autre personne,
Madame?

D. ELVIRE.
Non, sans doute, et ce discours m'étonne.

D. GARCIE.
De grace, songez bien, avant que d'assurer.
En manquant de mémoire, on peut se parjurer.

D. ELVIRE.

Ma bouche, sur ce point, ne peut être parjure.

D. GARCIE.

Elle a dit toutefois une haute imposture.

D. ELVIRE.

Prince ?

D. GARCIE.

Madame ?

D. ELVIRE.

O ciel ! quel est ce mouvement ?
Avez-vous, dites-moi, perdu le jugement ?

D. GARCIE.

Oui, oui, je l'ai perdu, lorsque dans votre vue
J'ai pris, pour mon malheur, le poison qui me tue,
Et que j'ai cru trouver quelque sincérité
Dans les traîtres appas dont je fus enchanté.

D. ELVIRE.

De quelle trahison pouvez-vous donc vous plaindre ?

D. GARCIE.

Ah ! que ce cœur est double, et sait bien l'art de feindre !
Mais tous moyens de fuir lui vont être soustraits.
Jetez ici les yeux, et connoissez vos traits.
Sans avoir vu le reste, il m'est assez facile
De découvrir pour qui vous employez ce style.

D. ELVIRE.

Voilà donc le sujet qui vous trouble l'esprit ?

D. GARCIE.

Vous ne rougissez pas en voyant cet écrit ?

D. ELVIRE.

L'innocence à rougir n'est point accoutumée.

D. GARCIE.

Il est vrai qu'en ces lieux on la voit opprimée.
Ce billet démenti pour n'avoir point de seing....

D. ELVIRE.

Pourquoi le démentir, puisqu'il est de ma main ?

D. GARCIE.

Encore est-ce beaucoup que, de franchise pure,
Vous demeuriez d'accord que c'est votre écriture ;

ACTE II. SCÈNE VI.

Mais ce sera, sans doute, et j'en serois garant,
Un billet qu'on envoie à quelque indifférent ;
Ou du moins, ce qu'il a de tendresse évidente,
Sera pour une amie, ou pour quelque parente.

D. ELVIRE.

Non, c'est pour un amant que ma main l'a formé ;
Et, j'ajoute de plus, pour un amant aimé.

D. GARCIE.

Et je puis, ô perfide !...

D. ELVIRE.

Arrêtez, prince indigne,
De ce lâche transport l'égarement insigne.
Bien que de vous mon cœur ne prenne point de loi,
Et ne doive en ces lieux aucun compte qu'à soi,
Je veux bien me purger, pour votre seul supplice,
Du crime que m'impose un insolent caprice.
Vous serez éclairci, n'en doutez nullement.
J'ai ma défense prête en ce même moment.
Vous allez recevoir une pleine lumière.
Mon innocence ici paroîtra toute entière ;
Et je veux, vous mettant juge en votre intérêt,
Vous faire prononcer vous-même votre arrêt.

D. GARCIE.

Ce sont propos obscurs qu'on ne sauroit comprendre.

D. ELVIRE.

Bientôt à vos dépens vous me pourrez entendre.
Elise, holà.

SCÈNE VI.

D. GARCIE, D. ELVIRE, ÉLISE.

ÉLISE.

Madame.

D. ELVIRE à *Don Garcie*.

Observez bien au moins
Si j'ose à vous tromper employer quelques soins ;
Si par un seul coup-d'œil, ou geste qui l'instruise,
Je cherche de ce coup à parer la surprise.

(*à Élise.*)
Le billet que tantôt ma main avoit tracé :
Répondez promptement, où l'avez-vous laissé ?
ÉLISE.
Madame, j'ai sujet de m'avouer coupable.
Je ne sais comme il est demeuré sur ma table ;
Mais on vient de m'apprendre en ce même moment
Que Don Lope, venant dans mon appartement,
Par une liberté qu'on lui voit se permettre,
A fureté partout, et trouvé cette lettre.
Comme il la déplioit, Léonor a voulu
S'en saisir promptement, avant qu'il eût rien lu ;
Et, se jetant sur lui, la lettre contestée
En deux justes moitiés dans leurs mains est restée ;
Et Don Lope, aussitôt prenant un prompt essor,
A dérobé la sienne aux soins de Léonor.
D. ELVIRE.
Avez-vous ici l'autre ?
ÉLISE.
Oui, la voilà, madame.
D. ELVIRE.
(*à Don Garcie.*)
Donnez. Nous allons voir qui mérite le blâme.
Avec votre moitié rassemblez celle-ci,
Lisez, et hautement ; je veux l'entendre aussi.
D. GARCIE.
Au prince Don Garcie. Ah !
D. ELVIRE.
Achevez de lire ;
Votre ame pour ce mot ne doit pas s'interdire.
D. GARCIE *lit.*
Quoique votre rival, prince, alarme votre ame,
Vous devez toutefois vous craindre plus que lui,
Et vous avez en vous à détruire aujourd'hui
L'obstacle le plus grand que trouve votre flamme.
Je chéris tendrement ce qu'a fait Don Garcie,
Pour me tirer des mains de mes fiers ravisseurs.
Son amour, ses devoirs, ont pour moi des douceurs ;

ACTE II. SCÈNE VI.

Mais il m'est odieux avec sa jalousie.
Otez donc à vos feux ce qu'ils en font paroître,
Méritez les regards que l'on jette sur eux ;
Et lorsqu'on vous oblige à vous tenir heureux,
Ne vous obstinez point à ne pas vouloir l'être.

D. ELVIRE.

Hé bien, que dites-vous ?

D. GARCIE.

Ah, madame, je dis
Qu'à cet objet mes sens demeurent interdits ;
Que je vois dans ma plainte une horrible injustice,
Et qu'il n'est point pour moi d'assez cruel supplice.

D. ELVIRE.

Il suffit. Apprenez que si j'ai souhaité
Qu'à vos yeux cet écrit pût être présenté,
C'est pour le démentir, et cent fois me dédire
De tout ce que pour vous vous y venez de lire.
Adieu, prince.

D. GARCIE.

Madame, hélas ! où fuyez-vous ?

D. ELVIRE.

Où vous ne serez point, trop odieux jaloux.

D. GARCIE.

Ah ! madame, excusez un amant misérable,
Qu'un sort prodigieux a fait vers vous coupable,
Et qui, bien qu'il vous cause un courroux si puissant,
Eût été plus blâmable à rester innocent.
Car enfin, peut-il être une ame bien atteinte
Dont l'espoir le plus doux ne soit mêlé de crainte ?
Et pourriez-vous penser que mon cœur eût aimé,
Si ce billet fatal ne l'eût point alarmé ?
S'il n'avoit point frémi des coups de cette foudre,
Dont je me figurois tout mon bonheur en poudre ?
Vous-même, dites-moi, si cet événement
N'eût pas dans mon erreur jeté tout autre amant ;
Si d'une preuve, hélas ! qui me sembloit si claire,
Je pouvois démentir....

D. ELVIRE.

Oui, vous le pouviez faire ;
Et, dans mes sentimens assez bien déclarés,
Vos doutes rencontroient des garans assurés :
Vous n'aviez rien à craindre, et d'autres sur ce gage
Auroient du monde entier bravé le témoignage.

D. GARCIE.

Moins on mérite un bien qu'on nous fait espérer,
Plus notre ame a de peine à pouvoir s'assurer.
Un sort trop plein de gloire à nos yeux est fragile,
Et nous laisse aux soupçons une pente facile.
Pour moi, qui crois si peu mériter vos bontés,
J'ai douté du bonheur de mes témérités ;
J'ai cru que dans ces lieux rangés sous ma puissance,
Votre ame se forçoit à quelque complaisance ;
Que déguisant pour moi votre sévérité....

D. ELVIRE.

Et je pourrois descendre a cette lâcheté ?
Moi, prendre le parti d'une honteuse feinte,
Agir par les motifs d'une servile crainte,
Trahir mes sentimens, et, pour être en vos mains,
D'un masque de faveur vous couvrir mes dédains ?
La gloire sur mon cœur auroit si peu d'empire ;
Vous pouvez le penser, et vous me l'osez dire ?
Apprenez que ce cœur ne sait point s'abaisser,
Qu'il n'est rien sous les cieux qui puisse l'y forcer ;
Et, s'il vous a fait voir par une erreur insigne
Des marques de bonté dont vous n'étiez pas digne,
Qu'il saura bien montrer, malgré votre pouvoir,
La haine que pour vous il se résout d'avoir ;
Braver votre furie, et vous faire connoitre
Qu'il n'a point été lâche, et ne veux jamais l'être.

D. GARCIE.

Hé bien, je suis coupable, et ne m'en défends pas,
Mais je demande grace à vos divins appas ;
Je la demande au nom de la plus vive flamme
Dont jamais deux beaux yeux aient fait brûler une ame ;
Que si votre courroux ne peut être apaisé,

Si mon crime est trop grand pour se voir excusé,
Si vous ne regardez ni l'amour qui le cause,
Ni le vif repentir que mon cœur vous expose,
Il faut qu'un coup heureux, en me faisant mourir,
M'arrache à des tourmens que je ne puis souffrir.
Non, ne présumez pas qu'ayant su vous déplaire,
Je puisse vivre une heure avec votre colère.
Déjà de ce moment la barbare longueur
Sous ses cuisans remords fait succomber mon cœur;
Et de mille vautours les blessures cruelles
N'ont rien de comparable à ses douleurs mortelles.
Madame, vous n'avez qu'à me le déclarer,
S'il n'est point de pardon que je doive espérer,
Cette épée aussitôt, par un coup favorable,
Va percer à vos yeux le cœur d'un misérable ;
Ce cœur, ce traître cœur, dont les perplexités
Ont si fort outragé vos extrêmes bontés :
Trop heureux en mourant, si ce coup légitime
Efface en votre esprit l'image de mon crime,
Et ne laisse aucuns traits de votre aversion
Au foible souvenir de mon affection :
C'est l'unique faveur que demande ma flamme.

D. ELVIRE.

Ah, prince, trop cruel !

D. GARCIE.

Dites, parlez, madame.

D. ELVIRE.

Faut-il encor pour vous conserver des bontés,
Et vous voir m'outrager par tant d'indignités ?

D. GARCIE.

Un cœur ne peut jamais outrager quand il aime ;
Et ce que fait l'amour, il l'excuse lui-même.

D. ELVIRE.

L'amour n'excuse point de tels emportemens.

D. GARCIE.

Tout ce qu'il a d'ardeur passe en ses mouvemens ;
Et plus il devient fort, plus il trouve de peine....

D. ELVIRE.

Non, ne m'en parlez point, vous méritez ma haine.

D. GARCIE DE NAVARRE.

D. GARCIE.
Vous me haïssez donc?

D. ELVIRE.
J'y veux tâcher au moins :
Mais, hélas ! je crains bien que j'y perde mes soins,
Et que tout le courroux qu'excite votre offense,
Ne puisse jusques là faire aller ma vengeance.

D. GARCIE.
D'un supplice si grand ne tentez point l'effort,
Puisque pour vous venger je vous offre ma mort ;
Prononcez-en l'arrêt, et j'obéis sur l'heure.

D. ELVIRE.
Qui ne sauroit haïr, ne peut vouloir qu'on meure.

D. GARCIE.
Et moi, je ne puis vivre, à moins que vos bontés
Accordent un pardon à mes témérités.
Résolvez l'un des deux, de punir ou d'absoudre.

D. ELVIRE.
Hélas ! j'ai trop fait voir ce que je puis résoudre
Par l'aveu d'un pardon ; n'est-ce pas se trahir,
Que dire au criminel qu'on ne le peut haïr ?

D. GARCIE.
Ah ! c'en est trop ; souffrez, adorable princesse....

D. ELVIRE.
Laissez ; je me veux mal d'une telle foiblesse.

D. GARCIE seul.
Enfin je suis....

SCÈNE VII.

D. GARCIE, D. LOPE.

D. LOPE.
Seigneur, je viens vous informer
D'un secret dont vos feux ont droit de s'alarmer.

D. GARCIE.
Ne me viens point parler de secret ni d'alarme
Dans les doux mouvemens du transport qui me charme.
Après ce qu'à mes yeux on vient de présenter,

ACTE II. SCENE VII.

Il n'est point de soupçons que je doive écouter;
Et d'un divin objet la bonté sans pareille
A tous ces vains rapports doit fermer mon oreille,
Ne m'en fais plus.

D. LOPE.

Seigneur, je veux ce qu'il vous plaît ?
Mes soins en tout ceci n'ont que votre intérêt.
J'ai cru que le secret que je viens de surprendre,
Méritoit bien qu'en hâte on vous le vînt apprendre;
Mais puisque vous voulez que je n'en touche rien,
Je vous dirai, seigneur, pour changer d'entretien,
Que déjà dans Léon on voit chaque famille
Lever le masque au bruit des troupes de Castille,
Et que surtout le peuple y fait pour son vrai roi
Un éclat à donner au tyran de l'effroi.

D. GARCIE.

La Castille du moins n'aura pas la victoire,
Sans que nous essayions d'en partager la gloire;
Et nos troupes aussi peuvent être en état
D'imprimer quelque crainte au cœur de Maurégat.
Mais quel est ce secret dont tu voulois m'instruire?
Voyons un peu.

D. LOPE.

Seigneur, je n'ai rien à vous dire.

D. GARCIE.

Va, va, parle, mon cœur t'en donne le pouvoir.

D. LOPE.

Vos paroles, seigneur, m'en ont trop fait savoir,
Et puisque mes avis ont de quoi vous déplaire,
Je saurai désormais trouver l'art de me taire.

D. GARCIE.

Enfin, je veux savoir la chose absolument.

D. LOPE.

Je ne réplique point à ce commandement.
Mais, seigneur, en ce lieu le devoir de mon zèle,
Trahiroit le secret d'une telle nouvelle.
Sortons pour vous l'apprendre; et, sans rien embrasser,
Vous-même vous verrez ce qu'on en doit penser.

ACTE III.

SCÈNE I.

D. ELVIRE, ÉLISE.

D. ELVIRE.

Elise, que dis-tu de l'étrange foiblesse
Que vient de témoigner le cœur d'une princesse ?
Que dis-tu de me voir tomber si promptement
De toute la chaleur de mon ressentiment ?
Et, malgré tant d'éclat, relâcher mon courage
Au pardon trop honteux d'un si cruel outrage ?

ÉLISE.

Moi, je dis que d'un cœur que nous pouvons chérir,
Une injure sans doute est bien dure à souffrir :
Mais que, s'il n'en est point qui davantage irrite,
Il n'en est point aussi qu'on pardonne si vîte,
Et qu'un coupable aimé triomphe à nos genoux
De tous les prompts transports du plus bouillant courroux,
D'autant plus aisément, madame, quand l'offense
Dans un excès d'amour peut trouver sa naissance.
Ainsi, quelque dépit que l'on vous ait causé,
Je ne m'étonne point de le voir apaisé ;
Et je sais quel pouvoir, malgré votre menace,
A de pareils forfaits donnera toujours grace.

D. ELVIRE.

Ah ! sache, quelque ardeur qui m'impose des lois,
Que mon front a rougi pour la dernière fois ;
Et que, si désormais on pousse ma colère,
Il n'est point de retour qu'il faille qu'on espère.

ACTE III. SCÈNE I.

Quand je pourrois reprendre un tendre sentiment,
C'est assez contre lui que l'éclat d'un serment :
Car enfin, un esprit qu'un peu d'orgueil inspire,
Trouve beaucoup de honte à se pouvoir dédire ;
Et souvent, aux dépens d'un pénible combat,
Fait sur ses propres vœux un illustre attentat,
S'obstine par honneur, et n'a rien qu'il n'immole
A la noble fierté de tenir sa parole.
Ainsi, dans le pardon que l'on vient d'obtenir,
Ne prends point de clartés pour régler l'avenir ;
Et, quoi qu'à mes destins la fortune prépare,
Crois que je ne puis être au prince de Navarre
Que de ces noirs accès qui troublent sa raison,
Il n'ait fait éclater l'entière guérison,
Et réduit tout mon cœur, que ce mal persécute,
A n'en plus redouter l'affront d'une rechute.

ÉLISE.
Mais quel affront nous fait le transport d'un jaloux ?

D. ELVIRE.
En est-il un qui soit plus digne de courroux ?
Et, puisque notre cœur fait un effort extrême,
Lorsqu'il se peut résoudre à confesser qu'il aime ;
Puisque l'honneur du sexe en tout tems rigoureux,
Oppose un fort obstacle à de pareils aveux,
L'amant qui voit pour lui franchir un tel obstacle,
Doit-il impunément douter de cet oracle ?
Et n'est-il pas coupable, alors qu'il ne croit pas
Ce qu'on ne dit jamais qu'après de grands combats ?

ÉLISE.
Moi, je tiens que toujours un peu de défiance
En ces occasions n'a rien qui nous offense ;
Et qu'il est dangereux qu'un cœur qu'on a charmé,
Soit trop persuadé, madame, d'être aimé :
Si....

D. ELVIRE.
N'en disputons plus. Chacun a sa pensée.
C'est un scrupule enfin dont mon ame est blessée ;
Et, contre mes desirs, je sens je ne sais quoi

Me prédire un éclat entre le prince et moi,
Qui, malgré ce qu'on doit aux vertus dont il brille....
Mais, ô ciel, en ces lieux Don Sylve de Castille !

SCÈNE II.

D. ELVIRE, D. ALPHONSE cru Don Sylve, ÉLISE.

D. ELVIRE.

Ah ! seigneur, par quel sort vous vois-je maintenant ?

D. ALPHONSE.

Je sais que mon abord, madame, est surprenant,
Et qu'être sans éclat entré dans cette ville,
Dont l'ordre d'un rival rend l'accès difficile,
Qu'avoir pu me soustraire aux yeux de ses soldats,
C'est un événement que vous n'attendiez pas.
Mais si j'ai dans ces lieux franchi quelques obstacles,
L'ardeur de vous revoir peut bien d'autres miracles;
Tout mon cœur a senti par de trop rudes coups
Le rigoureux destin d'être éloigné de vous,
Et je n'ai pu nier au tourment qui le tue,
Quelques momens secrets d'une si chère vue.
Je viens vous dire donc que je rends grace aux cieux
De vous voir hors des mains d'un tyran odieux;
Mais parmi les douceurs d'une telle aventure,
Ce qui m'est un sujet d'éternelle torture,
C'est de voir qu'à mon bras les rigueurs de mon sort
Ont envié l'honneur de cet illustre effort,
Et fait à mon rival, avec trop d'injustice,
Offrir les doux périls d'un si fameux service.
Oui, madame, j'avois, pour rompre vos liens,
Des sentimens, sans doute, aussi beaux que les siens;
Et je pouvois pour vous gagner cette victoire,
Si le ciel n'eût voulu m'en dérober la gloire.

D. ELVIRE.

Je sais, seigneur, je sais que vous avez un cœur
Qui des plus grands périls vous peut rendre vainqueur;
Et je ne doute point que ce généreux zèle

ACTE III. SCÈNE II.

Dont la chaleur vous pousse à venger ma querelle,
N'eût, contre les efforts d'un indigne projet,
Pu faire en ma faveur tout ce qu'un autre a fait.
Mais, sans cette action dont vous étiez capable,
Mon sort à la Castille est assez redevable.
On sait ce qu'en ami plein d'ardeur et de foi,
Le comte votre père a fait pour le feu roi :
Après l'avoir aidé jusqu'à l'heure dernière,
Il donne en ses états un asyle à mon frère.
Quatre lustres entiers il y cache son sort
Aux barbares fureurs de quelque lâche effort ;
Et, pour rendre à son front l'éclat d'une couronne,
Contre nos ravisseurs vous marchez en personne.
N'êtes-vous pas content, et ces soins généreux
Ne m'attachent-ils point par d'assez puissans nœuds ?
Quoi ! votre ame, seigneur, seroit-elle obstinée
A vouloir asservir toute ma destinée ?
Et faut-il que jamais il ne tombe sur nous
L'ombre d'un seul bienfait, qu'il ne vienne de vous ?
Ah ! souffrez, dans les maux où mon destin m'expose,
Qu'au soin d'un autre aussi je doive quelque chose ;
Et ne vous plaignez point de voir un autre bras
Acquérir de la gloire, où le vôtre n'est pas.

D. ALPHONSE.

Oui, madame, mon cœur doit cesser de s'en plaindre ;
Avec trop de raison vous voulez m'y contraindre,
Et c'est injustement qu'on se plaint d'un malheur,
Quand un autre plus grand s'offre à notre douleur.
Ce secours d'un rival m'est un cruel martyre :
Mais, hélas ! de mes maux ce n'est pas là le pire ;
Le coup, le rude coup dont je suis atterré,
C'est de me voir par vous ce rival préféré.
Oui, je ne vois que trop que ses feux pleins de gloire
Sur les miens dans votre ame emportent la victoire ;
Et cette occasion de servir vos appas,
Cet avantage offert de signaler son bras,
Cet éclatant exploit qui vous fut salutaire,
N'est que le pur effet du bonheur de vous plaire,

Que le secret pouvoir d'un astre merveilleux,
Qui fait tomber la gloire où s'attachent vos vœux.
Ainsi, tous mes efforts ne seront que fumée.
Contre vos fiers tyrans je conduis une armée ;
Mais je marche en tremblant à cet illustre emploi,
Assuré que vos vœux ne seront pas pour moi ;
Et que, s'ils sont suivis, la fortune prépare
L'heur des plus beaux succès aux soins de la Navarre.
Ah ! madame, faut-il me voir précipité
De l'espoir glorieux dont je m'étois flatté ;
Et ne puis-je savoir quels crimes on m'impute,
Pour avoir mérité cette effroyable chute ?

D. ELVIRE.

Ne me demandez rien avant que regarder
Ce qu'à mes sentimens vous devez demander ;
Et, sur cette froideur qui semble vous confondre,
Répondez-vous, seigneur, ce que je puis répondre ;
Car enfin tous vos soins ne sauroient ignorer
Quels secrets de votre ame on m'a su déclarer ;
Et je la crois, cette ame, et trop noble et trop haute,
Pour vouloir m'obliger à commettre une faute.
Vous-même, dites-vous, s'il est de l'équité
De me voir couronner une infidélité ;
Si vous pouvez m'offrir, sans beaucoup d'injustice,
Un cœur à d'autres yeux offert en sacrifice ;
Vous plaindre avec raison, et blâmer mes refus,
Lorsqu'ils veulent d'un crime affranchir vos vertus.
Oui, seigneur, c'est un crime, et les premières flammes
Ont des droits si sacrés sur les illustres ames,
Qu'il faut perdre grandeurs, et renoncer au jour,
Plutôt que de pencher vers un second amour.
J'ai pour vous cette ardeur que peut prendre l'estime
Pour un courage haut, pour un cœur magnanime ;
Mais n'exigez de moi que ce que je vous dois,
Et soutenez l'honneur de votre premier choix.
Malgré vos feux nouveaux, voyez quelle tendresse
Vous conserve le cœur de l'aimable comtesse,
Ce que pour un ingrat, (car vous l'êtes, seigneur,)

ACTE III. SCÈNE II.

Elle a d'un choix constant refusé de bonheur;
Quel mépris généreux, dans son ardeur extrême,
Elle a fait de l'éclat que donne un diadème;
Voyez combien d'efforts pour vous elle a bravés,
Et rendez à son cœur ce que vous lui devez.

D. ALPHONSE.

Ah! madame, à mes yeux n'offrez point son mérite;
Il n'est que trop présent à l'ingrat qui la quitte;
Et si mon cœur vous dit ce que pour elle il sent,
J'ai peur qu'il ne soit pas envers vous innocent.
Oui, ce cœur l'ose plaindre, et ne suit pas sans peine
L'impérieux effort de l'amour qui l'entraîne;
Aucun espoir pour vous n'a flatté mes desirs,
Qui ne m'ait arraché pour elle des soupirs;
Qui n'ait dans ses douceurs fait jeter à mon ame
Quelques tristes regards vers sa première flamme;
Se reprocher l'effet de vos divins attraits,
Et mêler des remords à mes plus chers souhaits.
J'ai fait plus que cela, puisqu'il vous faut tout dire:
Oui, j'ai voulu sur moi vous ôter votre empire,
Sortir de votre chaîne, et rejeter mon cœur
Sous le joug innocent de son premier vainqueur.
Mais, après mes efforts, ma constance abattue
Voit un cours nécessaire à ce mal qui me tue;
Et, dût être mon sort à jamais malheureux,
Je ne puis renoncer à l'espoir de mes vœux.
Je ne saurois souffrir l'épouvantable idée
De vous voir par un autre à mes yeux possédée;
Et le flambeau du jour, qui m'offre vos appas,
Doit avant cet hymen éclairer mon trépas.
Je sais que je trahis une princesse aimable;
Mais, madame, après tout, mon cœur est-il coupable?
Et le fort ascendant que prend votre beauté,
Laisse-t-il aux esprits aucune liberté?
Hélas! je suis ici bien plus à plaindre qu'elle;
Son cœur, en me perdant, ne perd qu'un infidèle.
D'un pareil déplaisir on se peut consoler;
Mais moi, par un malheur qui ne peut s'égaler,

J'ai celui de quitter une aimable personne,
Et tous les maux encor que mon amour me donne.
D. ELVIRE.
Vous n'avez que les maux que vous voulez avoir,
Et toujours notre cœur est en notre pouvoir :
Il peut bien quelquefois montrer quelque foiblesse ;
Mais enfin sur nos sens la raison est maîtresse....

SCÈNE III.
D. GARCIE, D. ELVIRE, D. ALPHONSE,
cru D. Sylve.

D. GARCIE.
MADAME, mon abord, comme je connois bien,
Assez mal à propos trouble votre entretien ;
Et mes pas en ce lieu, s'il faut que je le die,
Ne croyoient pas trouver si bonne compagnie.
D. ELVIRE.
Cette vue, en effet, surprend au dernier point,
Et, de même que vous, je ne l'attendois point.
D. GARCIE.
Oui, madame, je crois que de cette visite,
Comme vous l'assurez, vous n'étiez point instruite.
(à *Don Sylve.*)
Mais, seigneur, vous deviez nous faire au moins l'honneur
De nous donner avis de ce rare bonheur ;
Et nous mettre en état, sans nous vouloir surprendre,
De vous rendre en ces lieux ce qu'on voudroit vous rendre.
D. ALPHONSE.
Les héroïques soins vous occupent si fort,
Que de vous en tirer, seigneur, j'aurois eu tort ;
Et des grands conquérans les sublimes pensées
Sont aux civilités avec peine abaissées.
D. GARCIE.
Mais les grands conquérans, dont on vante les soins,
Loin d'aimer le secret, affectent les témoins :
Leur ame, dès l'enfance à la gloire élevée,
Les fait dans leurs projets aller tête levée ;

Et s'appuyant toujours sur de hauts sentimens,
Ne s'abaissent jamais à des déguisemens.
Ne commettez-vous point vos vertus héroïques,
En passant dans ces lieux par de sourdes pratiques,
Et ne craignez-vous point qu'on puisse, aux yeux de tous,
Trouver cette action trop indigne de vous ?

D. ALPHONSE.

Je ne sais si quelqu'un blâmera ma conduite,
Au secret que j'ai fait d'une telle visite ;
Mais je sais qu'aux projets qui veulent la clarté,
Prince, je n'ai jamais cherché l'obscurité ;
Et, quand j'aurai sur vous à faire une entreprise,
Vous n'aurez pas sujet de blâmer la surprise ;
Il ne tiendra qu'à vous de vous en garantir,
Et l'on prendra le soin de vous en avertir.
Cependant demeurons aux termes ordinaires,
Remettons nos débats après d'autres affaires ;
Et, d'un sang un peu chaud réprimant les bouillons,
N'oublions pas tous deux devant qui nous parlons.

D. ELVIRE à *Don Garcie.*

Prince, vous avez tort ; et sa visite est telle
Que vous....

D. GARCIE.

Ah ! c'en est trop que prendre sa querelle,
Madame, et votre esprit devroit feindre un peu mieux,
Lorsqu'il veut ignorer sa venue en ces lieux.
Cette chaleur si prompte à vouloir la défendre,
Persuade assez mal qu'elle ait pu vous surprendre.

D. ELVIRE.

Quoi que vous soupçonniez, il m'importe si peu,
Que j'aurois du regret d'en faire un désaveu.

D. GARCIE.

Poussez donc jusqu'au bout cet orgueil héroïque,
Et que sans hésiter tout votre cœur s'explique :
C'est au déguisement donner trop de crédit.
Ne désavouez rien, puisque vous l'avez dit.
Tranchez, tranchez le mot, forcez toute contrainte ;
Dites que de ses feux vous ressentez l'atteinte,
Que pour vous sa présence a des charmes si doux,

D. ELVIRE.

Et, si je veux l'aimer, m'en empêcherez-vous ?
Avez-vous sur mon cœur quelque empire à prétendre,
Et, pour régler mes vœux, ai-je votre ordre à prendre ?
Sachez que trop d'orgueil a pu vous décevoir,
Si votre cœur sur moi s'est cru quelque pouvoir ;
Et que mes sentimens sont d'une ame trop grande
Pour vouloir les cacher, lorsqu'on me les demande.
Je ne vous dirai point si le comte est aimé :
Mais apprenez de moi qu'il est fort estimé ;
Que ses hautes vertus, pour qui je m'intéresse,
Méritent mieux que vous les vœux d'une princesse ;
Que je garde aux ardeurs, aux soins qu'il me fait voir
Tout le ressentiment qu'une ame puisse avoir ;
Et que, si des destins la fatale puissance
M'ôte la liberté d'être sa récompense,
Au moins est-il en moi de promettre à ses vœux,
Qu'on ne me verra point le butin de vos feux.
Et, sans vous amuser d'une attente frivole,
C'est à quoi je m'engage, et je tiendrai parole.
Voilà mon cœur ouvert, puisque vous le voulez,
Et mes vrais sentimens à vos yeux étalés.
Êtes-vous satisfait ? Et mon ame attaquée
S'est-elle, à votre avis, assez bien expliquée ?
Voyez, pour vous ôter tout lieu de soupçonner,
S'il reste quelque jour encore à vous donner.

(à *Don Sylve.*)

Cependant, si vos soins s'attachent à me plaire,
Songez que votre bras, comte, m'est nécessaire ;
Et d'un capricieux quels que soient les transports,
Qu'à punir nos tyrans il doit tous ses efforts.
Fermez l'oreille enfin à toute sa furie ;
Et pour vous y porter, c'est moi qui vous en prie.

SCÈNE IV.

D. GARCIE, D. ALPHONSE, çru
D. Sylve.

D. GARCIE.

Tout vous rit, et votre ame en cette occasion,
Jouit superbement de ma confusion.
Il vous est doux de voir un aveu plein de gloire,
Sur les feux d'un rival marquer votre victoire :
Mais c'est à votre joie un surcroît sans égal,
D'en avoir pour témoins les yeux de ce rival;
Et mes prétentions hautement étouffées,
A vos vœux triomphans sont d'illustres trophées.
Goûtez à pleins transports ce bonheur éclatant;
Mais sachez qu'on n'est pas encore où l'on prétend.
La fureur qui m'anime a de trop justes causes,
Et l'on verra peut-être arriver bien des choses.
Un désespoir va loin quand il est échappé,
Et tout est pardonnable à qui se voit trompé.
Si l'ingrate à mes yeux, pour flatter votre flamme,
A jamais n'être à moi vient d'engager son ame,
Je saurai bien trouver dans mon juste courroux,
Les moyens d'empêcher qu'elle ne soit à vous.

D. ALPHONSE.

Cet obstacle n'est pas ce qui me met en peine.
Nous verrons quelle attente en tout cas sera vaine;
Et chacun, de ses feux, pourra, par sa valeur,
Ou défendre la gloire, ou venger le malheur.
Mais comme, entre rivaux, l'ame la plus posée,
A des termes d'aigreur trouve une pente aisée,
Et que je ne veux point qu'un pareil entretien
Puisse trop échauffer votre esprit et le mien,
Prince, affranchissez-moi d'une gêne secrette,
Et me donnez moyen de faire ma retraite.

D. GARCIE.

Non, non, ne craignez point qu'on pousse votre esprit
A violer ici l'ordre qu'on vous prescrit.

Quelque juste fureur qui me presse et vous flatte,
Je sais, comte, je sais quand il faut qu'elle éclate.
Ces lieux vous sont ouverts : oui, sortez-en, sortez
Glorieux des douceurs que vous en remportez;
Mais, encore une fois, apprenez que ma tête
Peut seule dans vos mains mettre votre conquête.
D. ALPHONSE.
Quand nous en serons là, le sort en notre bras
De tous nos intérêts videra les débats.

ACTE IV.

SCÈNE I.

D. ELVIRE, D. ALVAR.

D. ELVIRE.

Retournez, Don Alvar, et perdez l'espérance
De me persuader l'oubli de cette offense.
Cette plaie en mon cœur ne sauroit se guérir,
Et les soins qu'on en prend ne font rien que l'aigrir.
A quelques faux respects croit-il que je défère?
Non, non : il a poussé trop avant ma colère;
Et son vain repentir qui porte ici vos pas,
Sollicite un pardon que vous n'obtiendrez pas.
D. ALVAR.
Madame, il fait pitié. Jamais cœur, que je pense,
Par un plus vif remords n'expia son offense,
Et, si dans sa douleur vous le considériez,
Il toucheroit votre ame, et vous l'excuseriez.
On sait bien que le prince est dans un âge à suivre
Les premiers mouvemens où son ame se livre,

ACTE IV. SCÈNE I.

Et qu'en un sang bouillant, toutes les passions
Ne laissent guères place à des réflexions.
Don Lope, prévenu d'une fausse lumière,
De l'erreur de son maître a fourni la matière.
Un bruit assez confus, dont le zèle indiscret
A de l'abord du comte éventé le secret,
Vous avoit mise aussi de cette intelligence,
Qui, dans ces lieux gardés, a donné sa présence.
Le prince a cru l'avis, et son amour séduit
Sur une fausse alarme a fait tout ce grand bruit ;
Mais d'une telle erreur son ame est revenue :
Votre innocence enfin lui vient d'être connue,
Et Don Lope qu'il chasse, est un visible effet
Du vif remords qu'il sent de l'éclat qu'il a fait.

D. ELVIRE.

Ah! c'est trop promptement qu'il croit mon innocence ;
Il n'en a pas encore une entière assurance :
Dites-lui, dites-lui, qu'il doit bien tout peser,
Et ne se hâter point, de peur de s'abuser.

D. ALVAR.

Madame, il sait trop bien....

D. ELVIRE.

Mais, Don Alvar, de grâce,
N'étendons pas plus loin un discours qui me lasse ;
Il réveille un chagrin qui vient, à contre-tems,
En troubler dans mon cœur d'autres plus importans.
Oui, d'un trop grand malheur la surprise me presse ;
Et le bruit du trépas de l'illustre comtesse
Doit s'emparer si bien de tout mon déplaisir,
Qu'aucun autre souci n'a droit de me saisir.

D. ALVAR.

Madame, ce peut être une fausse nouvelle,
Mais mon retour au prince en porte une cruelle.

D. ELVIRE.

De quelque grand ennui qu'il puisse être agité,
Il en aura toujours moins qu'il n'a mérité.

SCÈNE II.

D. ELVIRE, ÉLISE.

ÉLISE.

J'attendois qu'il sortît, madame, pour vous dire
Ce qu'il faut maintenant que votre ame respire,
Puisque votre chagrin, dans un moment d'ici,
Du sort de Done Ignès peut se voir éclairci.
Un inconnu, qui vient pour cette confidence,
Vous fait, par un des siens, demander audience.

D. ELVIRE.

Élise, il faut le voir; qu'il vienne promptement.

ÉLISE.

Mais il veut n'être vu que de vous seulement;
Et par cet envoyé, madame, il sollicite
Qu'il puisse, sans témoins, vous rendre sa visite.

D. ELVIRE.

Hé bien, nous serons seuls, et je vais l'ordonner,
Tandis que tu prendras le soin de l'amener.
Que mon impatience en ce moment est forte!
O destin! est-ce joie ou douleur qu'on m'apporte?

SCÈNE III.

D. PÈDRE, ÉLISE.

ÉLISE.

Où....

D. PÈDRE.

Si vous me cherchez, madame, me voici.

ÉLISE.

En quel lieu votre maître?

D. PÈDRE.

Il est proche d'ici.
Le ferai-je venir?

ÉLISE.

Dites-lui qu'il s'avance,
Assuré qu'on l'attend avec impatience,

ACTE IV. SCÈNE V.

Et qu'il ne se verra d'aucuns yeux éclairé.
(seule.)
Je ne sais quel secret en doit être auguré,
Tant de précaution qu'il affecte de prendre....
Mais le voici déjà.

SCÈNE IV.

D. IGNÈS *déguisée en homme*, ÉLISE.

ÉLISE.

Seigneur, pour vous attendre
On a fait.... Mais, que vois-je? Ah! madame, mes yeux....

D. IGNÈS.

Ne me découvrez point, Élise, dans ces lieux,
Et laissez respirer ma triste destinée,
Sous une feinte mort que je me suis donnée.
C'est elle qui m'arrache à tous mes fiers tyrans,
Car je puis sous ce nom comprendre mes parens,
J'ai par elle évité cet hymen redoutable,
Pour qui j'aurois souffert une mort véritable;
Et, sous cet équipage, et le bruit de ma mort,
Il faut cacher à tous le secret de mon sort,
Pour me voir à l'abri de l'injuste poursuite,
Qui pourroit dans ces lieux persécuter ma fuite.

ÉLISE.

Ma surprise en public eût trahi vos desirs,
Mais allez là-dedans étouffer des soupirs,
Et, des charmans transports d'une pleine alégresse,
Saisir à votre aspect le cœur de la princesse;
Vous la trouverez seule, elle-même a pris soin
Que votre abord fût libre et n'eût aucun témoin.

SCÈNE V.

D. ALVAR, ÉLISE.

ÉLISE.

Vois-je pas Don Alvar!

D. ALVAR.

Le prince me renvoie
Vous prier que pour lui votre crédit s'emploie.
De ses jours, belle Élise, on doit n'espérer rien,
S'il n'obtient par vos soins un moment d'entretien;
Son ame a des transports.... Mais le voici lui-même.

SCÈNE VI.

D. GARCIE, D. ALVAR, ÉLISE.

D. GARCIE.

Au! sois un peu sensible à ma disgrace extrême,
Élise, et prends pitié d'un cœur infortuné,
Qu'aux plus vives douleurs tu vois abandonné.

ÉLISE.

C'est avec d'autres yeux que ne fait la princesse,
Seigneur, que je verrois le tourment qui vous presse;
Mais nous avons du ciel, ou du tempérament,
Que nous jugeons de tout chacun diversement :
Et puisqu'elle vous blâme, et que sa fantaisie
Lui fait un monstre affreux de votre jalousie,
Je serois complaisant, et voudrois m'efforcer
De cacher à ses yeux ce qui peut les blesser.
Un amant suit sans doute une utile méthode,
S'il fait qu'à notre humeur la sienne s'accommode;
Et cent devoirs font moins que ces ajustemens
Qui font croire en deux cœurs les mêmes sentimens.
L'art de ces deux rapports fortement les assemble,
Et nous n'aimons rien tant que ce qui nous ressemble.

D. GARCIE.

Je le sais; mais, hélas! les destins inhumains
S'opposent à l'effet de ces justes desseins;
Et, malgré tous mes soins, viennent toujours me tendre
Un piége dont mon cœur ne sauroit se défendre.
Ce n'est pas que l'ingrate aux yeux de mon rival
N'ait fait contre mes feux un aveu trop fatal,
Et témoigné pour lui des excès de tendresse,
Dont le cruel objet me reviendra sans cesse:

Mais comme trop d'ardeur enfin m'avoit séduit
Quand j'ai cru qu'en ces lieux elle l'eût introduit,
D'un trop cuisant ennui je sentirois l'atteinte
A lui laisser sur moi quelque sujet de plainte.
Oui, je veux faire au moins, si je m'en vois quitté,
Que ce soit de son cœur pure infidélité ;
Et, venant m'excuser d'un trait de promptitude,
Dérober tout prétexte à son ingratitude.

ÉLISE.

Laissez un peu de tems à son ressentiment,
Et ne la voyez point, seigneur, si promptement.

D. GARCIE.

Ah ! si tu me chéris, obtiens que je la voie ;
C'est une liberté qu'il faut qu'elle m'octroie ;
Je ne pars point d'ici, qu'au moins son fier dédain....

ÉLISE.

De grace, différez l'effet de ce dessein.

D. GARCIE.

Non, ne m'oppose point une excuse frivole.

ÉLISE à part.

Il faut que ce soit elle, avec une parole,
Qui trouve les moyens de les faire en aller.

(à Don Garcie.)

Demeurez donc, seigneur, je m'en vais lui parler.

D. GARCIE.

Dis-lui que j'ai d'abord banni de ma présence
Celui dont les avis ont causé mon offense,
Que Don Lope jamais....

SCÈNE VII.

D. GARCIE, D. ALVAR.

D. GARCIE *regardant par la porte qu'Élise a laissée entr'ouverte.*

Que vois-je, ô justes cieux !
Faut-il que je m'assure au rapport de mes yeux !
Ah ! sans doute ils me sont des témoins trop fidèles ;
Voilà le comble affreux de mes peines mortelles ;

Voici le coup fatal qui devoit m'accabler.
Et quand par des soupçons je me sentois troubler,
C'étoit, c'étoit le ciel, dont la sourde menace
Présageoit à mon cœur cette horrible disgrace.

D. ALVAR.

Qu'avez-vous vu, seigneur, qui vous puisse émouvoir?

D. GARCIE.

J'ai vu ce que mon ame a peine à concevoir,
Et le renversement de toute la nature
Ne m'étonneroit pas comme cette aventure ;
C'en est fait.... Le destin.... Je ne saurois parler.

D. ALVAR.

Seigneur, que votre esprit tâche à se rappeler.

D. GARCIE.

J'ai vu.... Vengeance, ô ciel !

D. ALVAR.

Quelle atteinte soudaine....

D. GARCIE.

J'en mourrai, Don Alvar, la chose est bien certaine.

D. ALVAR.

Mais, seigneur, qui pourroit....

D. GARCIE.

Ah ! tout est ruiné,
Je suis, je suis trahi, je suis assassiné :
Un homme, sans mourir te le puis-je bien dire ?
Un homme dans les bras de l'infidèle Elvire !

D. ALVAR.

Ah! seigneur, la princesse est vertueuse au point....

D. GARCIE.

Ah ! sur ce que j'ai vu ne me conteste point,
Don Alvar ; c'en est trop que soutenir sa gloire,
Lorsque mes yeux font foi d'une action si noire.

D. ALVAR.

Seigneur, nos passions nous font prendre souvent
Pour chose véritable, un objet décevant ;
Et de croire qu'une ame à la vertu nourrie
Se puisse....

ACTE IV. SCÈNE VIII.

D. GARCIE.

Don Alvar, laissez-moi, je vous prie :
Un conseiller me choque en cette occasion,
Et je ne prends avis que de ma passion.

D. ALVAR à part.

Il ne faut rien répondre à cet esprit farouche.

D. GARCIE.

Ah! que sensiblement cette atteinte me touche,
Mais il faut voir qui c'est, et de ma main punir....
La voici. Ma fureur, te peux-tu retenir?

SCÈNE VIII.

D. ELVIRE, D. GARCIE, D. ALVAR.

D. ELVIRE.

Hé bien, que voulez-vous? et quel espoir de grace,
Après vos procédés, peut flatter votre audace?
Osez-vous à mes yeux encor vous présenter?
Et que me direz-vous que je doive écouter?

D. GARCIE.

Que toutes les horreurs dont une ame est capable,
A vos déloyautés n'ont rien de comparable;
Que le sort, les démons, et le ciel en courroux,
N'ont jamais rien produit de si méchant que vous.

D. ELVIRE.

Ah! vraiment j'attendois l'excuse d'un outrage;
Mais, à ce que je vois, c'est un autre langage.

D. GARCIE.

Oui, oui, c'en est un autre, et vous n'attendiez pas
Que j'eusse découvert le traître dans vos bras;
Qu'un funeste hasard, par la porte entr'ouverte,
Eût offert à mes yeux votre honte et ma perte.
Est-ce l'heureux amant sur ses pas revenu,
Ou quelqu'autre rival qui m'étoit inconnu?
O ciel! donne à mon cœur des forces suffisantes
Pour pouvoir supporter des douleurs si cuisantes,
Rougissez maintenant, vous en avez raison,
Et le masque est levé de votre trahison;

Voilà ce que marquoient les troubles de mon ame,
Ce n'étoit pas en vain que s'alarmoit ma flamme;
Par ces fréquens soupçons qu'on trouvoit odieux,
Je cherchois le malheur qu'ont rencontré mes yeux;
Et, malgré tous vos soins et votre adresse à feindre,
Mon astre me disoit ce que j'avois à craindre;
Mais ne présumez pas que, sans être vengé,
Je souffre le dépit de me voir outragé.
Je sais que sur les vœux on n'a point de puissance,
Que l'amour veut partout naître sans dépendance,
Que jamais par la force on n'entra dans un cœur,
Et que toute ame est libre à nommer son vainqueur:
Aussi ne trouverois-je aucun sujet de plainte,
Si pour moi votre bouche avoit parlé sans feinte;
Et, son arrêt livrant mon espoir à la mort,
Mon cœur n'auroit eu droit de s'en prendre qu'au sort.
Mais d'un aveu trompeur voir ma flamme applaudie,
C'est une trahison, c'est une perfidie,
Qui ne sauroit trouver de trop grands châtimens,
Et je puis tout permettre à mes ressentimens.
Non, non, n'espérez rien après un tel outrage,
Je ne suis plus à moi, je suis tout à la rage.
Trahi de tous côtés, mis dans un triste état,
Il faut que mon amour se venge avec éclat;
Qu'ici j'immole tout à ma fureur extrême,
Et que mon désespoir achève par moi-même.

D. ELVIRE.

Assez paisiblement vous a-t-on écouté,
Et pourrai-je à mon tour parler en liberté ?

D. GARCIE.

Et par quels beaux discours, que l'artifice inspire....

D. ELVIRE.

Si vous avez encor quelque chose à me dire,
Vous pouvez l'ajouter, je suis prête à l'ouïr;
Sinon, faites au moins que je puisse jouir
De deux ou trois momens de paisible audience.

D. GARCIE.

Hé bien, j'écoute. O ciel! quelle est ma patience!

ACTE IV, SCÈNE VIII.

D. ELVIRE.

Je force ma colère, et veux, sans nulle aigreur,
Répondre à ce discours si rempli de fureur.

D. GARCIE.

C'est que vous voyez bien....

D. ELVIRE.

     Ah ! j'ai prêté l'oreille
Autant qu'il vous a plu, rendez-moi la pareille.
J'admire mon destin, et jamais sous les cieux
Il ne fut rien, je crois, de si prodigieux,
Rien, dont la nouveauté soit plus inconcevable,
Et rien que la raison rende moins supportable.
Je me vois un amant qui, sans se rebuter,
Applique tous ses soins à me persécuter;
Qui, dans tout son amour que sa bouche m'exprime,
Ne conserve pour moi nul sentiment d'estime;
Rien, au fond de ce cœur qu'ont pu blesser mes yeux,
Qui fasse droit au sang que j'ai reçu des cieux,
Et de mes actions défende l'innocence,
Contre le moindre effort d'une fausse apparence.
Oui, je vois....

(D. Garcie montre de l'impatience pour parler.)

    Ah ! surtout ne m'interrompez point.
Je vois, dis-je, mon sort malheureux à ce point,
Qu'un cœur, qui dit qu'il m'aime, et qui doit faire croire
Que, quand tout l'univers douteroit de ma gloire,
Il voudroit contre tous en être le garant,
Est celui qui s'en fait l'ennemi le plus grand.
On ne voit échapper aux soins que prend sa flamme
Aucune occasion de soupçonner mon ame ;
Mais c'est peu des soupçons, il en fait des éclats
Que, sans être blessé, l'amour ne souffre pas.
Loin d'agir en amant qui, plus que la mort même,
Appréhende toujours d'offenser ce qu'il aime;
Qui se plaint doucement, et cherche avec respect
A pouvoir s'éclaircir de ce qu'il croit suspect:
A toute extrémité dans ses doutes il passe ;
Et ce n'est que fureur, qu'injures et que menaces.

Cependant aujourd'hui je veux fermer les yeux
Sur tout ce qui devroit me le rendre odieux,
Et lui donner moyen, par une bonté pure,
De tirer son salut d'une nouvelle injure.
Ce grand emportement qu'il m'a fallu souffrir,
Part de ce qu'à vos yeux le hasard vient d'offrir:
J'aurois tort de vouloir démentir votre vue,
Et votre ame sans doute a dû paroître émue.

D. GARCIE.

Et n'est-ce pas....

D. ELVIRE.

   Encore un peu d'attention,
Et vous allez savoir ma résolution.
Il faut que de nous deux le destin s'accomplisse ;
Vous êtes maintenant sur un grand précipice,
Et ce que votre cœur pourra délibérer
Va vous y faire choir, ou bien vous en tirer.
Si, malgré cet objet qui vous a pu surprendre,
Prince, vous me rendez ce que vous devez rendre,
Et ne demandez point d'autre preuve que moi
Pour condamner l'erreur du trouble où je vous voi ;
Si de vos sentimens la prompte déférence
Veut sur ma seule foi croire mon innocence,
Et de tous vos soupçons démentir le crédit,
Pour croire aveuglément ce que mon cœur vous dit ;
Cette soumission, cette marque d'estime,
Du passé dans ce cœur efface tout le crime ;
Je rétracte, à l'instant, ce qu'un juste courroux
M'a fait, dans la chaleur, prononcer contre vous ;
Et, si je puis un jour choisir ma destinée
Sans choquer les devoirs du rang où je suis née,
Mon honneur, satisfait par ce respect soudain,
Promet à votre amour, et mes vœux et ma main :
Mais prêtez bien l'oreille à ce que je vais dire.
Si cette offre sur vous obtient si peu d'empire,
Que vous me refusiez de me faire entre nous
Un sacrifice entier de vos soupçons jaloux ;
S'il ne vous suffit pas de toute l'assurance

ACTE IV. SCÈNE VIII.

Que vous peuvent donner mon cœur et ma naissance,
Et que de votre esprit les ombrages puissans
Forcent mon innocence à convaincre vos sens,
Et porter à vos yeux l'éclatant témoignage
D'une vertu sincère à qui l'on fait outrage ;
Je suis prête à le faire, et vous serez content :
Mais il vous faut de moi détacher à l'instant,
A mes vœux pour jamais renoncer de vous-même
Et j'atteste du ciel la puissance suprême,
Que, quoi que le destin puisse ordonner de nous,
Je choisirai plutôt d'être à la mort qu'à vous.
Voilà dans ces deux choix de quoi vous satisfaire ;
Avisez maintenant celui qui peut vous plaire.

D. GARCIE.

Juste ciel ! jamais rien peut-il être inventé
Avec plus d'artifice et de déloyauté !
Tout ce que des enfers la malice étudie,
A-t-il rien de si noir que cette perfidie ?
Et peut-elle trouver dans toute sa rigueur
Un plus cruel moyen d'embarrasser un cœur ?
Ah ! que vous savez bien ici contre moi-même,
Ingrate, vous servir de ma foiblesse extrême,
Et ménager pour vous l'effort prodigieux
De ce fatal amour né de vos traîtres yeux !
Parce qu'on est surprise, et qu'on manque d'excuse,
D'une offre de pardon on emprunte la ruse :
Votre feinte douceur forge un amusement
Pour divertir l'effet de mon ressentiment ;
Et par le nœud subtil du choix qu'elle embarrasse,
Veut soustraire un perfide au coup qui le menace.
Oui, vos dextérités veulent me détourner
D'un éclaircissement qui vous doit condamner ;
Et votre ame, feignant une innocence entière,
Ne s'offre à m'en donner une pleine lumière
Qu'à des conditions, qu'après d'ardens souhaits
Vous pensez que mon cœur n'acceptera jamais :
Mais vous serez trompée en me croyant surprendre.
Oui, oui, je prétends voir ce qui doit vous défendre,

Et quel fameux prodige, accusant ma fureur,
Peut de ce que j'ai vu justifier l'horreur.

D. ELVIRE.

Songez que par ce choix vous allez vous prescrire
De ne plus rien prétendre au cœur de Done Elvire.

D. GARCIE.

Soit. Je souscris à tout; et mes vœux, aussi bien,
En l'état où je suis, ne prétendent plus rien.

D. ELVIRE.

Vous vous repentirez de l'éclat que vous faites.

D. GARCIE.

Non, non, tous ces discours sont de vaines défaites,
Et c'est moi bien plutôt qui doit vous avertir
Que quelqu'autre dans peu pourra se repentir;
Le traître, quel qu'il soit, n'aura pas l'avantage
De dérober sa vie à l'effort de ma rage.

D. ELVIRE.

Ah! c'est trop en souffrir, et mon cœur irrité
Ne doit plus conserver une sotte bonté;
Abandonnons l'ingrat à son propre caprice;
Et puisqu'il veut périr, consentons qu'il périsse,

(à Don Garcie.)

Élise.... A cet éclat, vous voulez me forcer,
Mais je vous apprendrai que c'est trop m'offenser.

SCÈNE IX.

D. ELVIRE, D. GARCIE, ÉLISE, D. ALVAR.

D. ELVIRE à *Élise*.

Faites un peu sortir la personne chérie....
Allez, vous m'entendez, dites que je l'en prie.

D. GARCIE.

Et je puis....

D. ELVIRE.

Attendez : vous serez satisfait.

ÉLISE *à part en sortant*.

Voici de son jaloux, sans doute, un nouveau trait.

ACTE IV. SCÈNE X.

D. ELVIRE.

Prenez garde qu'au moins cette noble colère
Dans la même fierté jusqu'au bout persévère ;
Et surtout désormais songez bien à quel prix
Vous avez voulu voir vos soupçons éclaircis.

SCÈNE X.

D. ELVIRE, D. GARCIE, D. IGNÈS, *déguisée en homme*, ÉLISE, D. ALVAR.

D. ELVIRE *à D. Garcie, en lui montrant D. Ignès.*

Voici, graces au ciel, ce qui les a fait naître
Ces soupçons obligeans que l'on me fait paroître ;
Voyez bien ce visage, et si de Done Ignès
Vos yeux au même instant n'y connoissent les traits.

D. GARCIE.

O ciel !

D. ELVIRE.

Si la fureur dont votre ame est émue,
Vous trouble jusques-là l'usage de la vue,
Vous avez d'autres yeux à pouvoir consulter,
Qui ne vous laisseront aucun lieu de douter.
Sa mort est une adresse au besoin inventée
Pour fuir l'autorité qui l'a persécutée :
Et, sous un tel habit, elle cachoit son sort
Pour mieux jouir du fruit de cette feinte mort.

(*à Done Ignès.*)

Madame, pardonnez, s'il faut que je consente
A trahir vos secrets, et tromper votre attente ;
Je me vois exposée à sa témérité,
Toutes mes actions n'ont plus de liberté ;
Et mon honneur en butte aux soupçons qu'il peut prendre,
Est réduit à toute heure aux soins de se défendre.
Nos doux embrassemens, qu'a surpris ce jaloux,
De cent indignités m'ont fait souffrir les coups.
Oui, voilà le sujet d'une fureur si prompte,
Et l'assuré témoin qu'on produit de ma honte.

(*à Don Garcie.*)

Jouissez à cette heure en tyran absolu,
De l'éclaircissement que vous avez voulu :
Mais sachez que j'aurai sans cesse la mémoire
De l'outrage sanglant qu'on a fait à ma gloire.
Et, si je puis jamais oublier mes sermens,
Tombent sur moi du ciel les plus grands châtimens !
Qu'un tonnerre éclatant mette ma tête en poudre,
Lorsqu'à souffrir vos feux je pourrai me résoudre !
Allons, madame, allons, ôtons-nous de ces lieux
Qu'infectent les regards d'un monstre furieux ;
Fuyons-en promptement l'atteinte envenimée,
Évitons les effets de sa rage animée,
Et ne faisons des vœux dans nos justes desseins
Que pour nous voir bientôt affranchir de ses mains.

D. IGNÈS *à Don Garcie.*

Seigneur, de vos soupçons l'injuste violence
A la même vertu vient de faire une offense.

SCÈNE XI.

D. GARCIE, D. ALVAR.

D. GARCIE.

QUELLES tristes clartés, dissipant mon erreur,
Enveloppent mes sens d'une profonde horreur,
Et ne laissent plus voir à mon ame abattue
Que l'effroyable objet d'un remords qui me tue !
Ah ! Don Alvar, je vois que vous avez raison,
Mais l'enfer dans mon cœur a soufflé son poison ;
Et, par un trait fatal d'une rigueur extrême,
Mon plus grand ennemi se rencontre en moi-même.
Que me sert-il d'aimer du plus ardent amour
Qu'une ame consumée ait jamais mis au jour,
Si, par ces mouvemens qui font toute ma peine,
Cet amour à tout coup se rend digne de haine ?
Il faut, il faut venger par mon juste trépas
L'outrage que j'ai fait à ses divins appas ;
Aussi bien quels conseils aujourd'hui puis-je suivre,

ACTE IV. SCÈNE XI.

Ah ! j'ai perdu l'objet pour qui j'aimois à vivre.
Si j'ai pu renoncer à l'espoir de ses vœux,
Renoncer à la vie est beaucoup moins fâcheux.

D. ALVAR.

Seigneur....

D. GARCIE.

   Non, Don Alvar, ma mort est nécessaire,
Il n'est soins ni raison qui m'en puissent distraire;
Mais il faut que mon sort, en se précipitant,
Rende à cette princesse un service éclatant,
Et je veux me chercher dans cette illustre envie
Les moyens glorieux de sortir de la vie ;
Faire par un grand coup qui signale ma foi,
Qu'en expirant pour elle, elle ait regret à moi,
Et qu'elle puisse dire, en se voyant vengée,
C'est par son trop d'amour qu'il m'avoit outragée.
Il faut que de ma main un illustre attentat
Porte une mort trop due au sein de Maurégat,
Que j'aille prévenir par une belle audace
Le coup dont la Castille avec bruit le menace ;
Et j'aurai la douceur, dans mon instant fatal,
De ravir cette gloire à l'espoir d'un rival.

D. ALVAR.

Un service, seigneur, de cette conséquence
Auroit bien le pouvoir d'effacer votre offense ;
Mais hasarder....

D. GARCIE.

   Allons, par un juste devoir,
Faire à ce noble effort servir mon désespoir.

ACTE V.

SCÈNE I.

D. ALVAR, ÉLISE.

D. ALVAR.

Oui, jamais il ne fut de si rude surprise.
Il venoit de former cette haute entreprise ;
A l'avide desir d'immoler Maurégat,
De son prompt désespoir il tournoit tout l'éclat ;
Ses soins précipités vouloient à son courage,
De cette juste mort assurer l'avantage ;
Y chercher son pardon et prévenir l'ennui
Qu'un rival partageât cette gloire avec lui.
Il sortoit de ces murs, quand un bruit trop fidèle
Est venu lui porter la fâcheuse nouvelle
Que ce même rival, qu'il vouloit prévenir,
A remporté l'honneur qu'il pensoit obtenir,
L'a prévenu lui-même en immolant le traître,
Et poussé dans ce jour Don Alphonse à paroître,
Qui, d'un si prompt succès, va goûter la douceur,
Et vient prendre en ces lieux la princesse sa sœur :
Et, ce qui n'a pas peine à gagner la croyance,
On entend publier que c'est la récompense
Dont il prétend payer le service éclatant
Du bras qui lui fait jour au trône qui l'attend.

ÉLISE.

Oui, Done Elvire a su ces nouvelles semées,
Et du vieux Don Louis les trouve confirmées,
Qui vient de lui mander que Léon dans ce jour,

ACTE V. SCÈNE II.

De Don Alphonse et d'elle, attend l'heureux retour;
Et que c'est là qu'on doit, par un revers prospère,
Lui voir prendre un époux de la main de ce frère.
Dans ce peu qu'il en dit, il donne assez à voir
Que Don Sylve est l'époux qu'elle doit recevoir.

D. ALVAR.

Ce coup au cœur du prince....

ÉLISE.

Est sans doute bien rude,
Et je le trouve à plaindre en son inquiétude.
Son intérêt pourtant, si j'en ai bien jugé,
Est encor cher au cœur qu'il a tant outragé;
Et je n'ai point connu, qu'à ce succès qu'on vante,
La princesse ait fait voir une ame fort contente.
De ce frère qui vient, et de la lettre aussi :
Mais....

SCÈNE II.

D. ELVIRE, D. IGNÈS, *déguisée en homme*, ÉLISE, D. ALVAR.

D. ELVIRE.

Faites, Don Alvar, venir le prince ici.
                    (*D. Alvar sort.*)
Souffrez que devant vous je lui parle, madame,
Sur cet événement dont on surprend mon ame ;
Et ne m'accusez point d'un trop prompt changement,
Si je perds contre lui tout mon ressentiment.
Sa disgrace imprévue a pris soin de l'éteindre;
Sans lui laisser ma haine, il est assez à plaindre ;
Et le ciel, qui l'expose à ce trait de rigueur,
N'a que trop bien servi les sermens de mon cœur.
Un éclatant arrêt de ma gloire outragée
A jamais n'être à lui me tenoit engagée ;
Mais quand par les destins il est exécuté,
J'y vois pour son amour trop de sévérité ;
Et le triste succès de tout ce qu'il m'adresse,
M'efface son offense, et lui rend ma tendresse.

Oui, mon cœur, trop vengé par de si rudes coups,
Laisse à leur cruauté désarmer son courroux,
Et cherche maintenant, par un soin pitoyable,
A consoler le sort d'un amant misérable ;
Et je crois que sa flamme a bien pu mériter
Cette compassion que je lui veux prêter.

####### D. IGNÈS.

Madame, on auroit tort de trouver à redire
Aux tendres sentimens qu'on voit qu'il vous inspire ;
Ce qu'il a fait pour vous.... Il vient, et sa pâleur
De ce coup surprenant marque assez la douleur.

SCÈNE III.

D. GARCIE, D. ELVIRE, D. IGNÈS,
déguisée en homme, ÉLISE.

####### D. GARCIE.

Madame, avec quel front faut-il que je m'avance,
Quand je viens vous offrir l'odieuse présence....

####### D. ELVIRE.

Prince, ne parlons plus de mon ressentiment.
Votre sort dans mon ame a fait du changement,
Et, par le triste état où sa rigueur vous jette,
Ma colère est éteinte, et notre paix est faite.
Oui, bien que votre amour ait mérité les coups
Que fait sur lui du ciel éclater le courroux ;
Bien que ces noirs soupçons ayent offensé ma gloire
Par des indignités qu'on auroit peine à croire,
J'avoûrai toutefois que je plains son malheur
Jusqu'à voir nos succès avec quelque douleur ;
Que je hais les faveurs de ce fameux service,
Lorsqu'on veut de mon cœur lui faire un sacrifice,
Et voudrois bien pouvoir racheter les momens,
Où le sort contre vous n'armoit que mes sermens ;
Mais enfin vous savez comme nos destinées
Aux intérêts publics sont toujours enchaînées,
Et que l'ordre des cieux pour disposer de moi,
Dans mon frère qui vient, me va montrer mon roi.

ACTE V. SCÈNE III.

Cédez, comme moi, prince, à cette violence,
Où la grandeur soumet celles de ma naissance ;
Et, si de votre amour les déplaisirs sont grands,
Qu'il se fasse un secours de la part que j'y prends,
Et ne se serve point, contre un coup qui l'étonne,
Du pouvoir qu'en ces lieux votre valeur vous donne :
Ce vous seroit, sans doute, un indigne transport
De vouloir dans vos maux lutter contre le sort ;
Et, lorsque c'est en vain qu'on s'oppose à sa rage,
La soumission prompte est grandeur de courage.
Ne résistez donc point à ses coups éclatans ;
Ouvrez les murs d'Astorgue au frère que j'attends,
Laissez-moi rendre aux droits qu'il peut sur moi prétendre
Ce que mon triste cœur a résolu de rendre ;
Et ce fatal hommage, où mes vœux sont forcés,
Peut-être n'ira pas si loin que vous pensez.

D. GARCIE.

C'est faire voir, madame, une bonté trop rare,
Que vouloir adoucir le coup qu'on me prépare ;
Sur moi sans de tels soins vous pouvez laisser choir
Le foudre rigoureux de tout votre devoir.
En l'état où je suis je n'ai rien à vous dire.
J'ai mérité du sort tout ce qu'il a de pire ;
Et je sais, quelques maux qu'il me faille endurer,
Que je me suis ôté le droit d'en murmurer.
Par où pourrai-je, hélas, dans ma vaste disgrace,
Vers vous de quelque plainte autoriser l'audace ?
Mon amour s'est rendu mille fois odieux :
Il n'a fait qu'outrager vos attraits glorieux,
Et, lorsque par un juste et fameux sacrifice
Mon bras à votre sang cherche à rendre un service,
Mon astre m'abandonne au déplaisir fatal
De me voir prévenu par le bras d'un rival.
Madame, après cela je n'ai rien à prétendre,
Je suis digne d'un coup que l'on me fait attendre ;
Et je le vois venir, sans oser contre lui
Tenter de votre cœur le favorable appui.
Ce qui peut me rester dans mon malheur extrême,

C'est de chercher alors mon remède en moi-même,
Et faire que ma mort, propice à mes desirs,
Affranchisse mon cœur de tous ses déplaisirs.
Oui, bientôt dans ces lieux Don Alphonse doit être,
Et déjà mon rival commence de paroître :
De Léon vers ces murs il semble avoir volé
Pour recevoir le prix du tyran immolé.
Ne craignez point du tout qu'aucune résistance
Fasse valoir ici ce que j'ai de puissance ;
Il n'est effort humain, que, pour vous conserver,
Si vous y consentiez, je ne pusse braver :
Mais ce n'est pas à moi, dont on hait la mémoire,
A pouvoir espérer cet aveu plein de gloire,
Et je ne voudrois pas par des efforts trop vains
Jeter le moindre obstacle à vos justes desseins.
Non, je ne contrains point vos sentimens, madame,
Je vais en liberté laisser toute votre ame,
Ouvrir les murs d'Astorgue à cet heureux vainqueur,
Et subir de mon sort la dernière rigueur.

SCÈNE IV.

D. ELVIRE, D. IGNÈS, *déguisée en homme*, ÉLISE.

D. ELVIRE.

Madame, au désespoir où son destin l'expose,
De tous mes déplaisirs n'imputez point la cause.
Vous me rendez justice, en croyant que mon cœur
Fait de vos intérêts sa plus vive douleur :
Que bien plus que l'amour l'amitié m'est sensible,
Et que si je me plains d'une disgrace horrible,
C'est de voir que du ciel le funeste courroux
Ait pris chez moi les traits qu'il lance contre vous,
Et rendu mes regards coupables d'une flamme
Qui traite indignement les bontés de votre ame.

D. IGNÈS.

C'est un événement dont, sans doute, vos yeux
N'ont point pour moi, madame, à quereller les cieux.

ACTE V. SCÈNE IV.

Si les foibles attraits qu'étale mon visage,
M'exposoient au destin de souffrir un volage,
Le ciel ne pouvoit mieux m'adoucir de tels coups,
Quand, pour m'ôter ce cœur, il s'est servi de vous;
Et mon front ne doit point rougir d'une inconstance
Qui de vos traits aux miens marque la différence.
Si pour ce changement je pousse des soupirs,
Ils viennent de le voir fatal à vos desirs;
Et dans cette douleur que l'amitié m'excite,
Je m'accuse pour vous de mon peu de mérite,
Qui n'a pu retenir un cœur dont les tributs
Causent un si grand trouble à vos vœux combattus.

D. ELVIRE.

Accusez-vous plutôt de l'injuste silence
Qui m'a de vos deux cœurs caché l'intelligence.
Ce secret plutôt su, peut-être à toutes deux
Nous auroit épargné des troubles si fâcheux;
Et mes justes froideurs, des desirs d'un volage
Au point de leur naissance ayant banni l'hommage,
Eussent pu renvoyer....

D. IGNÈS.
Madame, le voici.

D. ELVIRE.
Sans rencontrer ses yeux vous pouvez être ici;
Ne sortez point, madame, et dans un tel martyre,
Veuillez être témoin de ce que je vais dire.

D. IGNÈS.
Madame, j'y consens, quoique je sache bien
Qu'on fuiroit en ma place un pareil entretien.

D. ELVIRE.
Son succès, si le ciel seconde ma pensée,
Madame, n'aura rien dont vous soyez blessée.

SCÈNE V.

D. ALPHONSE, *cru D. Sylve*, **D. ELVIRE**, **D. IGNÈS**, *déguisée en homme*, **ÉLISE**.

D. ELVIRE.

Avant que vous parliez, je demande instamment,
Que vous daigniez, seigneur, m'écouter un moment.
Déjà la renommée a jusqu'à nos oreilles
Porté de votre bras les soudaines merveilles;
Et j'admire avec tous comme en si peu de tems
Il donne à nos destins ces succès éclatans.
Je sais bien qu'un bienfait de cette conséquence
Ne sauroit demander trop de reconnoissance,
Et qu'on doit toute chose à l'exploit immortel
Qui replace mon frère au trône paternel.
Mais, quoi que de son cœur vous offrent les hommages,
Usez en généreux de tous vos avantages;
Et ne permettez pas que ce coup glorieux
Jette sur moi, seigneur, un joug impérieux;
Que votre amour, qui sait quel intérêt m'anime,
S'obstine à triompher d'un refus légitime,
Et veuille que ce frère, où l'on va m'exposer,
Commence d'être roi pour me tyranniser.
Léon a d'autres prix dont, en cette occurrence,
Il peut mieux honorer votre haute vaillance;
Et c'est à vos vertus faire un présent trop bas,
Que vous donner un cœur qui ne se donne pas.
Peut-on être jamais satisfait en soi-même,
Lorsque par la contrainte on obtient ce qu'on aime?
C'est un triste avantage, et l'amant généreux
A ces conditions refuse d'être heureux;
Il ne veut rien devoir à cette violence
Qu'exercent sur nos cœurs les droits de la naissance,
Et pour l'objet qu'il aime est toujours trop zélé,
Pour souffrir qu'en victime il lui soit immolé.

ACTE V. SCÈNE V.

Ce n'est pas que ce cœur, au mérite d'un autre,
Prétende réserver ce qu'il refuse au vôtre;
Non, seigneur, j'en réponds, et vous donne ma foi
Que personne jamais n'aura pouvoir sur moi;
Qu'une sainte retraite à toute autre poursuite....

D. ALPHONSE.

J'ai de votre discours assez souffert la suite,
Madame, et par deux mots je vous l'eusse épargné,
Si votre fausse alarme eût sur vous moins gagné.
Je sais qu'un bruit commun, qui partout se fait croire,
De la mort du tyran me veut donner la gloire;
Mais le seul peuple enfin, comme on nous fait savoir,
Laissant par Don Louis échauffer son devoir,
A remporté l'honneur de cet acte héroïque
Dont mon nom est chargé par la rumeur publique;
Et ce qui d'un tel bruit a fourni le sujet,
C'est que, pour appuyer son illustre projet,
Don Louis fit semer, par une feinte utile,
Que, secondé des miens, j'avois saisi la ville;
Et par cette nouvelle il a poussé les bras
Qui d'un usurpateur ont hâté le trépas.
Par son zèle prudent il a su tout conduire,
Et c'est par un des siens qu'il vient de m'en instruire;
Mais dans le même instant un secret m'est appris,
Qui va vous étonner autant qu'il m'a surpris.
Vous attendez un frère, et Léon, son vrai maître,
A vos yeux maintenant le ciel le fait paroître :
Oui, je suis Don Alphonse ; et mon sort conservé,
Et sous le nom du sang de Castille élevé,
Est un fameux effet de l'amitié sincère
Qui fut entre son prince et le roi notre père.
Don Louis du secret a toutes les clartés,
Et doit aux yeux de tous prouver ces vérités.
D'autres soins maintenant occupent ma pensée,
Non qu'à votre sujet elle soit traversée,
Que ma flamme querelle un tel événement,
Et qu'en mon cœur le frère importune l'amant.

Mes feux par ce secret ont reçu sans murmure
Le changement qu'en eux a prescrit la nature;
Et le sang qui nous joint m'a si bien détaché
De l'amour dont pour vous mon cœur étoit touché,
Qu'il ne respire plus, pour faveur souveraine,
Que les chères douceurs de sa première chaîne,
Et le moyen de rendre à l'adorable Ignès
Ce que de ses bontés a mérité l'excès :
Mais son sort incertain rend le mien misérable ;
Et, si ce qu'on en dit se trouvoit véritable,
En vain Léon m'appelle, et le trône m'attend ;
La couronne n'a rien à me rendre content,
Et je n'en veux l'éclat que pour goûter la joie
D'en couronner l'objet où le ciel me renvoie,
Et pouvoir réparer par ces justes tributs
L'outrage que j'ai fait à ses rares vertus.
Madame, c'est de vous que j'ai raison d'attendre
Ce que de son destin mon ame peut apprendre;
Instruisez-m'en, de grace, et, par votre discours,
Hâtez mon désespoir ou le bien de mes jours.

D. ELVIRE.

Ne vous étonnez pas si je tarde à répondre,
Seigneur, ces nouveautés ont droit de me confondre.
Je n'entreprendrai point de dire à votre amour
Si Done Ignès est morte ou respire le jour ;
Mais par ce cavalier, l'un de ses plus fidèles,
Vous en pourrez sans doute apprendre des nouvelles.

D. ALPHONSE, *reconnoissant D. Ignès.*

Ah! madame, il m'est doux en ces perplexités
De voir ici briller vos célestes beautés.
Mais, vous, avec quels yeux verrez-vous un volage
Dont le crime....

D. IGNÈS.

   Ah! gardez de me faire un outrage,
Et de vous hasarder à dire que vers moi,

ACTE V. SCÈNE VI.

Un cœur dont je fais cas, ait pu manquer de foi.
J'en refuse l'idée, et l'excuse me blesse,
Rien n'a pu m'offenser auprès de la princesse ;
Et tout ce que d'ardeur elle vous a causé,
Par un si haut mérite est assez excusé.
Cette flamme vers moi ne vous rend point coupable,
Et, dans le noble orgueil dont je me sens capable,
Sachez, si vous l'étiez, que ce seroit en vain
Que vous présumeriez de fléchir mon dédain,
Et qu'il n'est repentir, ni suprême puissance
Qui gagnât sur mon cœur d'oublier cette offense.

D. ELVIRE.

Mon frère, d'un tel nom souffrez-moi la douceur,
De quel ravissement comblez-vous une sœur !
Que j'aime votre choix, et bénis l'aventure
Qui vous fait couronner une amitié si pure !
Et de deux nobles cœurs que j'aime tendrement....

SCÈNE VI ET DERNIÈRE.

D. GARCIE, D. ELVIRE, D. IGNÈS, *déguisée en homme*, D. ALPHONSE, *cru D. Sylve*, ÉLISE.

D. GARCIE.

De grace, cachez-moi votre contentement,
Madame, et me laissez mourir dans la croyance
Que le devoir vous fait un peu de violence.
Je sais que de vos vœux vous pouvez disposer,
Et mon dessein n'est pas de leur rien opposer,
Vous le voyez assez, et quelle obéissance
De vos commandemens m'arrache la puissance ;
Mais je vous avouerai que cette gaieté
Surprend au dépourvu toute ma fermeté,
Et qu'un pareil objet dans mon ame fait naître

Un transport dont j'ai peur que je ne sois pas maître ;
Et je me punirois, s'il m'avoit pu tirer
De ce respect soumis où je veux demeurer.
Oui, vos commandemens ont prescrit à mon ame
De souffrir sans éclat le malheur de ma flamme ;
Cet ordre sur mon cœur doit être tout-puissant,
Et je prétends mourir en vous obéissant ;
Mais, encore une fois, la joie où je vous trouve
M'expose à la rigueur d'une trop rude épreuve,
Et l'ame la plus sage en ces occasions
Répond malaisément de ses émotions.
Madame, épargnez-moi cette cruelle atteinte,
Donnez-moi par pitié deux momens de contrainte ;
Et quoi que d'un rival vous inspirent les soins,
N'en rendez pas mes yeux les malheureux témoins :
C'est la moindre faveur qu'on peut, je crois, prétendre,
Lorsque dans ma disgrace un amant peut descendre.
Je ne l'exige pas, madame, pour long-tems,
Et bientôt mon départ rendra vos vœux contens :
Je vais, où de ses feux mon ame consumée
N'apprendra votre hymen que par la renommée ;
Ce n'est pas un spectacle où je doive courir,
Madame ; sans le voir, j'en saurai bien mourir.

D. IGNÈS.

Seigneur, permettez-moi de blâmer votre plainte.
De vos maux la princesse a su paroître atteinte ;
Et cette joie encor, de quoi vous murmurez,
Ne lui vient que des biens qui vous sont préparés ;
Elle goûte un succès à vos desirs prospère,
Et dans votre rival elle trouve son frère ;
C'est Don Alphonse enfin dont on a tant parlé,
Et ce fameux secret vient d'être dévoilé.

D. ALPHONSE.

Mon cœur, graces au ciel, après un long martyre,
Seigneur, sans vous rien prendre, a tout ce qu'il desire ;

ACTE V. SCÈNE VI.

Et goûte d'autant mieux son bonheur en ce jour,
Qu'il se voit en état de servir votre amour.

D. GARCIE.

Hélas, cette bonté, seigneur, doit me confondre !
A mes plus chers desirs elle daigne répondre ;
Le coup que je craignois, le ciel l'a détourné,
Et tout autre que moi se verroit fortuné ;
Mais ces douces clartés d'un secret favorable
Vers l'objet adoré me découvrent coupable,
Et, tombé de nouveau dans ces traîtres soupçons
Sur quoi l'on m'a tant fait d'inutiles leçons,
Et par qui mon ardeur si souvent odieuse,
Doit perdre tout espoir d'être jamais heureuse ;
Oui, l'on doit me haïr avec trop de raison ;
Moi-même je me trouve indigne de pardon :
Et, quelque heureux succès que le sort me présente,
La mort, la seule mort est toute mon attente.

D. ELVIRE.

Non, non ; de ce transport le soumis mouvement,
Prince, jette en mon ame un plus doux sentiment.
Par lui de mes sermens je me sens détachée ;
Vos plaintes, vos respects, vos douleurs m'ont touchée ;
J'y vois partout briller un excès d'amitié,
Et votre maladie est digne de pitié.
Je vois, prince, je vois qu'on doit quelque indulgence
Aux défauts, où du ciel fait pencher l'influence ;
Et, pour tout dire enfin, jaloux ou non jaloux,
Mon roi, sans me gêner, peut me donner à vous.

D. GARCIE.

Ciel, dans l'excès des biens que cet aveu m'octroie,
Rends capable mon cœur de supporter sa joie !

D. ALPHONSE.

Je veux que cet hymen, après nos vains débats,
Seigneur, joigne à jamais nos cœurs et nos états.

Mais ici le temps presse, et Léon nous appelle;
Allons dans nos plaisirs satisfaire son zèle :
Et, par notre présence et nos soins différens,
Donner le dernier coup au parti des tyrans.

FIN.

L'ÉCOLE DES MARIS,

COMÉDIE EN TROIS ACTES.

A MONSEIGNEUR

LE DUC D'ORLEANS,

FRÈRE UNIQUE DU ROI.

Monseigneur,

Je fais voir ici à la France des choses bien peu proportionnées. Il n'est rien de si grand et de si superbe que le nom que je mets à la tête de ce livre, et rien de plus bas que ce qu'il contient. Tout le monde trouvera cet assemblage étrange ; et quelques-uns pourront bien dire, pour exprimer l'inégalité, que c'est poser une couronne de perles et de diamans sur une statue de terre, et faire entrer par des portiques magnifiques et des arcs triomphaux superbes dans une méchante cabane. Mais, Monseigneur, ce qui doit me servir d'excuse, c'est qu'en cette aventure je n'ai eu aucun choix à faire, et que l'honneur que j'ai d'être à Votre Altesse Royale, m'a imposé une nécessité absolue de lui dédier le premier ouvrage que je mets de moi-même au jour. Ce n'est pas un présent que je lui fais, c'est un devoir dont je m'acquitte ; et les hommages ne sont jamais regardés par les choses qu'ils portent. J'ai donc osé, MONSEIGNEUR, dédier une bagatelle à VOTRE ALTESSE ROYALE, parce que je n'ai pu m'en dispenser ; et si je me dispense ici de m'étendre sur les belles et glorieuses vérités qu'on pourroit dire d'ELLE, c'est par la juste appréhension que ces grandes idées ne fissent éclater encore davantage la bassesse de mon offrande. Je me suis imposé silence pour trouver un endroit plus propre à placer de si belles choses ; et tout ce que j'ai prétendu dans cette épître, c'est de justifier mon action à toute la France, et d'avoir cette gloire de vous dire à vous-même, MONSEIGNEUR, avec toute la soumission possible, que je suis,

DE VOTRE ALTESSE ROYALE,

Le très-humble, très-obéissant,
et très-fidèle serviteur,

MOLIÈRE.

AVERTISSEMENT

DE L'ÉDITEUR

SUR

L'ÉCOLE DES MARIS.

Cette Comédie, en vers et en trois actes, est la seconde nouveauté qui fut jouée en 1661, sur le théâtre du Palais-Royal. Il y avoit déjà sept mois que la troupe de Molière, toujours sous le titre de la troupe de Monsieur, y continuoit ses représentations, depuis qu'elle avoit été forcée de quitter le théâtre du Petit-Bourbon, dont la démolition avoit été ordonnée pour élever le plus superbe monument de l'architecture française (1).

(1) Le théâtre du Petit-Bourbon, étoit situé vis-à-vis Saint-Germain-l'Auxerrois, à l'entrée du Louvre, et Louis XIV en ordonna la démolition en 1660, pour exécuter le dessin sublime de Claude Perrault, qui avoit été heureusement préféré à celui du chevalier Bernin, la critique en annonçoit l'exécution impossible, mais plus d'un siècle de durée sans aucune altération, atteste qu'il n'est point de monument de la grandeur de Louis XIV, plus auguste et plus solide que la fameuse colonnade du Louvre. On en doit la découverte depuis quelques années, aux soins de M. le Marquis de Marigny.

AVERTISSEMENT

Tous les éditeurs de Molière, et presque tous ceux qui ont écrit sur ses ouvrages, ont fixé la première représentation de l'*Ecole des Maris* au 24 Juin 1661, erreur dans laquelle ils ne seroient pas tombés, s'ils avoient jeté les yeux sur la *Muse Historique de Loret*. Le Gazetier en prose rimée, dans une feuille du 17 Juin, nous apprend qu'elle fut jouée le 12 de ce mois chez le célèbre M. Fouquet, dans une fête que ce ministre donnoit à la Reine d'Angleterre, à Monsieur et à Madame. C'est dans cette même feuille du 17 qu'il ajoute que cet ouvrage faisoit alors le charme de tout Paris. Les premiers qui ont parlé de cette pièce ont donc écrit le 24 au lieu du 4, (disent les Historiens du Théâtre Français) mais c'étoit le 14 qu'il falloit dire, parce qu'il est vraisemblable qu'elle ne fut donnée à Paris qu'après la fête du Sur-Intendant.

Molière ne laissa jouir ses ennemis que 4 mois environ du plaisir que leur avoit causé la chute du *Prince Jaloux*. L'*Ecole des Maris* fut pour eux un coup de foudre qui les remit à ses pieds. Le succès fut aussi grand que ce chef-d'œuvre le méritoit, et il ne pouvoit l'être trop.

C'est dans cet ouvrage que Molière paroît véritablement avoir perfectionné son style, quoique le sieur *de Visé*, dans ses *Nouvelles nouvelles*, ait eu la sottise de dire qu'il étoit, à cet égard, au-dessous du *Cocu imaginaire*. L'heureux naturel, l'aimable facilité du dialogue français, ne s'étoient encore montrés nulle part aussi bien que dans cette comédie.

La prose française avoit déjà les fameuses *Lettres Provinciales*, qui devoient fixer ses principes, ses règles, son goût, et même la bonne plaisanterie ; mais notre poésie ne comptoit encore, relativement à la langue perfectionnée, que la première satire de Despréaux, qui venoit de paroître. Molière et Boileau peuvent donc être regardés comme les deux premiers poëtes qui aient écarté de notre versification, et les tournures forcées, et la fausse éloquence, et la froide chaleur, et la précieuse obscurité, et le beau galimatias, qui l'empoisonnoient en général.

Si Despréaux, par la suite, passa Molière à cet égard, ce fut peut-être à ce dernier qu'il dut sa haine pour le mauvais goût et pour les sots de notre littérature, si bien bernés dans les *Précieuses ridicules*.

Il fut aisé d'apercevoir que les *Adelphes* de *Térence* avoient inspiré à Molière l'idée de sa nouvelle pièce ; mais ces envieux ne s'en tinrent pas là, et l'*Ecole des Maris* fut annoncée partout comme une simple copie de l'ouvrage ancien, quoique ces deux pièces n'aient rien de commun entre elles que le produit du caractère opposé de deux vieillards dans l'éducation qu'ils ont faite de deux enfans.

La fable des *Adelphes*, beaucoup trop simple,

ne fournit presque aucune situation, aucun tableau des mœurs des Romains; et celle de l'*Ecole des Maris*, sans être trop compliquée, présente une situation à chaque scène. C'est le chef-d'œuvre du génie comique, par la disposition, les vues et la conduite de l'ouvrage.

Le dénouement, naturel et plaisant, est encore regardé comme un des plus heureux qu'on ait vus; enfin, comme le dit M. de Voltaire, l'*Ecole des Maris* affermit pour jamais la réputation de Molière; et quand il n'auroit fait que ce seul ouvrage, il eût pu passer pour un excellent auteur comique.

Molière connoissoit sans doute la troisième Journée du Décameron, et la comédie que le fameux *Lope de Vega* avoit tirée de ce conte. Le confesseur que *Bocace* introduit avoit déjà été changé par le Plaute espagnol, en un vieillard amoureux de la jeune personne qui le trompe. C'est à ce vieillard lui-même que la *Discreta Enamorada* s'adresse pour instruire son fils de l'amour qu'elle a pour lui, en feignant que c'est ce fils qui en a mal-à-propos pour elle. Le père fait les reproches les plus vifs au jeune homme, qui soupçonne la ruse, et qui consent à aller demander pardon de sa témérité. C'est en présence de son père qu'il se jette aux genoux de sa belle-mère future, et qu'il lui baise la main en implorant sa grace. Le jeune homme ose plus encore, il demande, sans être entendu de son père, un baiser, dont on lui facilite la jouissance en se laissant tomber.

Quelle différence de cette espèce de coup de théâtre de l'auteur espagnol, à celui de la scène quatorzième du deuxième acte de l'*Ecole des Maris*! C'est ici qu'il faut apprendre de Molière à imiter en homme de génie et à se rendre propre l'idée heureuse qu'il entrevoit dans l'ouvrage d'un autre. Cette convention du baiser de deux personnes qui se parlent sans être entendues par un tiers intéressé et jaloux, ne pouvoit être de son goût. Il connoissoit mieux la décence théâtrale; il ne la blesse ni par une jeune fille qui fait annoncer un amour qu'elle n'a point inspiré, ni par un fils qui, sans amour, trompe son père sous ses yeux, ni par un baiser impudent qui blesse à la fois et les mœurs du théâtre et celles de la société.

Isabelle ne donne que sa main à baiser (1) à Valère, qu'elle aime autant qu'elle en est aimée; et d'ailleurs, Molière, en parlant, dès le commencement de la pièce, d'un mauvais œil de Sganarelle (2), sauve à la jeune personne l'imprudence qu'il y auroit eu à se hasarder à ce qu'elle fait, si, en embrassant le jaloux, dont

---

(1) M. de Voltaire dit qu'il n'est que trop question de baiser dans les comédies du tems de Molière.

(2) Son mauvais œil peut-être est de ce côté-ci.
Act. 1, *sc.* 5.

elle connoît mieux que personne le mauvais œil, elle n'étoit bien sûre de lui cacher la première faveur qu'elle accorde au tendre Valère.

Une misérable pièce qui, dans la même année 1661, parut sur un des cinq théâtres que Paris comptoit alors, avoit été prise dans les mêmes sources que l'*Ecole des Maris*, et l'extrait de cette farce, qui fut utile à Molière comme *Ennius* pouvoit l'être à Virgile, servira à convaincre que l'invention d'un sujet est bien peu de chose sans l'art de le disposer, et le talent de le traiter.

La *Femme industrieuse*, comédie en vers et en un acte, fut la troisième des pièces que Dorimond, comédien de la troupe de Mademoiselle, fit paroître au faubourg Saint-Germain (1). Isabelle, femme d'un Capitan, est amoureuse de Léandre, jeune écolier, élevé par un docteur de ses voisins. Le Capitan, obligé de s'absenter, laisse sa femme en garde à Trapolin. A peine est-il parti, que sa femme envoie chercher le docteur, qu'elle prie de mettre ordre à la conduite de son disciple, qui vient sous ses fenêtres lui parler d'amour. Le docteur fait une si vive semonce au jeune homme, qu'il lui fait soupçon-

(1) Ce théâtre avoit été établi à Paris en 1635, en faveur d'une troupe qui avoit joué devant le roi Louis XIII, à Fontainebleau, pour y représenter pendant le tems de la foire. C'est l'origine des spectacles forains, qui pourtant avoient été connus dès 1596.

ner le mystère ; il court aussitôt à la maison qu'il s'est fait montrer par le docteur même, mais Trapolin l'empêche d'entrer, et l'écolier lie avec lui conversation assez haute et de manière que tout ce qu'il dit à cet argus s'adresse à Isabelle, qu'apparemment il croit aux écoutes. A peine est-il sorti, que le docteur vient savoir si son élève a été plus sage. Isabelle lui apprend que Léandre, loin de se corriger, a glissé un billet à travers la fente de la porte, avec une bourse de 400 louis, qu'elle remet au docteur pour les lui faire reprendre.

Le pédant s'acquitte exactement de sa commission, et étonne bien le jeune homme, à qui, pour l'éloigner du dessein de corrompre Isabelle, il dit ces vers inconcevables, qui donneront une idée du style de l'ouvrage, et qui feront voir combien Molière s'élève au-dessus de son siècle.

> Enfin elle m'a dit que toutes ses vertus
> Prenant son intérêt ne t'épargneront plus,
> La *vertu chou* viendra pour te casser la tête,
> La *vertu bleu* le nez, de même qu'à la fête,
> La *vertu guienne* encor ne t'épargnera pas,
> Et les autres vertus te casseront les bras.

Léandre reçoit bientôt une nouvelle correction, pour avoir escaladé le mur du jardin, et s'être glissé le long d'un figuier dans l'appartement d'Isabelle. Cette indication précise conduit le jeune écolier chez la femme du Capitan ; mais au milieu du rendez-vous on entend le mari revenir.

Isabelle s'avise de faire passer son amant pour un esprit ; elle fait des cris effrayans qui intimident le matamore, à qui l'esprit fait rendre son épée ; Isabelle, dans les convulsions de son effroi, se jette au cou du revenant pour lui demander grace, et le Capitan admire le courage de sa femme.

Tel est le dénouement de cette farce, où Molière, en habile homme, saisit quelques foibles lueurs, dont le sieur Dorimont avoit bien mal profité pour se conduire. Tel est, par exemple, cette scène où Léandre tient des discours à Trapolin, qui ne sont bien entendus que par Isabelle, et qui, probablement a inspiré à Molière les tournures fines de Valère et d'Isabelle, qui se font les plus vives protestations d'amour, sans que Sganarelle présent y soupçonne rien. Voyez l'admirable scène quatorzième du deuxième acte.

Molière s'est bien gardé de faire choisir à Isabelle un confident sans intérêt comme le docteur. Il avoit trop de respect pour les bienséances pour donner d'autres vues à sa jeune personne que celles d'un établissement ; enfin l'art du théâtre, avec mille pièces comme celles de Dorimont, pouvoit rester dans son chaos, et l'*Ecole des Maris* étoit faite pour l'en tirer, et pour servir à jamais de règle à tous les auteurs dramatiques.

C'est de ce chef-d'œuvre de notre théâtre que

le sieur *de Visé* osa dire que s'il avoit cinq actes, il pourroit marcher après *le Menteur* et *les Visionnaires*.

L'*Ecole des Maris* fut le premier ouvrage que Molière dédia ; et chef de la troupe de Monsieur, dont la protection l'avoit retenu à Paris, ce fut à ce Prince qu'il consacra son premier ouvrage littéraire.

ACTEURS.

SGANARELLE, frère d'Ariste.
ARISTE, frère de Sganarelle.
ISABELLE, sœur de Léonor.
LÉONOR, sœur d'Isabelle.
VALÈRE, amant d'Isabelle.
LISETTE, suivante de Léonor.
ERGASTE, valet de Valère.
UN COMMISSAIRE.
UN NOTAIRE.
DEUX LAQUAIS.

La scène est à Paris, dans une place publique.

L'ÉCOLE DES MARIS.

ACTE PREMIER.

SCÈNE I.

SGANARELLE, ARISTE.

SGANARELLE.

Mon frère, s'il vous plaît, ne discourons point tant,
Et que chacun de nous vive comme il l'entend.
Bien que sur moi des ans vous ayez l'avantage,
Et soyez assez vieux pour devoir être sage,
Je vous dirai pourtant que mes intentions
Sont de ne prendre point de vos corrections ;
Que j'ai pour tout conseil ma fantaisie à suivre,
Et me trouve fort bien de ma façon de vivre.

ARISTE *.

Mais chacun la condamne.

---

* Le rôle d'Ariste est le chef-d'œuvre de la raison. Comme beaucoup de lecteurs cherchent à connoître l'auteur par ses ouvrages, c'est dans les rôles de cette espèce qu'il faut aller chercher Molière. Il est Ariste dans l'*École des Maris*, Chrysalde dans l'*École des Femmes*, Cléanthe dans le *Tartufe*, et le Clitandre des *Femmes Savantes*. L'extrait de ce que disent ces personnages, seroit l'image fidèle de la saine philosophie, de la sagesse et de la vertu de cet écrivain.

SGANARELLE.

Oui, des fous comme vous,
Mon frère.

ARISTE.

Grand merci, le compliment est doux.

SGANARELLE.

Je voudrois bien savoir, puisqu'il faut tout entendre,
Ce que ces beaux censeurs en moi peuvent reprendre.

ARISTE.

Cette farouche humeur, dont la sévérité
Fuit toutes les douceurs de la société,
A tous vos procédés inspire un air bizarre,
Et, jusques à l'habit, rend tout chez vous barbare.

SGANARELLE.

Il est vrai qu'à la mode il faut m'assujettir,
Et ce n'est pas pour moi que je me dois vêtir.
Ne voudriez-vous point par vos belles sornettes,
Monsieur mon frère aîné, car Dieu merci vous l'êtes
D'une vingtaine d'ans, à ne vous rien celer,
Et cela ne vaut pas la peine d'en parler ;
Ne voudriez-vous point, dis-je, sur ces matières,
De vos jeunes muguets m'inspirer * les manières,
M'obliger à porter de ces petits chapeaux **
Qui laissent éventer leurs débiles cerveaux,
Et de ces blonds cheveux, de qui la vaste enflure
Des visages humains offusque la figure ?

* *Inspirer*, pour *donner*, a paru impropre en cet endroit.

** *M'obliger à porter de ces petits chapeaux*, etc. Ce vers, qui avoit passé de mode lorsque notre jeunesse ombrageoit ses graces d'un énorme chapeau, est redevenu, par le reflux perpétuel des caprices, une peinture du jour; mais tout ce qui le suit nous est bien étranger, et l'acteur qui joue le rôle de Sganarelle, supprime ce détail depuis quelque tems, quoiqu'il soit encore vêtu à l'ancienne mode, et qu'il soit obligé d'avoir une fraise pour ce vers de la scène deuxième, *Ma foi je l'enverrois au diable avec sa fraise*. Il y a grande apparence, cependant, (si Baron, comme on le dit, a joué ce rôle vêtu à-peu-près comme nous,) qu'avec quelques changemens on levoit ces petits obstacles.

De ces petits pourpoints sous les bras se perdans,
Et de ces grands colets jusqu'au nombril pendans!
De ces manches qu'à table on voit tâter les sauces,
Et de ces cotillons appelés haut-de-chausses?
De ces souliers mignons de rubans revêtus,
Qui vous font ressembler à des pigeons pattus?
Et de ces grands canons où, comme en des entraves,
On met tous les matins ses deux jambes esclaves,
Et par qui nous voyons ces Messieurs les galans
Marcher équarquillés ainsi que des volans?
Je vous plairois, sans doute, équipé de la sorte,
Et je vous vois porter les sottises qu'on porte.
ARISTE.
Toujours au plus grand nombre on doit s'accommoder,
Et jamais il ne faut se faire regarder.
L'un et l'autre excès choque, et tout homme bien sage
Doit faire des habits ainsi que du langage,
N'y rien trop affecter, et sans empressement,
Suivre ce que l'usage y fait de changement.
Mon sentiment n'est pas qu'on prenne la méthode
De ceux qu'on voit toujours renchérir sur la mode;
Et qui, dans cet excès dont ils sont amoureux,
Seroient fâchés qu'un autre eût été plus loin qu'eux;
Mais je tiens qu'il est mal, sur quoi que l'on se fonde,
De fuir obstinément ce que suit tout le monde,
Et qu'il vaut mieux souffrir d'être au nombre des fous,
Que du sage parti se voir seul contre tous.
SGANARELLE.
Cela sent son vieillard qui, pour en faire accroire,
Cache ses cheveux blancs d'une perruque noire.
ARISTE.
C'est un étrange fait du soin que vous prenez,
A me venir toujours jeter mon âge au nez;
Et qu'il faille qu'en moi sans cesse je vous voie
Blâmer l'ajustement, aussi bien que la joie:
Comme si, condamnée à ne plus rien chérir,
La vieillesse devoit ne songer qu'à mourir,
Et d'assez de laideur n'est pas accompagnée,
Sans se tenir encor mal-propre et rechignée.

SGANARELLE.

Quoi qu'il en soit, je suis attaché fortement
A ne démordre point de mon habillement.
Je veux une coiffure, en dépit de la mode,
Sous qui toute ma tête ait un abri commode ;
Un bon pourpoint bien long *, et fermé comme il faut,
Qui, pour bien digérer tienne l'estomac chaud ;
Un haut-de-chausse ** fait justement pour ma cuisse ;
Des souliers où mes pieds ne soient point au supplice,
Ainsi qu'en ont usé sagement nos ayeux :
Et qui me trouve mal n'a qu'à fermer les yeux.

SCÈNE II.

LÉONOR, ISABELLE, LISETTE, ARISTE et SGANARELLE, *parlant bas ensemble sur le devant du théâtre, sans en être aperçus.*

LÉONOR *à Isabelle.*

Je me charge de tout en cas que l'on vous gronde.

LISETTE *à Isabelle.*

Toujours dans une chambre à ne point voir le monde ?

ISABELLE.

Il est ainsi bâti.

LÉONOR.

Je vous en plains, ma sœur.

---

* *Un bon pourpoint bien long*, etc. Le pourpoint étoit un habillement depuis le cou jusqu'à la ceinture seulement. On a fait des pourpoints taillladés, dont la mode nous venoit d'Espagne. On en faisoit pour les petits-maîtres de peau de senteur et très-étroits. Ce mot vient du latin *perpunctum*, à ce que dit Ménage, habit militaire ou cotte d'armes, faite de laine, de coton ou de soie piquée entre deux étoffes. Panurge dit plaisamment que *l'eau étoit entrée dans ses souliers par le collet de son pourpoint*.

** *Un haut-de-chausse fait justement pour ma cuisse*, etc. Le haut-de-chausse étoit la partie du vêtement qui couvroit les hommes depuis la ceinture jusqu'aux genoux.

ACTE I. SCÈNE II.

LISETTE *à Léonor*.

Bien vous prend que son frère ait toute une autre humeur,
Madame, et le destin vous fut bien favorable,
En vous faisant tomber aux mains du raisonnable.

ISABELLE.

C'est un miracle encor qu'il ne m'ait aujourd'hui
Enfermée à la clé, ou menée avec lui.

LISETTE.

Ma foi, je l'envoierois au diable avec sa fraise *,
Et....

SGANARELLE *heurté par Lisette*.

Où donc allez-vous, qu'il ne vous en déplaise?

LÉONOR.

Nous ne savons encore, et je pressois ma sœur
De venir du beau tems respirer la douceur :
Mais....

SGANARELLE *à Léonor*.

Pour vous, vous pouvez aller où bon vous semble,
(*montrant Lisette.*)
Vous n'avez qu'à courir vous voilà deux ensemble.
(*à Isabelle.*)
Mais vous, je vous défends, s'il vous plaît, de sortir.

ARISTE.

Ah, laissez-les, mon frère, aller se divertir.

SGANARELLE.

Je suis votre valet, mon frère.

ARISTE.

La jeunesse

Veut....

SGANARELLE.

La jeunesse est sotte, et par fois la vieillesse.

ARISTE.

Croyez-vous qu'elle est mal d'être avec Léonor?

---

* Les Espagnols passent pour être les inventeurs de la fraise, dont ils se sont servis pour cacher une incommodité à laquelle ils étoient la plupart sujets. L'empire des modes avoit appartenu à ce peuple avant de passer à nous, et toute l'Europe avoit adopté l'usage de ce collier embarrassant.

SGANARELLE.

Non pas ; mais avec moi je la crois mieux encor.

ARISTE.

Mais....

SGANARELLE.

Mais ses actions de moi doivent dépendre,
Et je sais l'intérêt enfin que j'y dois prendre.

ARISTE.

A celles de sa sœur ai-je un moindre intérêt?

SGANARELLE.

Mon Dieu, chacun raisonne et fait comme il lui plaît.
Elles sont sans parens, et notre ami leur père
Nous commit leur conduite à son heure dernière ;
Et nous chargeant tous deux, ou de les épouser,
Ou, sur notre refus, un jour d'en disposer,
Sur elles, par contrat, nous sut dès leur enfance,
Et de père, et d'époux donner pleine puissance :
D'élever celle-là vous prîtes le souci,
Et moi je me chargeai du soin de celle-ci ;
Selon vos volontés vous gouvernez la vôtre,
Laissez-moi, je vous prie, à mon gré régir l'autre.

ARISTE.

Il me semble....

SGANARELLE.

Il me semble, et je le dis tout haut,
Que sur un tel sujet c'est parler comme il faut.
Vous souffrez que la vôtre aille leste et pimpante,
Je le veux bien : qu'elle ait et laquais et suivante,
J'y consens : qu'elle courre, aime l'oisiveté,
Et soit des damoiseaux flairée en liberté,
J'en suis fort satisfait : mais j'entends que la mienne
Vive à ma fantaisie, et non pas à la sienne ;
Que d'une serge honnête elle ait son vêtement *,

* *Que d'une serge honnête elle ait son vêtement,*
Et ne porte le noir qu'aux bons jours seulement.

C'étoit en France un très-ancien usage que les femmes, même les plus considérables, s'habillassent d'une étoffe fine

ACTE I. SCÈNE II.

Et ne porte le noir qu'aux bons jours seulement ;
Qu'enfermée au logis, en personne bien sage,
Elle s'applique toute aux choses du ménage,
A recoudre mon linge aux heures de loisir,
Ou bien à tricotter quelques bas par plaisir ;
Qu'aux discours des muguets elle ferme l'oreille,
Et ne sorte jamais sans avoir qui la veille.
Enfin la chair est foible, et j'entends tous les bruits.
Je ne veux point porter de cornes si je puis ;
Et, comme à m'épouser sa fortune l'appelle,
Je prétends, corps pour corps, pouvoir répondre d'elle.

ISABELLE.

Vous n'avez pas sujet que je crois....

SGANARELLE.

Taisez-vous.
Je vous apprendrai bien s'il faut sortir sans nous.

LÉONOR.

Quoi donc, monsieur ?

SGANARELLE.

Mon Dieu, madame, sans langage **
Je ne vous parle pas, car vous êtes trop sage.

LÉONOR.

Voyez-vous Isabelle avec nous à regret ?

SGANARELLE.

Oui, vous me la gâtez ; puisqu'il faut parler net,

---

presque noire, qu'on appeloit *brunette*. Voyez le Roman de la Rose.

> Et sont aussi bien amourettes
> Sous burreaulx 1 comme sous brunettes.

Aujourd'hui il n'y a plus de jeune personne d'un certain état habillée de serge, et la couleur noire ne se porte plus que pour les deuils ou parmi les paysans de certaines provinces.

1 *Burreaulx*, grosse étoffe de laine. Saint Louis, dans son testament, laisse 600 livres pour habiller de *burreaulx* un nombre de pauvres.

** *Sans langage*, pour dire *point de discours*, ne se diroit pas aujourd'hui.

Vos visites ici ne font que me déplaire,
Et vous m'obligerez de ne nous en plus faire.

LÉONOR.

Voulez-vous que mon cœur vous parle net aussi?
J'ignore de quel œil elle voit tout ceci :
Mais je sais ce qu'en moi feroit la défiance ;
Et, quoiqu'un même sang nous ait donné naissance,
Nous sommes bien peu sœurs, s'il faut que chaque jour
Vos manières d'agir lui donnent de l'amour.

LISETTE.

En effet, tous ces soins sont des choses infâmes.
Sommes-nous chez les Turcs pour renfermer les femmes?
Car on dit qu'on les tient esclaves en ce lieu,
Et que c'est pour cela qu'ils sont maudits de Dieu.
Notre honneur est, monsieur, bien sujet à foiblesse,
S'il faut qu'il ait besoin qu'on le garde sans cesse.
Pensez-vous, après tout, que ces précautions
Servent de quelque obstacle à nos intentions?
Et, quand nous nous mettons quelque chose à la tête *,
Que l'homme le plus fin ne soit pas une bête?
Toutes ces gardes-là sont visions de fous,
Le plus sûr est, ma foi, de se fier en nous ;
Qui nous gêne se met en un péril extrême,
Et toujours notre honneur veut se garder lui-même.
C'est nous inspirer presque un desir de pécher,
Que montrer tant de soins de nous en empêcher ;
Et si par un mari je me voyois contrainte,
J'aurois fort grande pente à confirmer sa crainte.

SGANARELLE à Ariste.

Voilà, beau, précepteur, votre éducation ;
Et vous souffrez cela sans nulle émotion?

ARISTE.

Mon frère, son discours ne doit que faire rire,
Elle a quelque raison en ce qu'elle veut dire.
Leur sexe aime à jouir d'un peu de liberté ;
On le retient fort mal par tant d'austérité ;

---

* *Nous nous mettons à la tête*, l'usage demande *en tête*.

Et les soins défians, les verroux et les grilles
Ne font pas la vertu des femmes ni des filles :
C'est l'honneur qui les doit tenir dans le devoir,
Non la sévérité que nous leur faisons voir.
C'est une étrange chose, à vous parler sans feinte,
Qu'une femme qui n'est sage que par contrainte.
En vain sur tous ses pas nous prétendons régner ;
Je trouve que le cœur est ce qu'il faut gagner ;
Et je tiendrois moi, quelque soin qu'on se donne,
Mon honneur guères sûr aux mains d'une personne
A qui, dans les desirs qui pourroient l'assaillir,
Il ne manqueroit rien qu'un moyen de faillir.

SGANARELLE.

Chansons que tout cela.

ARISTE.

Soit ; mais je tiens sans cesse
Qu'il nous faut en riant instruire la jeunesse,
Reprendre ses défauts avec grande douceur,
Et du nom de vertu ne lui point faire peur.
Mes soins pour Léonor ont suivi ces maximes ;
Des moindres libertés je n'ai point fait de crimes,
A ses jeunes desirs j'ai toujours consenti,
Et je ne m'en suis point, grace au ciel, repenti.
J'ai souffert qu'elle ait vu les belles compagnies,
Les divertissemens, les bals, les comédies ;
Ce sont choses, pour moi, que je tiens de tous tems
Fort propres à former l'esprit des jeunes gens ;
Et l'école du monde, en l'air dont il faut vivre,
Instruit mieux à mon gré que ne fait aucun livre.
Elle aime à dépenser en habits, linge et nœuds ;
Que voulez-vous ? Je tâche à contenter ses vœux ;
Et ce sont des plaisirs qu'on peut dans nos familles,
Lorsque l'on a du bien, permettre aux jeunes filles.
Un ordre paternel l'oblige à m'épouser ;
Mais mon dessein n'est pas de la tyranniser
Je sais bien que nos ans ne se rapportent guère,
Et je laisse à son choix liberté toute entière.
Si quatre mille écus de rente bien venans,

Une grande tendresse et des soins complaisans,
Peuvent, à son avis, pour un tel mariage,
Réparer entre nous l'inégalité d'âge,
Elle peut m'épouser ; sinon, choisir ailleurs.
Je consens que sans moi ses destins soient meilleurs,
Et j'aime mieux la voir sous un autre hymenée,
Que si contre son gré sa main m'étoit donnée.

SGANARELLE.

Hé, qu'il est doucereux, c'est tout sucre et tout miel !

ARISTE.

Enfin, c'est mon humeur, et j'en rends grace au ciel.
Je ne suivrois jamais ces maximes sévères
Qui font que les enfans comptent les jours des pères.

SGANARELLE.

Mais ce qu'en la jeunesse on prend de liberté,
Ne se retranche pas avec facilité ;
Et tous ses sentimens suivront mal votre envie,
Quand il faudra changer sa manière de vie.

ARISTE.

Et pourquoi la changer ?

SGANARELLE.

Pourquoi ?

ARISTE.

Oui.

SGANARELLE.

Je ne sais.

ARISTE.

Y voit-on quelque chose où l'honneur soit blessé ?

SGANARELLE.

Quoi ! Si vous l'épousez elle pourra prétendre
Les mêmes libertés que fille on lui voit prendre ?

ARISTE.

Pourquoi non ?

SGANARELLE.

Vos desirs lui seront complaisans,
Jusques à lui laisser et mouches et rubans ?

ARISTE.

Sans doute.

ACTE I. SCÈNE III.

SGANARELLE.

A lui souffrir, en cervelle troublée,
De courir tous les bals et les lieux d'assemblée?

ARISTE.

Oui vraiment.

SGANARELLE.

Et chez vous iront les damoiseaux?

ARISTE.

Et quoi donc?

SGANARELLE.

Qui joueront et donneront cadeaux?

ARISTE.

D'accord.

SGANARELLE.

Et votre femme entendra les fleurettes?

ARISTE.

Fort bien.

SGANARELLE.

Et vous verrez ces visites muguettes
D'un œil à témoigner de n'en être point saoul?

ARISTE.

Cela s'entend.

SGANARELLE.

Allez, vous êtes un vieux fou.
(à Isabelle.)
Rentrez pour n'ouïr point cette pratique infâme.

SCÈNE III.

ARISTE, SGANARELLE, LÉONOR, LISETTE.

ARISTE.

Je veux m'abandonner à la foi de ma femme;
Et prétends toujours vivre ainsi que j'ai vécu.

SGANARELLE.

Que j'aurai de plaisir quand il sera cocu!

ARISTE.

J'ignore pour quel sort mon astre m'a fait naître;

Mais je sais que pour vous, si vous manquez de l'être,
On ne vous en doit point imputer le défaut :
Car vos soins pour cela font bien tout ce qu'il faut.
SGANARELLE.
Riez donc ; beau rieur. Oh, que cela doit plaire
De voir un goguenard presque sexagénaire !
LÉONOR.
Du sort dont vous parlez je le garantis moi,
S'il faut que par l'hymen il reçoive ma foi ;
Il s'en peut assurer ; mais sachez que mon ame
Ne répondroit de rien, si j'étois votre femme.
LISETTE.
C'est conscience à ceux qui s'assurent en nous ;
Mais c'est pain béni, certe, à des gens comme vous.
SGANARELLE.
Allez, langue maudite, et des plus mal apprises.
ARISTE.
Vous vous êtes, mon frère, attiré ces sottises.
Adieu. Changez d'humeur, et soyez averti
Que renfermer sa femme est un mauvais parti :
Je suis votre valet.
SGANARELLE.
Je ne suis pas le vôtre.

SCÈNE IV.
SGANARELLE seul.

Oh, que les voilà bien tous formés l'un pour l'autre !
Quelle belle famille ! Un vieillard insensé
Qui fait le dameret dans un corps tout cassé,
Une fille maîtresse et coquette suprême,
Des valets impudens : non, la sagesse même
N'en viendroit pas à bout, perdroit sens et raison
A vouloir corriger une telle maison.
Isabelle pourroit perdre dans ces hantises
Les semences d'honneur qu'avec nous elle a prises ;
Et pour l'en empêcher, dans peu nous prétendons
Lui faire aller revoir nos choux et nos dindons.

SCÈNE V.

VALÈRE, SGANARELLE; ERGASTE.

VALÈRE *dans le fond du théâtre.*

ERGASTE, le voilà cet argus que j'abhorre,
Le sévère tuteur de celle que j'adore.

SGANARELLE *se croyant seul.*

N'est-ce pas quelque chose enfin de surprenant
Que la corruption des mœurs de maintenant !

VALÈRE.

Je voudrois l'accoster, s'il est en ma puissance,
Et tâcher de lier avec lui connoissance.

SGANARELLE *se croyant seul.*

Au lieu de voir régner cette sévérité
Qui composoit si bien l'ancienne honnêteté,
La jeunesse en ces lieux, libertine, absolue,
Ne prend....

(*Valère salue Sganarelle de loin.*)

VALÈRE.

Il ne voit pas que c'est lui qu'on salue.

ERGASTE.

Son mauvais œil peut-être est de ce côté-ci *.
Passons du côté droit.

SGANARELLE *se croyant seul.*

Il faut sortir d'ici.
Le séjour de la ville en moi ne peut produire
Que des....

VALÈRE *en s'approchant peu à peu.*

Il faut chez lui tâcher de m'introduire.

---

* *Son mauvais œil peut-être est de ce côté-ci.*

Merveilleuse adresse de Molière qui, par ce mauvais œil de Sganarelle, justifie la répugnance d'Isabelle, et rend plus vraisemblable la hardiesse avec laquelle cette jeune innocente, qui trompe son tuteur avec quelque sorte de décence, donne sa main à baiser à son amant dans la scène quatorzième du deuxième acte; tandis qu'elle se jette dans les bras du vieillard dont elle couvre apparemment l'œil qui pourroit l'apercevoir.

SGANARELLE *entendant quelque bruit.*

Hé, j'ai cru qu'on parloit.

(*se croyant seul.*)

Aux champs, graces aux cieux,
Les sottises du tems ne blessent point mes yeux.

ERGASTE *à Valère.*

Abordez-le.

SGANARELLE *entendant encore du bruit.*

Plaît-il?

(*n'entendant plus rien.*)

Les oreilles me cornent.

(*se croyant seul.*)

Là, tous les passe-tems de nos filles se bornent....

(*Il aperçoit Valère qui le salue.*)

Est-ce à nous?

ERGASTE *à Valère.*

Approchez.

SGANARELLE *sans prendre garde à Valère.*

Là nul godelureau

(*Valère le salue encore.*)

Ne vient.... Que diable....

(*Il se tourne, et voit Ergaste qui le salue de l'autre côté.*)

Encor? Que de coups de chapeau!

VALÈRE.

Monsieur, un tel abord vous interrompt peut-être?

SGANARELLE.

Cela se peut.

VALÈRE.

Mais quoi! L'honneur de vous connoître
M'est un si grand bonheur, m'est un si doux plaisir,
Que de vous saluer j'avois un grand désir.

SGANARELLE.

Soit.

VALÈRE.

Et de vous venir, mais sans nul artifice,
Assurer que je suis tout à votre service.

SGANARELLE.

Je le crois.

ACTE I. SCÈNE V.

VALÈRE.

J'ai le bien d'être de vos voisins,
Et j'en dois rendre grace à mes heureux destins.

SGANARELLE.

C'est bien fait.

VALÈRE.

Mais, monsieur, savez-vous les nouvelles
Que l'on dit à la cour, et qu'on tient pour fidèles ?

SGANARELLE.

Que m'importe.

VALÈRE.

Il est vrai ; mais pour les nouveautés,
On peut avoir par fois des curiosités.
Vous irez voir, monsieur, cette magnificence
Que de notre Dauphin prépare la naissance*?

SGANARELLE.

Si je veux.

VALÈRE.

Avouons que Paris nous fait part
De cent plaisirs charmans qu'on n'a point autre part.
Les provinces auprès sont des lieux solitaires.
A quoi donc passez-vous le tems ?

SGANARELLE.

A mes affaires.

VALÈRE.

L'esprit veut du relâche, et succombe par fois
Par trop d'attachement aux sérieux emplois.
Que faites-vous les soirs avant qu'on se retire ?

SGANARELLE.

Ce qui me plaît.

VALÈRE.

Sans doute : on ne peut pas mieux dire,

---

* *Que de notre Dauphin prépare la naissance.*

Voilà de ces vers du moment qui passent avec l'événement qui les a fait naître, mais auxquels il est aisé de substituer des équivalens. C'est ainsi que nos acteurs, au lieu de dire dans la comédie des Plaideurs, *chacun de tes rubans me coute une sentence*, disent *chacun de tes boutons*, etc.

Cette réponse est juste, et le bon sens paroît
A ne vouloir jamais faire que ce qui plaît.
Si je ne vous croyois l'ame trop occupée,
J'irois par fois chez vous passer l'après-soupée.

SGANARELLE.

Serviteur.

SCÈNE VI.
VALÈRE, ERGASTE.

VALÈRE.

Que dis-tu de ce bizarre fou ?

ERGASTE.

Il a le repart brusque, et l'accueil loup-garou.

VALÈRE.

Ah ! j'enrage !

ERGASTE.

Et de quoi ?

VALÈRE.

De quoi ? C'est que j'enrage
De voir celle que j'aime au pouvoir d'un sauvage ;
D'un dragon surveillant, dont la sévérité
Ne lui laisse jouir d'aucune liberté.

ERGASTE.

C'est ce qui fait pour vous ; et sur ces conséquences
Votre amour doit fonder de grandes espérances.
Apprenez, pour avoir votre esprit affermi,
Qu'une femme qu'on garde est gagnée à demi,
Et que les noirs chagrins des maris ou des pères
Ont toujours du galant avancé les affaires.
Je coquette fort peu, c'est mon moindre talent,
Et de profession je ne suis point galant :
Mais j'en ai servi vingt de ces chercheurs de proie,
Qui disoient fort souvent que leur plus grande joie
Étoit de rencontrer de ces maris fâcheux,
Qui jamais sans gronder ne reviennent chez eux ;
De ces brutaux fieffés qui, sans raison ni suite,
De leurs femmes en tout contrôlent la conduite,

Et, du nom de mari fièrement se parans,
Leur rompent en visière aux yeux des soupirans.
On en sait, disent-ils, prendre ses avantages;
Et l'aigreur de la dame à ces sortes d'outrages,
Dont la plaint doucement le complaisant témoin,
Est un champ à pousser les choses assez loin;
En un mot, ce vous est une attente assez belle,
Que la sévérité du tuteur d'Isabelle.

VALÈRE.

Mais depuis quatre mois que je l'aime ardemment,
Je n'ai pour lui parler pu trouver un moment.

ERGASTE.

L'amour rend inventif; mais vous ne l'êtes guère,
Et si j'avois été....

VALÈRE.

Mais qu'aurois-tu pu faire,
Puisque sans ce brutal on ne la voit jamais;
Et qu'il n'est là-dedans servantes ni valets
Dont, par l'appât flatteur de quelque récompense,
Je puisse pour mes feux ménager l'assistance?

ERGASTE.

Elle ne sait donc pas encor que vous l'aimez?

VALÈRE.

C'est un point dont mes vœux ne sont pas informés.
Partout où ce farouche a conduit cette belle,
Elle m'a toujours vu comme une ombre après elle,
Et mes regards aux siens ont tâché chaque jour
De pouvoir expliquer l'excès de mon amour.
Mes yeux ont fort parlé; mais qui me peut apprendre
Si leur langage enfin a pu se faire entendre?

ERGASTE.

Ce langage, il est vrai, peut être obscur par fois,
S'il n'a pour truchement l'écriture ou la voix.

VALÈRE.

Que faire pour sortir de cette peine extrême,
Et savoir si la belle a connu que je l'aime?
Dis-m'en quelque moyen.

ERGASTE.

C'est ce qu'il faut trouver.
Entrons un peu chez vous afin d'y mieux rêver.

ACTE II.

SCÈNE I.

ISABELLE, SGANARELLE.

SGANARELLE *.

Va, je sais la maison, et connois la personne
Aux marques seulement que ta bouche me donne.

ISABELLE à part.

O ciel, sois-moi propice, et seconde en ce jour
Le stratagême adroit d'un innocent amour.

---

* Quelqu'un a déjà remarqué, mais on ne peut trop le redire, que cette première scène du deuxième acte est un chef-d'œuvre d'économie théâtrale. Il étoit naturel que la pupille fît part aux spectateurs des faux sujets de plainte qu'elle invente contre Valère, pour tromper son tuteur et pour le faire servir lui-même d'interprète à sa passion ; mais les scènes suivantes n'auroient été que des répétitions de ce qu'auroit dit Isabelle, d'ailleurs la surprise eût été moins piquante ; et lorsque cette jeune personne qui, dans l'avant-scène a déjà disposé ses batteries, dit à part ce vers : *Je fais pour une fille un projet bien hardi*, l'impatience de savoir ce projet est une des situations les plus agréables pour le public. La prévenir eût été la route commune, mais n'eût pas été celle d'un homme de génie, et Molière conduit cette impatience aussi loin qu'elle peut aller, en employant la moitié de la scène troisième à des débats de politesse de la part de l'amant, et de grossièreté de la part du tuteur. C'est dans ces situations charmantes et aussi bien ménagées, que consiste le vrai génie comique. Tous les efforts des successeurs de Molière n'ont pu rien produire encore d'aussi théâtral et d'aussi plaisant.

ACTE II. SCÈNE III.

SGANARELLE.

Dis-tu pas * qu'on t'a dit qu'il s'appelle Valère ?

ISABELLE.

Oui.

SGANARELLE.

Va, sois en repos, rentre et me laisse faire ;
Je vais parler sur l'heure à ce jeune étourdi.

ISABELLE *en s'en allant.*

Je fais pour une fille un projet bien hardi ;
Mais l'injuste rigueur dont envers moi l'on use,
Dans tout esprit bien fait me servira d'excuse.

SCÈNE II.

SGANARELLE *seul.*

(*Il frappe à sa porte croyant que c'est celle de Valère.*)

Ne perdons point de tems : c'est ici. Qui va là ?
Bon, je rêve. Hola, dis-je, holà, quelqu'un, holà.
Je ne m'étonne pas, après cette lumière,**
S'il y venoit tantôt de si douce manière ;
Mais je veux me hâter, et de son fol espoir....

SCÈNE III.

VALÈRE, SGANARELLE, ERGASTE.

SGANARELLE à *Ergaste qui est sorti brusquement.*

Peste soit du gros bœuf qui, pour me faire choir,
Se vient devant mes pas planter comme une perche.

---

* *Dis-tu pas qu'on t'a dit qu'il s'appelle*, etc.

Cette négligence presque générale du tems de Molière semble vouloir se perpétuer dans le dialogue comique. V. *le Philosophe marié. Suis-je pas votre père ?* V. *l'Enfant prodigue*, act. 1. sc. 1. *Voilà-t-il pas de vos jérémiades !* et plus bas, *Voulez-vous pas que ce maitre étourdi.*

** *Après cette lumière*, pour *après ce que j'apprends*, a paru impropre.

VALÈRE.

Monsieur, j'ai du regret....

SGANARELLE.

Ah ! c'est vous que je cherche.

VALÈRE.

Moi, monsieur ?

SGANARELLE.

Vous. Valère est-il par votre nom ?

VALÈRE.

Oui.

SGANARELLE.

Je viens vous parler, si vous le trouvez bon.

VALÈRE.

Puis-je être assez heureux pour vous rendre service ?

SGANARELLE.

Non. Mais je prétends, moi, vous rendre un bon office ;
Et c'est ce qui chez vous prend droit * de m'amener.

VALÈRE.

Chez moi, monsieur ?

SGANARELLE.

Chez vous. Faut-il tant s'étonner ?

VALÈRE.

J'en ai bien du sujet, et mon ame ravie
De l'honneur....

SGANARELLE.

Laissons-là cet honneur, je vous prie.

VALÈRE.

Voulez-vous pas entrer ?

SGANARELLE.

Il n'en est pas besoin.

VALÈRE.

Monsieur, de grace.

SGANARELLE.

Non, je n'irai pas plus loin.

VALÈRE.

Tant que vous serez là, je ne puis vous entendre.

---

* *Prend droit*, ne se peut dire des choses, mais des personnes.

ACTE II. SCÈNE III.

SGANARELLE.

Moi, je n'en veux bouger.

VALÈRE.

Hé bien, il faut se rendre.
Vite, puisque monsieur à cela se résout,
Donnez un siége ici.

SGANARELLE.

Je veux parler debout.

VALÈRE.

Vous souffrir de la sorte....

SGANARELLE.

Ah, contrainte effroyable!

VALÈRE.

Cette incivilité seroit trop condamnable.

SGANARELLE.

C'en est une que rien ne sauroit égaler,
De n'ouïr pas les gens qui veulent nous parler.

VALÈRE.

Je vous obéis donc.

SGANARELLE.

Vous ne sauriez mieux faire.

(*Ils font de grandes cérémonies pour se couvrir.*).
Tant de cérémonie est fort peu nécessaire.
Voulez-vous m'écouter?

VALÈRE.

Sans doute et de grand cœur.

SGANARELLE.

Savez-vous, dites-moi, que je suis le tuteur
D'une fille assez jeune et passablement belle
Qui loge en ce quartier, et qu'on nomme Isabelle?

VALÈRE.

Oui.

SGANARELLE.

Si vous le savez, je ne vous l'apprends pas.
Mais, savez-vous aussi, lui trouvant des appas *,

---

*. *Lui trouvant des appas que....* Cette construction a paru mauvaise.

Qu'autrement qu'en tuteur sa personne me touche ?
Et qu'elle est destinée à l'honneur de ma couche ?
VALÈRE.
Non.
SGANARELLE.
Je vous l'apprends donc, et qu'il est à propos
Que vos feux, s'il vous plaît, la laissent en repos.
VALÈRE.
Qui ? moi, monsieur ?
SGANARELLE.
Oui, vous. Mettons bas toute feinte.
VALÈRE.
Qui vous a dit que j'ai pour elle l'ame atteinte ?
SGANARELLE.
Des gens à qui l'on peut donner quelque crédit.
VALÈRE.
Mais encore ?
SGANARELLE.
Elle-même.
VALÈRE.
Elle ?
SGANARELLE.
Elle. Est-ce assez dit ?
Comme une fille honnête, et qui m'aime d'enfance,
Elle vient de m'en faire entière confidence ;
Et, de plus, m'a chargé de vous donner avis
Que, depuis que par vous tous ses pas sont suivis,
Son cœur, qu'avec excès votre poursuite outrage,
N'a que trop de vos yeux entendu le langage ;
Que vos secrets desirs lui sont assez connus,
Et que c'est vous donner des soucis superflus
De vouloir davantage expliquer une flamme
Qui choque l'amitié que me garde son ame.
VALÈRE.
C'est elle, dites-vous, qui de sa part vous fait....
SGANARELLE.
Oui, vous venir donner cet avis franc et net ;
Et qu'ayant vu l'ardeur dont votre ame est blessée,
Elle vous eut plutôt fait savoir sa pensée,

ACTE II. SCÈNE IV.

Si son cœur avoit eu, dans son émotion,
A qui pouvoir donner cette commission ;
Mais qu'enfin la douleur d'une contrainte extrême
L'a réduite à vouloir se servir de moi-même,
Pour vous rendre averti *, comme je vous ai dit,
Qu'à tout autre que moi son cœur est interdit,
Que vous avez assez joué de la prunelle,
Et que, si vous avez tant soit peu de cervelle,
Vous prendrez d'autres soins. Adieu, jusqu'au revoir.
Voilà ce que j'avois à vous faire savoir.

VALÈRE bas.

Ergaste, que dis-tu d'une telle aventure ?

SGANARELLE bas à part.

Le voilà bien surpris !

ERGASTE bas à Valère.

Selon ma conjecture,
Je tiens qu'elle n'a rien de déplaisant pour vous,
Qu'un mystère assez fin est caché là-dessous,
Et qu'enfin cet avis n'est pas d'une personne
Qui veuille voir cesser l'amour qu'elle vous donne.

SGANARELLE à part.

Il en tient comme il faut.

VALÈRE bas à Ergaste.

Tu crois mystérieux....

ERGASTE bas.

Oui.... Mais il nous observe, ôtons-nous de ses yeux.

SCÈNE IV.

SGANARELLE seul.

Que sa confusion paroît sur son visage !
Il ne s'attendoit pas, sans doute, à ce message.
Appelons Isabelle, elle montre le fruit
Que l'éducation dans une ame produit.

* *Vous rendre averti*, ne se diroit pas aujourd'hui.

La vertu fait ses soins et son cœur s'y consomme *
Jusques à s'offenser des seuls regards d'un homme.

SCÈNE V.

ISABELLE, SGANARELLE.

ISABELLE *bas en entrant.*

J'ai peur que mon amant, plein de sa passion,
N'ait pas de mon avis compris l'intention ;
Et j'en veux, dans les fers où je suis prisonnière,
Hasarder un qui parle avec plus de lumière **.

SGANARELLE.

Me voilà de retour.

ISABELLE.

Hé bien ?

SGANARELLE.

Un plein effet
A suivi tes discours, et ton homme a son fait.
Il me vouloit nier que son cœur fût malade ;
Mais, lorsque de ta part j'ai marqué l'ambassade ***,
Il est resté d'abord et muet et confus,
Et je ne pense pas qu'il y revienne plus.

ISABELLE.

Ah ! que me dites-vous ? J'ai bien peur du contraire,
Et qu'il ne nous prépare encor plus d'une affaire.

SGANARELLE.

Et sur quoi fondes-tu cette peur que tu dis ?

ISABELLE.

Vous n'avez pas été plutôt hors du logis,
Qu'ayant, pour prendre l'air, la tête à ma fenêtre,

---

* *La vertu fait ses soins et son cœur s'y consomme.* Ce vers a paru mauvais et peu français.

** *Un qui parle avec plus de lumière*, plusieurs ont blâmé ce tour.

*** *De ta part j'ai marqué l'ambassade*, même observation.

ACTE II. SCÈNE V.

J'ai vu dans ce détour un jeune homme paroître,
Qui d'abord, de la part de cet impertinent,
Est venu me donner un bonjour surprenant,
Et m'a droit dans ma chambre, une boîte jetée
Qui renferme une lettre en poulet cachetée.
J'ai voulu sans tarder lui rejeter le tout,
Mais ses pas de la rue avoient gagné le bout *,
Et je m'en sens le cœur tout gros de fâcherie.

SGANARELLE.

Voyez un peu la ruse et la friponnerie !

ISABELLE.

Il est de mon devoir de faire promptement
Reporter boîte et lettre à ce maudit amant;
Et j'aurois pour cela besoin d'une personne....
Car d'oser à vous-même....

SGANARELLE.

     Au contraire, mignonne,
C'est me faire mieux voir ton amour et ta foi,
Et mon cœur avec joie accepte cet emploi;
Tu m'obliges par là plus que je ne puis dire.

ISABELLE.

Tenez donc.

SGANARELLE.

   Bon. Voyons ce qu'il a pu t'écrire.

ISABELLE.

Ah, ciel! gardez-vous bien de l'ouvrir.

SGANARELLE.

      Et pourquoi?

ISABELLE.

Lui voulez-vous donner à croire que c'est moi?
Une fille d'honneur doit toujours se défendre
De lire les billets qu'un homme lui fait rendre.
La curiosité qu'on fait lors éclater
Marque un secret plaisir de s'en ouïr conter :
Et je trouve à propos que, toute cachetée,
Cette lettre lui soit promptement reportée;

 * *Ses pas de la rue avoient gagné le bout,* paru peu élégant.

Afin que d'autant mieux il connoisse aujourd'hui
Le mépris éclatant que mon cœur fait de lui ;
Que ses feux désormais perdent toute espérance,
Et n'entreprennent plus pareille extravagance.

SGANARELLE.

Certes, elle a raison lorsqu'elle parle ainsi.
Va, ta vertu me charme, et ta prudence aussi ;
Je vois que mes leçons ont germé dans ton ame,
Et tu te montres digne enfin d'être ma femme.

ISABELLE.

Je ne veux pas pourtant gêner votre desir.
La lettre est dans vos mains et vous pouvez l'ouvrir.

SGANARELLE.

Non, je n'ai garde ; hélas ! tes raisons sont trop bonnes,
Et je vais m'acquitter du soin que tu me donnes ;
A quatre pas de là dire ensuite deux mots,
Et revenir ici te remettre en repos.

SCÈNE VI.

SGANARELLE seul.

Dans quel ravissement est-ce que mon cœur nage,
Lorsque je vois en elle une fille si sage !
C'est un trésor d'honneur que j'ai dans ma maison.
Prendre un regard d'amour pour une trahison,
Recevoir un poulet comme une injure extrême,
Et le faire au galant reporter par moi-même !
Je voudrois bien savoir en voyant tout ceci,
Si celle de mon frère en useroit ainsi.
Ma foi, les filles sont ce que l'on les fait être.
Holà.

(Il frappe à la porte de Valère.)

SCÈNE VII.

SGANARELLE, ERGASTE.

ERGASTE.

Qu'est-ce ?

ACTE II. SCÈNE VIII.

SGANARELLE.

Tenez, dites à votre maître
Qu'il ne s'ingère pas d'oser écrire encor
Des lettres qu'il envoie avec des boîtes d'or,
Et qu'Isabelle en est puissamment irritée.
Voyez, on ne l'a pas au moins décachetée ;
Il connoîtra l'état que l'on fait de ses feux,
Et quel heureux succès il doit espérer d'eux.

SCÈNE VIII.

VALÈRE, ERGASTE.

VALÈRE.

Que vient de te donner cette farouche bête ?

ERGASTE.

Cette lettre, monsieur, qu'avec cette boîte,
On prétend qu'ait reçue Isabelle de vous,
Et dont elle est, dit-il, en un fort grand courroux.
C'est sans vouloir l'ouvrir qu'elle vous la fait rendre :
Lisez vîte, et voyons si je me puis méprendre.

VALÈRE lit.

Cette lettre vous surprendra sans doute, et l'on peut trouver bien hardi pour moi, et le dessein de vous l'écrire, et la manière de vous la faire tenir ; mais je me vois dans un état à ne plus garder de mesure. La juste horreur d'un mariage dont je suis menacée dans six jours, me fait hasarder toutes choses ; et, dans la résolution de m'en affranchir par quelque voie que ce soit, j'ai cru que je devois plutôt vous choisir que le désespoir. Ne croyez pas pourtant que vous soyez redevable de tout à ma mauvaise destinée ; ce n'est pas la contrainte où je me trouve qui a fait naître les sentimens que j'ai pour vous ; mais c'est elle qui en précipite le témoignage, et qui me fait passer sur des formalités où la bienséance du sexe oblige. Il ne tiendra qu'à vous que je sois à vous bientôt, et j'attends seulement que vous m'ayez marqué les intentions de votre amour, pour vous faire savoir la résolution que j'ai prise ; mais surtout songez que le tems presse, et deux cœurs qui s'aiment doivent s'entendre à demi-mot.

ERGASTE.

Hé bien, monsieur, le tour est-il d'original?
Pour une jeune fille elle n'en sait pas mal !
De ces ruses d'amour la croiroit-on capable?

VALÈRE.

Ah ! je la trouve là tout-à-fait adorable.
Ce trait de son esprit et de son amitié
Accroît pour elle encor mon amour de moitié;
Et joint aux sentimens que sa beauté m'inspire....

ERGASTE.

La dupe vient, songez à ce qu'il vous faut dire.

SCÈNE IX.

SGANARELLE, VALÈRE, ERGASTE.

SGANARELLE *se croyant seul.*

O trois et quatre foi béni soit cet édit *
Par qui des vêtemens le luxe est interdit !
Les peines des maris ne seront plus si grandes,
Et les femmes auront un frein à leurs demandes.
Oh, que je sais au roi bon gré de ces décris !
Et que, pour le repos de ces mêmes maris,
Je voudrois bien qu'on fit de la coquetterie,
Comme de la guipure et de la broderie !

---

* Le retranchement des douze premiers vers de cette scène est juste de la part des comédiens. 1.° Parce qu'il n'y est question que d'un édit sur le luxe, bien oublié parmi nous; 2.° parce que, Sganarelle ayant été aperçu par Valère, le dialogue ne peut commencer trop tôt, et que la scène française ne peut soutenir ces longs *à parte* à la manière antique.

Les remarques qui nous ont été communiquées, ont observé dans ce monologue deux adverbes très-mal employés.

J'ai voulu l'acheter l'édit *expressément*,
Afin que d'Isabelle il soit lu *hautement*.

Molière n'avoit point encore fait les *Femmes savantes*, et il ne se dit point ici ce qu'il fait dire à Philaminte sur les deux adverbes du sonnet à la princesse Uranie :

Ces deux vers joints font admirablement.

ACTE II. SCÈNE IX.

J'ai voulu l'acheter l'édit expressément * !
Afin que d'Isabelle il soit lu hautement ;
Et ce sera tantôt, n'étant plus occupée,
Le divertissement de notre après soupée.

(*Apercevant Valère.*)

Envoierez-vous encor, monsieur aux blonds cheveux,
Avec des boîtes d'or des billets amoureux ?
Vous pensiez bien trouver quelque jeune coquette,
Friande de l'intrigue, et tendre à la fleurette ?
Vous voyez de quel air on reçoit vos joyaux ;
Croyez-moi, c'est tirer votre poudre aux moineaux.
Elle est sage, elle m'aime, et votre amour l'outrage ;
Prenez visée ailleurs, et troussez-moi bagage.

VALÈRE.

Oui, oui, votre mérite, à qui chacun se rend,
Est à mes vœux, monsieur, un obstacle trop grand ;
Et c'est folie à moi, dans mon ardeur fidèle,
De prétendre avec vous à l'amour d'Isabelle.

SGANARELLE.

Il est vrai, c'est folie.

VALÈRE.

    Aussi n'aurois-je pas
Abandonné mon cœur à suivre ses appas,
Si j'avois pu prévoir que ce cœur misérable
Dût trouver un rival comme vous redoutable.

SGANARELLE.

Je le crois.

VALÈRE.

    Je n'ai garde à présent d'espérer ;
Je vous cède, monsieur, et c'est sans murmurer.

SGANARELLE.

Vous faites bien.

VALÈRE.

    Le droit de la sorte l'ordonne ;
Et de tant de vertus brille votre personne,

---

* *Expressément*, pour *exprès* ; *hautement*, pour *tout haut*,
ont paru impropres.

Que j'aurois tort de voir d'un regard de courroux
Les tendres sentimens qu'Isabelle a pour vous.
SGANARELLE.
Cela s'entend.
VALÈRE.
Oui, oui, je vous quitte la place;
Mais je vous prie au moins, et c'est la seule grace,
Monsieur, que vous demande un misérable amant
Dont vous seul aujourd'hui causez tout le tourment;
Je vous conjure donc d'assurer Isabelle
Que, si depuis trois mois mon cœur brûle pour elle,
Cet amour est sans tache, et n'a jamais pensé
A rien dont son honneur ait lieu d'être offensé.
SGANARELLE.
Oui.
VALÈRE.
Que, ne dépendant que du choix de mon ame *
Tous mes desseins étoient de l'obtenir pour femme,
Si les destins en vous, qui captivez son cœur,
N'opposoient un obstacle à cette juste ardeur.
SGANARELLE.
Fort bien.
VALÈRE.
Que, quoi qu'on fasse, il ne lui faut pas croire
Que jamais ses appas sortent de ma mémoire;
Que, quelque arrêt des cieux qu'il me faille subir,
Mon sort est de l'aimer jusqu'au dernier soupir;
Et que, si quelque chose étouffe mes poursuites,
C'est le juste respect que j'ai pour vos mérites **.
SGANARELLE.
C'est parler sagement, et je vais de ce pas
Lui faire ce discours *** qui ne la choque pas;

* *Que ne dépendant que du choix de mon ame*, quelques-uns ont blâmé cette expression.

** *Vos mérites*, pour *votre mérite*, ne se dit plus.

*** *Lui faire ce discours*, ne se dit plus.

Mais, si vous me croyez, tâchez de faire en sorte
Que de votre cerveau cette passion sorte.
Adieu.

ERGASTE à *Valère.*
La dupe est bonne.

SCÈNE X.

SGANARELLE *seul.*

Il me fait grand pitié
Ce pauvre malheureux tout rempli d'amitié;
Mais c'est un mal pour lui de s'être mis en tête
De vouloir prendre un fort qui se voit ma conquête *.
(*Sganarelle heurte à sa porte.*)

SCÈNE XI.

SGANARELLE, ISABELLE.

SGANARELLE.

Jamais amant n'a fait tant de trouble éclater,
Au poulet renvoyé sans le décacheter :
Il perd toute espérance enfin, et se retire ;
Mais il m'a tendrement conjuré de te dire :
Que du moins en t'aimant, il n'a jamais pensé
A rien dont ton honneur ait lieu d'être offensé,
Et que, ne dépendant que du choix de son ame,
Tous ses desirs étoient de l'obtenir pour femme,
Si les destins, en moi qui captive ton cœur,
N'opposoient un obstacle à cette juste ardeur ;
Que, quoi qu'on puisse faire, il ne te faut pas croire
Que jamais tes appas sortent de sa mémoire ;
Que, quelque arrêt des cieux qu'il lui faille subir,
Son sort est de t'aimer jusqu'au dernier soupir ;
Et que, si quelque chose étouffe sa poursuite,
C'est le juste respect qu'il a pour mon mérite.
Ce sont ses propres mots; et loin de le blâmer,
Je le trouve honnête homme, et le plains de t'aimer.

* *Qui se voit,* a été blâmé par quelques-uns.

ISABELLE *bas.*

Ses feux ne trompent point ma secrète croyance,
Et toujours ses regards m'en ont dit l'innocence.

SGANARELLE.

Que dis-tu ?

ISABELLE.

Qu'il m'est dur que vous plaigniez si fort
Un homme que je hais à l'égal de la mort ;
Et que si vous m'aimiez autant que vous le dites,
Vous sentiriez l'affront que me font ses poursuites.

SGANARELLE.

Mais il ne savoit pas tes inclinations ;
Et par l'honnêteté de ses intentions,
Son amour ne mérite....

ISABELLE.

Est-ce les avoir bonnes,
Dites-moi, de vouloir enlever des personnes ?
Est-ce être homme d'honneur de former des desseins
Pour m'épouser de force, en m'ôtant de vos mains ?
Comme si j'étois fille à supporter la vie
Après qu'on m'auroit fait une telle infamie.

SGANARELLE.

Comment ?

ISABELLE.

Oui, oui ; j'ai su que ce traître d'amant
Parle de m'obtenir par un enlèvement ;
Et j'ignore pour moi les pratiques secrètes
Qui l'ont instruit sitôt du dessein que vous faites
De me donner la main dans huit jours au plus tard,
Puisque ce n'est que d'hier que vous m'en fîtes part ;
Mais il veut prévenir, dit-on, cette journée
Qui doit à votre sort unir ma destinée.

SGANARELLE.

Voilà qui ne vaut rien.

ISABELLE.

Oh, que pardonnez-moi !
C'est un fort honnête homme, et qui ne sent pour moi....

ACTE II. SCÈNE XI.

SGANARELLE.

Il a tort ; et ceci passe la raillerie.

ISABELLE.

Allez, votre douceur entretient sa folie ;
S'il vous eût vu tantôt lui parler vertement,
Il craindroit vos transports et mon ressentiment,
Car c'est encor depuis sa lettre méprisée,
Qu'il a dit ce dessein qui m'a scandalisée ;
Et son amour conserve, ainsi que je l'ai su,
La croyance qu'il est dans mon cœur bien reçu,
Que je fuis votre hymen, quoi que le monde en croie,
Et me verrois tirer de vos mains avec joie.

SGANARELLE.

Il est fou.

ISABELLE.

Devant vous il sait se déguiser,
Et son intention est de vous amuser.
Croyez par ces beaux mots que le traître vous joue.
Je suis bien malheureuse, il faut que je l'avoue,
Qu'avecque tous mes soins pour vivre dans l'honneur,
Et rebuter les vœux d'un lâche suborneur,
Il faille être exposée aux fâcheuses surprises
De voir faire sur moi d'infâmes entreprises.

SGANARELLE.

Va, ne redoute rien.

ISABELLE.

Pour moi, je vous le di,
Si vous n'éclatez fort contre un trait si hardi,
Et ne trouvez bientôt moyen de me défaire
Des persécutions d'un pareil téméraire,
J'abandonnerai tout, et renonce à l'ennui
De souffrir les affronts que je reçois de lui.

SGANARELLE.

Ne t'afflige point tant ; va, ma petite femme,
Je m'en vais le trouver et lui chanter sa gamme.

ISABELLE

Dites-lui bien au moins qu'il le nieroit en vain,
Que c'est de bonne part qu'on m'a dit son dessein ;

Et qu'après cet avis, quoi qu'il puisse entreprendre,
J'ose le défier de me pouvoir surprendre :
Enfin, que sans plus perdre et soupirs et momens,
Il doit savoir pour vous quels sont mes sentimens ;
Et que, si d'un malheur il ne veut être cause,
Il ne se fasse pas deux fois dire une chose.

SGANARELLE.

Je dirai ce qu'il faut.

ISABELLE.

Mais tout cela d'un ton
Qui marque que mon cœur lui parle tout de bon.

SGANARELLE.

Va, je n'oublierai rien, je t'en donne assurance.

ISABELLE.

J'attends votre retour avec impatience ;
Hâtez-le, s'il vous plaît, de tout votre pouvoir.
Je languis quand je suis un moment sans vous voir.

SGANARELLE.

Va, pouponne, mon cœur, je reviens tout-à-l'heure.

SCÈNE XII.

SGANARELLE seul.

Est-il une personne et plus sage et meilleure ?
Ah, que je suis heureux, et que j'ai de plaisir
De trouver une femme au gré de mon desir !
Oui, voilà comme il faut que les femmes soient faites ;
Et non, comme j'en sais, de ces franches coquettes,
Qui s'en laissent conter, et font dans tout Paris
Montrer au bout du doigt leurs honnêtes maris.

(*Il frappe à la porte de Valère.*)

Holà, notre galant aux belles entreprises.

SCÈNE XIII.

VALÈRE, SGANARELLE, ERGASTE.

VALÈRE.

Monsieur, qui vous ramène en ces lieux?
SGANARELLE.
Vos sottises.
VALÈRE.

Comment?

SGANARELLE.
Vous savez bien de quoi je veux parler.
Je vous croyois plus sage, à ne vous rien céler.
Vous venez m'amuser de vos belles paroles,
Et conservez sous main des espérances folles.
Voyez-vous, j'ai voulu doucement vous traiter;
Mais vous m'obligerez à la fin d'éclater.
N'avez-vous point de honte, étant ce que vous êtes,
De faire en votre esprit les projets que vous faites?
De prétendre enlever une fille d'honneur,
Et troubler un hymen qui fait tout son bonheur?

VALÈRE.
Qui vous a dit, monsieur, cette étrange nouvelle?

SGANARELLE.
Ne dissimulons point, je la tiens d'Isabelle,
Qui vous mande par moi, pour la dernière fois,
Qu'elle vous a fait voir assez quel est son choix;
Que son cœur, tout à moi, d'un tel projet s'offense;
Qu'elle mourroit plutôt qu'en souffrir l'insolence;
Et que vous causerez de terribles éclats,
Si vous ne mettez fin à tout cet embarras.

VALÈRE.
S'il est vrai qu'elle ait dit ce que je viens d'entendre,
J'avoûrai que mes feux n'ont plus rien à prétendre;
Par ces mots assez clairs je vois tout terminé,
Et je dois révérer l'arrêt qu'elle a donné.

SGANARELLE.
Si.... Vous en doutez donc, et prenez pour des feintes

Tout ce que de sa part je vous ai fait de plaintes ?
Voulez-vous qu'elle-même elle explique son cœur ?
J'y consens volontiers pour vous tirer d'erreur.
Suivez-moi, vous verrez s'il est rien que j'avance,
Et si son jeune cœur entre nous deux balance.

(*Il va frapper à sa porte.*)

SCÈNE XIV.
ISABELLE, SGANARELLE, VALÈRE, ERGASTE.

ISABELLE.

Quoi ! vous me l'amenez ; quel est votre dessein ?
Prenez-vous contre moi ses intérêts en main ?
Et voulez-vous, charmé de ses rares mérites,
M'obliger à l'aimer, et souffrir ses visites ?

SGANARELLE.

Non, ma mie, et ton cœur pour cela m'est trop cher :
Mais il prend mes avis pour des contes en l'air,
Croit que c'est moi qui parle, et te fais, par adresse,
Pleine pour lui de haine, et pour moi de tendresse,
Et par toi-même enfin j'ai voulu, sans retour,
Le tirer d'une erreur qui nourrit son amour.

ISABELLE à *Valère.*

Quoi ! mon ame à vos yeux ne se montre pas toute,
Et de mes vœux encor vous pouvez être en doute ?

VALÈRE.

Oui, tout ce que monsieur de votre part m'a dit,
Madame, a bien pouvoir de surprendre un esprit * :
J'ai douté, je l'avoue, et cet arrêt suprême
Qui décide du sort de mon amour extrême,
Doit m'être assez touchant **, pour ne pas s'offenser
Que mon cœur par deux fois le fasse prononcer.

---

* *Surprendre un esprit*, a paru peu élégant.

** *M'être assez touchant*, a paru mal exprimé.

ACTE II. SCÈNE XIV.

ISABELLE.

Non, non, un tel arrêt ne doit pas vous surprendre,
Ce sont mes sentimens qu'il vous a fait entendre,
Et je les tiens fondés sur assez d'équité,
Pour en faire éclater toute la vérité.
Oui, je veux bien qu'on sache, et j'en dois être crue,
Que le sort offre ici deux objets à ma vue,
Qui, m'inspirant pour eux différens sentimens,
De mon cœur agité font tous les mouvemens.
L'un, par un juste choix ou l'honneur m'intéresse,
A toute mon estime et toute ma tendresse;
Et l'autre, pour le prix de son affection,
A toute ma colere et mon aversion.
La présence de l'un m'est agréable et chère,
J'en reçois dans mon ame une alégresse entiere;
Et l'autre, par sa vue, inspire dans mon cœur
De secrets mouvemens et de haine et d'horreur.
Me voir femme de l'un est toute mon envie;
Et, plutôt qu'être à l'autre, on m'ôteroit la vie.
Mais c'est assez montrer mes justes sentimens,
Et trop long-tems languir dans ces rudes tourmens;
Il faut que ce que j'aime, usant de diligence,
Fasse à ce que je hais perdre toute espérance,
Et qu'un heureux hymen affranchisse mon sort
D'un supplice pour moi plus affreux que la mort.

SGANARELLE.

Oui, mignonne, je songe à remplir ton attente.

ISABELLE.

C'est l'unique moyen de me rendre contente.

SGANARELLE.

Tu le seras dans peu.

ISABELLE.

Je sais qu'il est honteux
Aux filles d'expliquer si librement leurs vœux.

SGANARELLE.

Point, point.

ISABELLE.

Mais en l'état où sont mes destinées,

De telles libertés doivent m'être données ;
Et je puis, sans rougir, faire un aveu si doux:
A celui que déjà je regarde en époux.
SGANARELLE.
Oui, ma pauvre fanfan, poupoune de mon ame.
ISABELLE.
Qu'il songe donc, de grace, à me prouver sa flamme.
SGANARELLE.
Oui, tiens, baise ma main *.
ISABELLE.
Que sans plus de soupirs,
Il conclue un hymen qui fait tous mes desirs,
Et reçoive en ce lieu la foi que je lui donne
De n'écouter jamais les vœux d'autre personne.
(*Elle fait semblant d'embrasser Sganarelle, et donne sa main à baiser à Valère.*

SGANARELLE.
Hai, hai, mon petit nez; pauvre petit bouchon,
Tu ne languiras pas long-tems, je t'en répond.
Va, chut.
(*à Valère.*)
Vous le voyez, je ne lui fais pas dire,
Ce n'est qu'après moi seul que son ame respire.
VALÈRE.
Hé bien, madame, hé bien, c'est s'expliquer assez,
Je vois par ce discours de quoi vous me pressez,
Et je saurai dans peu vous ôter la présence
De celui qui vous fait si grande violence.
ISABELLE.
Vous ne me sauriez faire un plus charmant plaisir;

* *Oui, tiens, baise ma main.*

Sganarelle passe ici le but. C'est d'après quelques exagérations de cette espèce, que Despréaux disoit que Térence avoit sur Molière l'avantage de demeurer toujours où il en faut demeurer. Mais le critique auroit dû ajouter que cet avantage de Térence étoit bien rare, et que d'ailleurs il avoit sa source dans le peu de chaleur du poëte latin qui, au rapport d'Auguste, n'étoit qu'un demi-Ménandre.

ACTE II. SCÈNE XV.

Car enfin cette vue est fâcheuse à souffrir,
Elle m'est odieuse, et l'horreur est si forte....

SGANARELLE.

Hé, hé?

ISABELLE.

Vous offensé-je en parlant de la sorte?
Fais-je....

SGANARELLE.

Mon Dieu, nenni, je ne dis pas cela;
Mais je plains, sans mentir, l'état où le voilà,
Et c'est trop hautement que ta haine se montre.

ISABELLE.

Je n'en puis trop montrer en pareille rencontre.

VALÈRE.

Oui, vous serez contente, et dans trois jours vos yeux
Ne verront plus l'objet qui vous est odieux.

ISABELLE.

A la bonne heure. Adieu.

SGANARELLE à *Valère.*

Je plains votre infortune:
Mais....

VALÈRE.

Non, vous n'entendrez de mon cœur plainte aucune;
Madame, assurément, rend justice à tous deux,
Et je vais travailler à contenter ses vœux.
Adieu.

SGANARELLE.

Pauvre garçon! sa douleur est extrême:
Venez, embrassez-moi, c'est une autre elle-même.

(*Il embrasse Valère.*)

SCÈNE XV *.

ISABELLE, SGANARELLE.

SGANARELLE.

Je le tiens fort à plaindre.

ISABELLE.

    Allez, il ne l'est point.

SGANARELLE.

Au reste, ton amour me touche au dernier point,
Mignonnette, et je veux qu'il ait sa récompense.
C'est trop que de huit jours pour ton impatience;
Dès demain je t'épouse, et n'y veux appeler....

ISABELLE.

Dès demain?

SGANARELLE.

   Par pudeur tu feins d'y reculer **;
Mais je sais bien la joie où ce discours te jette,
Et tu voudrois déjà que la chose fût faite.

ISABELLE.

Mais....

SGANARELLE.

  Pour ce mariage allons tout préparer.

ISABELLE *à part*.

O ciel, inspirez-moi ce qui peut le parer.

---

* Molière, pour passer à son dénouement et à la dernière ruse d'Isabelle, avoit besoin d'en fonder la nécessité pressante. Il en trouve le moyen dans l'enchantement ridicule de Sganarelle, qui se croit adoré, et qui fixe son mariage avec sa pupille au jour suivant, en sorte que cette jeune personne ne peut plus attendre que Valère, dans trois jours, seconde le projet qu'elle a de quitter le vieillard amoureux : et qu'elle est contrainte de briser elle-même ses fers par un stratagême nouveau et plus hardi que ceux qu'elle a employés jusqu'alors. Moliere sait se porter d'un mouvement à un autre; et, ce qu'il y a de plus difficile, il sait toujours en établir la raison.

** *D'y reculer*, on auroit mieux aimé *de*.

ACTE III.

SCÈNE I.

ISABELLE *seule*.

Oui, le trépas cent fois me semble moins à craindre
Que cet hymen fatal où l'on veut me contraindre;
Et tout ce que je fais pour en fuir les rigueurs,
Doit trouver quelque grace auprès de mes censeurs;
Le tems presse, il fait nuit, allons, sans crainte aucune,
A la foi d'un amant commettre ma fortune.

SCÈNE II.

SGANARELLE, ISABELLE.

SGANARELLE *parlant à ceux qui sont dans sa maison.*
Je reviens, et l'on va pour demain de ma part....
          ISABELLE.
O ciel!
          SGANARELLE.
    C'est toi, mignonne. Où vas-tu donc si tard?
Tu disois qu'en ta chambre, étant un peu lassée *,
Tu t'allois renfermer, lorsque je t'ai laissée;
Et tu m'avois prié même que mon retour
T'y souffrit en repos jusques à demain jour **.

* *Un peu lassée*, pour *un peu lasse*, n'est point en usage.

** *Jusques à demain jour*, ne se diroit pas aujourd'hui.

ISABELLE.

Il est vrai ; mais....

SGANARELLE.

Hé quoi ?

ISABELLE.

Vous me voyez confuse
Et je ne sais comment vous en dire l'excuse.

SGANARELLE.

Quoi donc ! que pourroit-ce être ?

ISABELLE.

Un secret surprenant,
C'est ma sœur qui m'oblige à sortir maintenant ;
Et qui, pour un dessein dont je l'ai fort blâmée,
M'a demandé ma chambre où je l'ai renfermée.

SGANARELLE.

Comment ?

ISABELLE.

L'eût-on pu croire ? Elle aime cet amant
Que nous avons banni.

SGANARELLE.

Valère ?

ISABELLE.

Éperdûment.
C'est un transport si grand qu'il n'en est point de même *;
Et vous pouvez juger de sa puissance extrême,
Puisque seule, à cette heure, elle est venue ici
Me découvrir à moi son amoureux souci,
Me dire absolument qu'elle perdra la vie
Si son ame n'obtient l'effet de son envie ;
Que depuis plus d'un an d'assez vives ardeurs
Dans un secret commerce entretenoient leurs cœurs,
Et que même ils s'étoient, leur flamme étant nouvelle,
Donné de s'épouser une foi mutuelle.

SGANARELLE.

La vilaine !

ISABELLE.

Qu'ayant appris le désespoir

* *De même*, pour *de pareil*, ne se dit pas.

ACTE III. SCÈNE II.

Où j'ai précipité celui qu'elle aime à voir,
Elle vient me prier de souffrir que sa flamme
Puisse rompre un départ qui lui perceroit l'ame,
Entretenir ce soir cet amant sous mon nom
Par la petite rue où ma chambre répond,
Lui peindre, d'une voix qui contrefait la mienne,
Quelques doux sentimens dont l'appât le retienne,
Et ménager enfin pour elle, adroitement,
Ce que pour moi l'on sait qu'il a d'attachement.

SGANARELLE.

Et tu trouves cela....

ISABELLE.

Moi ? J'en suis courroucée.
Quoi, ma sœur, ai-je dit, êtes-vous insensée ?
Ne rougissez-vous point d'avoir pris tant d'amour
Pour ces sortes de gens qui changent chaque jour ?
D'oublier votre sexe, et tromper l'espérance
D'un homme dont le ciel vous donnoit l'alliance ?

SGANARELLE.

Il le mérite bien, et j'en suis fort ravi.

ISABELLE.

Enfin, de cent raisons mon dépit s'est servi
Pour lui bien reprocher des bassesses si grandes,
Et pouvoir cette nuit rejeter ses demandes :
Mais elle m'a fait voir de si pressans desirs,
A tant versé de pleurs, tant poussé de soupirs,
Tant dit qu'au désespoir je porterois son ame,
Si je lui refusois ce qu'exige sa flamme,
Qu'à céder malgré moi, mon cœur s'est vu réduit ;
Et, pour justifier cette intrigue de nuit,
Où me faisoit du sang relâcher la tendresse,
J'allois faire avec moi venir coucher Lucrèce,
Dont vous me vantez tant les vertus chaque jour ;
Mais vous m'avez surprise avec ce prompt retour.

SGANARELLE.

Non, non, je ne veux point chez moi tout ce mystère.
J'y pourrois consentir à l'égard de mon frère ;
Mais on peut être vu de quelqu'un de dehors,

Et celle que je dois honorer de mon corps,
Non-seulement doit être et pudique et bien née,
Il ne faut pas que même elle soit soupçonnée.
Allons chasser l'infâme, et de sa passion....

ISABELLE.

Ah, vous lui donneriez trop de confusion,
Et c'est avec raison qu'elle pourroit se plaindre
Du peu de retenue où j'ai su me contraindre ;
Puisque de son dessein je dois me départir,
Attendez que du moins je la fasse sortir.

SGANARELLE.

Hé bien, fais.

ISABELLE.

    Mais surtout cachez-vous, je vous prie,
Et, sans lui dire rien, daignez voir sa sortie.

SGANARELLE.

Oui, pour l'amour de toi, je retiens mes transports ;
Mais, dès le même instant qu'elle sera dehors,
Je veux, sans différer, aller trouver mon frère :
J'aurai joie * à courir lui dire cette affaire.

ISABELLE.

Je vous conjure donc de ne me point nommer.
Bonsoir ; car tout d'un tems je vais me renfermer.

SGANARELLE *seul*.

Jusqu'à demain, ma mie. En quelle impatience
Suis-je de voir mon frere, et lui conter sa chance !
Il en tient le bon homme avec tout son phébus,
Et je n'en voudrois pas tenir cent bons écus.

ISABELLE *dans la maison*.

Oui, de vos déplaisirs l'atteinte m'est sensible ;
Mais ce que vous voulez, ma sœur, m'est impossible ;
Mon honneur, qui m'est cher, y court trop de hasard ;
Adieu, retirez-vous avant qu'il soit plus tard.

SGANARELLE.

La voilà qui, je crois, peste de belle sorte :

---

* *J'aurai joie*, ne se diroit pas aujourd'hui.

ACTE III. SCÈNE III.

De peur qu'elle revînt *, fermons à clé la porte.
####### ISABELLE *en entrant.*
O ciel, dans mes desseins ne m'abandonnez pas !
####### SGANARELLE.
Où pourra-t-elle aller ? Suivons un peu ses pas.
####### ISABELLE *à part.*
Dans mon trouble du moins la nuit me favorise.
####### SGANARELLE *à part.*
Au logis du galant ! Quelle est son entreprise ?

SCÈNE III.
VALÈRE, ISABELLE, SGANARELLE.

####### VALÈRE *sortant brusquement.*
Oui, oui, je veux tenter quelque effort cette nuit
Pour parler.... Qui va là ?
####### ISABELLE *à Valère.*
Ne faites point de bruit.
Valère, on vous prévient, et je suis Isabelle.
####### SGANARELLE.
Vous en avez menti, chienne, ce n'est pas elle.
De l'honneur que tu fuis, elle suit trop les loix,
Et tu prends faussement et son nom et sa voix.
####### ISABELLE *à Valère.*
Mais à moins de vous voir par un saint hymenée....
####### VALÈRE.
Oui, c'est l'unique but où tend ma destinée ;
Et je vous donne ici ma foi ,, que dès demain
Je vais où vous voudrez recevoir votre main.
####### SGANARELLE *à part.*
Pauvre sot qui s'abuse !
####### VALÈRE.
Entrez en assurance :
De votre argus dupé je brave la puissance ;
Et devant qu'il vous pût ôter à mon ardeur,
Mon bras de mille coups lui perceroit le cœur.

---

* *De peur qu'elle revînt*, pour *de peur qu'elle ne revienne*, est incorrect.

SCÈNE IV.

SGANARELLE seul.

Ah, je te promets bien que je n'ai pas envie
De te l'ôter, l'infâme a tes feux asservie ;
Que du don de ta foi je ne suis point jaloux,
Et que, si j'en suis cru, tu seras son époux.
Oui, faisons-le surprendre avec cette effrontée :
La mémoire du père a bon droit respectée,
Jointe au grand intérêt que je prends a la sœur,
Veut que du moins l'on tâche à lui rendre l'honneur.
Holà.

(*Il frappe à la porte d'un commissaire.*)

SCÈNE V.

SGANARELLE, UN COMMISSAIRE, UN NOTAIRE, UN LAQUAIS *avec un flambeau.*

LE COMMISSAIRE.

Qu'est-ce ?

SGANARELLE.

Salut. Monsieur le commissaire,
Votre présence en robe est ici nécessaire ;
Suivez-moi, s'il vous plaît, avec votre clarté *.

LE COMMISSAIRE.

Nous sortions....

SGANARELLE.

Il s'agit d'un fait assez hâté **.

LE COMMISSAIRE.

Quoi ?

---

* *Avec votre clarté*, pour *avec votre lumière*, ne se diroit pas aujourd'hui.

** *Assez hâté*, pour *assez pressant*, ne se dit plus.

ACTE III. SCÈNE VI.

SGANARELLE.

D'aller là-dedans, et d'y surprendre ensemble
Deux personnes qu'il faut qu'un bon hymen assemble ;
C'est une fille à nous que, sous un don de foi,
Un Valère a séduite, et fait entrer chez soi ;
Elle sort de famille et noble et vertueuse,
Mais....

LE COMMISSAIRE.

Si c'est pour cela, la rencontre est heureuse,
Puisqu'ici nous avons un notaire.

SGANARELLE.

Monsieur ?

LE NOTAIRE.

Oui, notaire royal.

LE COMMISSAIRE.

De plus homme d'honneur.

SGANARELLE.

Cela s'en va sans dire. Entrez dans cette porte,
Et sans bruit ayez l'œil que personne n'en sorte :
Vous serez pleinement contenté de vos soins ;
Mais ne vous laissez pas graisser la patte au moins.

LE COMMISSAIRE.

Comment ? Vous croyez donc qu'un homme de justice...

SGANARELLE.

Ce que j'en dis n'est pas pour taxer votre office.
Je vais faire venir mon frère promptement,
Faites que le flambeau m'éclaire seulement.

(à part.)

Je vais le réjouir cet homme sans colère.
Holà.

(Il frappe à la porte d'Ariste.)

SCÈNE VI.

ARISTE, SGANARELLE.

ARISTE.

Qui frappe ? Ah, ah ! que voulez-vous, mon frère ?

SGANARELLE.

Venez, beau directeur, suranné damoiseau ;
On veut vous faire voir quelque chose de beau.

ARISTE.

Comment ?

SGANARELLE.

Je vous apporte une bonne nouvelle.

ARISTE.

Quoi ?

SGANARELLE.

Votre Léonor, où je vous prie, est-elle ?

ARISTE.

Pourquoi cette demande ? Elle est, comme je croi,
Au bal, chez son amie.

SGANARELLE.

Hé, oui, oui, suivez-moi,
Vous verrez à quel bal la donzelle est allée.

ARISTE.

Que voulez-vous conter ?

SGANARELLE.

Vous l'avez bien stylée.
Il n'est pas bon de vivre en sévère censeur,
On gagne les esprits par beaucoup de douceur ;
Et les soins défians, les verroux et les grilles,
Ne font pas la vertu des femmes ni des filles ;
Nous les portons au mal par tant d'austérité,
Et leur sexe demande un peu de liberté.
Vraiment elle en a pris tout son saoul, la rusée,
Et la vertu chez elle est fort humanisée.

ARISTE.

Où veut donc aboutir un pareil entretien ?

SGANARELLE.

Allez, mon frère aîné, cela vous sied fort bien ;
Et je ne voudrois pas pour vingt bonnes pistoles,
Que vous n'eussiez ce fruit de vos maximes folles :
On voit ce qu'en deux sœurs nos leçons ont produit,
L'une fuit les galans et l'autre les poursuit.

ARISTE.

Si vous ne me rendez cette énigme plus claire....

ACTE III. SCENE VI.

SGANARELLE.

L'énigme est que son bal est chez monsieur Valère,
Que de nuit je l'ai vue y conduire ses pas,
Et qu'à l'heure présente elle est entre ses bras.

ARISTE.

Qui?

SGANARELLE.

Léonor.

ARISTE.

Cessons de railler, je vous prie.

SGANARELLE.

Je raille : il est fort bon avec sa raillerie.
Pauvre esprit ! Je vous dis, et vous redis encor
Que Valère chez lui tient votre Léonor,
Et qu'ils s'étoient promis une foi mutuelle,
Avant qu'il eût songé de poursuivre Isabelle.

ARISTE.

Ce discours d'apparence est si fort dépourvu....

SGANARELLE.

Il ne le croira pas encore en l'ayant vu :
J'enrage. Par ma foi, l'âge ne sert de guère
Quand on n'a pas cela.

(Il met le doigt sur son front.)

ARISTE.

Quoi ! voulez-vous, mon frère....

SGANARELLE.

Mon Dieu, je ne veux rien. Suivez-moi seulement ;
Votre esprit tout-à-l'heure aura contentement,
Vous verrez si j'impose, et si leur foi donnée,
N'avoit pas joint leurs cœurs depuis plus d'une année.

ARISTE.

L'apparence qu'ainsi, sans m'en faire avertir,
A cet engagement elle eût pu consentir !
Moi, qui dans toute chose ai, depuis son enfance,
Montré toujours pour elle entière complaisance,
Et qui cent fois ai fait des protestations
De ne jamais gêner ses inclinations.

SGANARELLE.

Enfin vos propres yeux jugeront de l'affaire:
J'ai fait venir déja commissaire et notaire :
Nous avons intérêt que l'hymen prétendu
Répare sur-le-champ l'honneur qu'elle a perdu ;
Car je ne pense pas que vous soyez si lâche
De vouloir l'épouser avecque cette tache,
Si vous n'avez encor quelques raisonnemens
Pour vous mettre au-dessus de tous les bernemens.

ARISTE.

Moi ? Je n'aurai jamais cette foiblesse extrême,
De vouloir posséder un cœur malgré lui-même.
Mais je ne saurois croire enfin....

SGANARELLE.

Que de discours !
Allons, ce procès-là continueroit toujours.

SCÈNE VII.

UN COMMISSAIRE, UN NOTAIRE,
SGANARELLE, ARISTE.

LE COMMISSAIRE.

Il ne faut mettre ici nulle force en usage,
Messieurs ; et si vos vœux ne vont qu'au mariage,
Vos transports en ce lieu se peuvent apaiser,
Tous deux également tendent à s'épouser ;
Et Valère déja, sur ce qui vous regarde,
A signé que pour femme il tient celle qu'il garde.

ARISTE.

La fille....

LE COMMISSAIRE.

Est renfermée, et ne veut point sortir
Que vos desirs aux leurs ne veuillent consentir.

SCÈNE VIII.

VALÈRE, UN COMMISSAIRE, UN NOTAIRE, SGANARELLE, ARISTE.

VALÈRE *à la fenêtre de sa maison.*

Non, messieurs, et personne ici n'aura l'entrée
Que cette volonté ne m'ait été montrée.
Vous savez qui je suis, et j'ai fait mon devoir
En vous signant l'aveu qu'on peut vous faire voir.
Si c'est votre dessein d'approuver l'alliance,
Votre main peut aussi m'en signer l'assurance,
Sinon, faites état de m'arracher le jour,
Plutôt que de m'ôter l'objet de mon amour.

SGANARELLE.

Non, nous ne songeons pas à vous séparer d'elle.
(*bas à part.*)
Il ne s'est point encor détrompé d'Isabelle :
Profitons de l'erreur.

ARISTE *à Valère.*

Mais est-ce Léonor?

SGANARELLE *à Ariste.*

Taisez-vous.

ARISTE.

Mais....

SGANARELLE.

Paix donc.

ARISTE.

Je veux savoir....

SGANARELLE.

Encor?

Vous tairez-vous, vous dis-je?

VALÈRE.

Enfin, quoi qu'il avienne,
Isabelle a ma foi, j'ai de même la sienne,
Et ne suis point un choix*, à tout examiner,

---

* *Et ne suis point un choix,* etc. Ces deux vers ont paru mal écrits.

Que vous soyez reçus à faire condamner.

ARISTE à *Sganarelle*.

Ce qu'il dit là n'est pas....

SGANARELLE.

Taisez-vous, et pour cause ;
(à *Valère*.)
Vous saurez le secret. Oui, sans dire autre chose,
Nous consentons tous deux que vous soyez l'époux
De celle qu'à présent on trouvera chez vous.

LE COMMISSAIRE.

C'est dans ces termes là que la chose est conçue,
Et le nom est en blanc pour ne l'avoir point vue.
Signez. La fille après vous mettra tous d'accord.

VALÈRE.

J'y consens de la sorte.

SGANARELLE.

Et moi, je le veux fort.
(à part.)   (haut.)
Nous rirons bien tantôt. Là, signez donc, mon frère,
L'honneur vous appartient.

ARISTE.

Mais quoi tout ce mystère....

SGANARELLE.

Diantre, que de façons ! Signez, pauvre butor.

ARISTE.

Il parle d'Isabelle, et vous de Léonor.

SGANARELLE.

N'êtes-vous pas d'accord, mon frère, si c'est elle,
De les laisser tous deux à leur foi mutuelle ?

ARISTE.

Sans doute.

SGANARELLE.

Signez donc ; j'en fais de même aussi.

ARISTE.

Soit. Je n'y comprends rien.

SGANARELLE.

Vous serez éclairci.

LE COMMISSAIRE.

Nous allons revenir.

ACTE III. SCÈNE IX.

SGANARELLE à *Ariste.*

Or çà, je vais vous dire
La fin de cette intrigue.

(*Ils se retirent dans le fond du théâtre.*)

SCÈNE IX.

LÉONOR, SGANARELLE, ARISTE, LISETTE.

LÉONOR.

O l'étrange martyre !
Que tous ces jeunes fous me paroissent fâcheux !
Je me suis dérobée au bal pour l'amour d'eux.

LISETTE.

Chacun d'eux près de vous veut se rendre agréable.

LÉONOR.

Et moi, je n'ai rien vu de plus insupportable,
Et je préférerois le plus simple entretien
A tous les contes bleus de ces diseurs de rien :
Ils croyent que tout cède à leur perruque blonde *,
Et pensent avoir dit le meilleur mot du monde,
Lorsqu'ils viennent d'un ton de mauvais goguenard
Vous railler sottement sur l'amour d'un vieillard ;
Et moi, d'un tel vieillard je prise plus le zèle,
Que tous les beaux transports d'une jeune cervelle.
Mais n'aperçois-je pas....

SGANARELLE à *Ariste.*

Oui, l'affaire est ainsi,

(*Apercevant Léonor.*)

Ah, je la vois paroître, et sa suivante aussi !

---

* *Ils croyent que tout cède à leur perruque blonde.*

Cette perruque blonde ne peut offrir aujourd'hui l'idée de notre jeunesse galante et coquette. Il seroit aisé de faire les petits changemens de ces détails ; mais, on l'a déjà dit, à qui pardonneroit-on de l'avoir risqué ?

ARISTE.

Léonor, sans courroux, j'ai sujet de me plaindre.
Vous savez si jamais j'ai voulu vous contraindre,
Et si, plus de cent fois, je n'ai pas protesté
De laisser à vos vœux leur pleine liberté :
Cependant votre cœur, méprisant mon suffrage,
De foi comme d'amour à mon insu s'engage.
Je ne me repens pas de mon doux traitement ;
Mais votre procédé me touche assurément,
Et c'est une action que n'a pas méritée
Cette tendre amitié que je vous ai portée.

LÉONOR.

Je ne sais pas sur quoi vous tenez ce discours ;
Mais croyez que je suis la même que toujours,
Que rien ne peut pour vous altérer mon estime,
Que toute autre amitié me paroîtroit un crime,
Et que, si vous voulez satisfaire mes vœux,
Un saint nœud dès demain nous unira tous deux.

ARISTE.

Dessus quel fondement venez-vous donc, mon frère,

SGANARELLE.

Quoi, vous ne sortez pas du logis de Valère ?
Vous n'avez point conté vos amours aujourd'hui,
Et vous ne brûlez pas depuis un an pour lui ?

LÉONOR.

Qui vous a fait de moi de si belles peintures,
Et prend soin de forger de telles impostures ?

SCÈNE X ET DERNIÈRE.

ISABELLE, VALÈRE, LÉONOR, ARISTE, SGANARELLE, UN COMMISSAIRE, UN NOTAIRE, LISETTE, ERGASTE.

ISABELLE.

Ma sœur, je vous demande un généreux pardon,
Si de mes libertés j'ai taché votre nom *.

---

* *Si de mes libertés j'ai taché votre nom.* Mauvais vers.

Le pressant embarras d'une surprise extrême
M'a tantôt inspiré ce honteux stratagême ;
Votre exemple condamne un tel emportement ;
Mais le sort nous traita tous deux diversement *.
(à *Sganarelle.*)
Pour vous, je ne veux point, monsieur, vous faire excuse,
Je vous sers beaucoup plus que je ne vous abuse.
Le ciel, pour être joints, ne nous fit pas tous deux,
Je me suis reconnue indigne de vos feux ;
Et j'ai bien mieux aimé me voir aux mains d'un autre,
Que ne pas mériter un cœur comme le vôtre.

VALÈRE à *Sganarelle.*
Pour moi, je mets ma gloire et mon bien souverain
A la pouvoir, monsieur, tenir de votre main.

ARISTE.
Mon frère, doucement il faut boire la chose.
D'une telle action vos procédés sont cause ;
Et je vois votre sort malheureux à ce point,
Que, vous sachant dupé, l'on ne vous plaindra point.

LISETTE.
Par ma foi, je lui sais bon gré de cette affaire,
Et ce prix de ses soins est un trait exemplaire.

LÉONOR.
Je ne sais si ce trait se doit faire estimer,
Mais je sais bien qu'au moins je ne le puis blâmer.

ERGASTE.
Au sort d'être cocu son ascendant l'expose ;
Et, ne l'être qu'en herbe, est pour lui douce chose.

SGANARELLE *sortant de l'accablement dans lequel il étoit plongé.*
Non, je ne puis sortir de mon étonnement.
Cette ruse d'enfer confond mon jugement,

---

* *Mais le sort nous traita tous deux diversement.*

Si c'est à Léonor qu'Isabelle parle, il faut *nous traita toutes deux*, et le vers n'y est plus ; si ce vers pouvoit s'adresser aux deux frères, il faudroit *vous traita* au lieu de *nous*. Sans doute c'est une faute des premiers éditeurs, qu'il est étonnant qu'on ait si fidèlement copiée.

Et je ne pense pas que satan en personne
Puisse être si méchant qu'une telle friponne.
J'aurois pour elle au feu mis la main que voilà;
Malheureux qui se fie à femme après cela :
La meilleure est toujours en malice féconde,
C'est un sexe engendré pour damner tout le monde.
Je renonce a jamais à ce sexe trompeur,
Et je le donne tout au diable, de bon cœur.

ERGASTE.

Bon.

ARISTE.

Allons tous chez moi. Venez, seigneur Valère,
Nous tâcherons demain d'apaiser sa colère.

LISETTE *au Parterre.*

Vous, si vous connoissez des maris loups garous,
Envoyez-les au moins à l'école chez nous.

F I N.

LES FACHEUX,

COMÉDIE-BALLET.

AVERTISSEMENT

DE L'ÉDITEUR

SUR

LES FACHEUX.

Cette Comédie-Ballet fut représentée à Paris, le 4 novembre 1661, sur le théâtre du Palais-Royal.

Le sieur Riccoboni croit voir l'idée mère de la comédie des Fâcheux dans une ancienne farce italienne qui avoit pour titre *le Case Sualigiate*. Pantalon est amoureux d'une jeune fille qu'il poursuit vivement, et qu'il a obligée de lui donner un rendez-vous. Un valet imagine d'en faire manquer l'heure au vieillard, en le faisant arrêter successivement par différens personnages : mais quelle différence de gens apostés pour interrompre Pantalon, et qui sans doute n'avoient que des charges de caractères factices, avec des originaux du comique le plus vrai, que

AVERTISSEMENT

Molière fait trouver sur les pas de l'impatient Éraste !

N'est-il pas plus naturel de penser que Molière conçut l'idée de sa comédie d'après l'excellent tableau de la neuvième satire d'Horace, *Ibam forte viâ sacrâ*, puisque la première scène en est une imitation évidente ? Nous l'avons déjà vu puiser chez le même poëte Latin la plus ingénieuse scène du dépit amoureux.

Molière n'eut que très-peu de tems pour composer cet ouvrage, il fut fait et répété en quinze jours. Ce fut à Vaux, le 20 août 1661, qu'il parut devant toute la Cour, dans la maison du dernier Surintendant des Finances, qui voulut y recevoir son maître, et qui étoit bien loin de prévoir une disgrace qu'on fut tenté de faire éclater au milieu même de la fête (1).

Le célèbre Le Brun avoit été chargé de ce que la décoration théâtrale pouvoit exiger de son goût et de son pinceau, et M. Pelisson, premier Commis du Ministre *dans le département des affaires poëtiques*, comme le dit ingénieusement M. de Fontenelle de Desmarets, attaché au Cardinal de Richelieu, fut l'auteur des vers récités dans le prologue, par une nayade qui tout-à-coup sortit des eaux pour y

---

(1) Le Roi, dit M. Racine, vouloit le faire arrêter dans Vaux. *Quoi ! au milieu d'une fête qu'il vous donne ?* dit la Reine, et ce mot fit changer le Roi de résolution.

débiter un éloge pompeux de Louis XIV, qui servit, par la suite, de modèle aux prologues de Quinault.

La scène septième du deuxième acte ne parut point alors. Ce fut au sortir de la première représentation que Louis XIV, en félicitant Molière du plaisir qu'il venoit de lui donner, et voyant M. de *Soyecour*, chasseur jusqu'au ridicule, lui dit qu'un pareil original manquoit à sa pièce. Cette observation du maître fut un ordre pour notre auteur, et ce caractère passa six jours après à Fontainebleau sous les yeux de ce prince qui en parut enchanté.

On dit que Molière, qui ignoroit les termes de la chasse, s'en étoit fait instruire par M. de *Soyecour* lui-même; mais tant de gens pouvoient lui rendre ce service, qu'il n'est guères vraisemblable que Molière, dont la conduite fut toujours honnête et sage, eût donné à M. de *Soyecour* cette préférence désobligeante.

Le peu de tems qu'avoit eu Molière pour satisfaire le Surintendant, l'avoit engagé à chercher des secours auprès d'un de ses amis. On sut qu'il avoit chargé le fameux Chapelle de la scène de *Caritides*; et bientôt ce fut à ce rimeur voluptueux et facile qu'on attribua le succès de notre auteur. Chapelle se défendit mal de ce bruit, et Molière fut forcé de lui faire dire par Despréaux, leur ami commun, de favoriser moins à cet égard l'opinion de ses ennemis, sans quoi il se verroit obligé de montrer la misérable scène qu'il lui avoit apportée, et qu'il avoit été forcé de refaire en entier, parce qu'il n'y avoit pas aperçu la moindre lueur de plaisanterie. Ce seroit une chose assez curieuse à trouver que cet essai dramatique de Chapelle, pour faire voir combien ce qu'on appelle esprit dans le monde est au-dessous du génie et même du talent.

Molière s'arrangea pour les intermèdes de sa pièce avec Beauchamp, maître des Ballets, qui consentit à les attacher si bien à l'ouvrage, que chacun parût n'en être qu'une suite. Il eût fallu plus de tems pour mûrir et pour perfectionner ce projet, qui ne fut exécuté qu'imparfaitement ; mais Molière a grande raison de dire dans sa Préface que *cette idée peut servir à d'autres choses qui pourroient être méditées avec plus de loisir.*

Avec quel chagrin ne doit-on pas voir dans cette même Préface, que Molière se promettoit d'examiner un jour toutes ses pièces, et d'y faire les remarques dont elles auroient besoin ? Quelle excellente poëtique ses successeurs auroient eue sur un genre dont il a possédé seul le secret et l'étendue ? Et plût au ciel qu'il eût eu le tems de rendre notre Commentaire inutile !

Pour lier ensemble les différens caractères des *Fâcheux* dont il avoit fait choix, il se servit, comme il le dit lui-même, du premier nœud qu'il put trouver. Un amant inquiet et dont l'amour est traversé par un oncle qui le hait, étoit un personnage excellent à faire tourmenter par des importuns : l'intrigue n'a que ce fil léger ; mais partout il s'aperçoit, partout il lie les scènes jusqu'au dénouement, qui se sent trop de la précipitation avec laquelle cette comédie fut faite. On ne voit qu'avec peine *Damis* concevoir le projet de faire attendre *Éraste* par des coupe-jarrets à la porte de sa maîtresse, chez laquelle cet oncle a appris qu'il devoit venir, malgré sa défense. Les gens attachés à *Éraste*, qui se trouvent là très-heureusement, et qui entendent le projet affreux de *Damis*, en l'attaquant lui-même, fournissent, à la vérité, à *Éraste* une occasion de défendre les jours de l'oncle d'*Orphise* et d'éteindre sa haine pour lui ; mais ce moyen trop romanesque met en jeu trop de scélérats, et termine désagréablement une pièce inimitable jusques-là.

Avant les *Fâcheux*, on ne connoissoit de comédies à scènes épisodiques que les *Visionnaires*, ou plutôt les *Fous*, de Desmarets. On en a vu beaucoup depuis les *Fâcheux*; mais il paroît qu'elle sera toujours la seule de ce genre qui soit digne d'une véritable estime, malgré le défaut observé dans le dénouement, et celui de la première scène du premier acte, dont on parlera dans les observations.

Nous ajouterons ici que cette comédie est la seule que Molière ait osé dédier à Louis XIV.

AU ROI.

Sire,

J'ajoute une scène à la Comédie; et c'est une espèce de Fâcheux assez insupportable, qu'un homme qui dédie un livre. Votre Majesté en sait des nouvelles plus que personne de son royaume, et ce n'est pas d'aujourd'hui qu'Elle se voit en bute à la furie des épîtres dédicatoires. Mais bien que je suive l'exemple des autres, et me mette moi-même au rang de ceux que j'ai joués, j'ose dire toutefois à Votre Majesté, que ce que j'en ai fait, n'est pas tant pour lui présenter un livre, que pour avoir lieu de lui rendre graces du succès de cette comédie. Je le dois, Sire, ce succès qui a passé mon attente, non-seulement à cette glorieuse approbation dont Votre Majesté honora d'abord la pièce, et qui a entraîné si hautement celle de tout le monde, mais encore à l'ordre qu'Elle me donna d'y ajouter un caractère de Fâcheux, dont elle eut la bonté de m'ouvrir les idées Elle-même, et qui a été trouvé partout, le plus beau morceau de l'ouvrage. Il faut avouer, Sire, que je n'ai jamais rien fait avec tant de facilité, ni si promptement que cet endroit où Votre Majesté me commanda de travailler. J'avois une joie à lui obéir, qui me valoit bien mieux qu'Apollon et toutes les Muses; et je conçois par là ce que je serois capable d'exécuter pour une comédie entière, si j'étois inspiré par de pareils commandemens. Ceux qui sont nés en un rang élevé, peuvent se proposer l'honneur de servir Votre Majesté dans les grands emplois; mais pour moi, toute la gloire où je puis aspirer, c'est de la réjouir. Je borne là l'ambition de mes souhaits; et je crois qu'en quelque façon ce n'est pas être inutile à la France, que de contribuer en quelque chose au divertissement de son Roi. Quand je n'y réussirai pas, ce ne sera jamais par un défaut de zèle ni d'étude, mais seulement par un mauvais destin qui suit assez souvent les meilleures intentions, et qui sans doute affligeroit sensiblement,

SIRE,

DE VOTRE MAJESTÉ,

Le très-humble, très-obéissant, et très-fidèle serviteur,

MOLIÈRE.

AVERTISSEMENT.

Jamais entreprise au théâtre ne fut si précipitée que celle-ci ; et c'est une chose, je crois, toute nouvelle, qu'une comédie ait été conçue, faite, apprise, et représentée en quinze jours. Je ne dis pas cela pour me piquer de l'*in-promptu*, et en prétendre de la gloire ; mais seulement pour prévenir certaines gens, qui pourroient trouver à redire que je n'aie pas mis ici toutes les espèces de Fâcheux qui se trouvent. Je sais que le nombre en est grand, et à la cour et dans la ville ; et que, sans épisodes, j'eusse bien pu en composer une comédie de cinq actes bien fournis, et avoir encore de la matière de reste. Mais dans le peu de tems qui me fut donné, il m'étoit impossible de faire un grand dessein, et de rêver beaucoup sur le choix de mes personnages, et sur la disposition de mon sujet. Je me réduisis donc à ne toucher qu'un petit nombre d'importuns ; et je pris ceux qui s'offrirent d'abord à mon esprit, et que je crus les plus propres à réjouir les augustes personnes devant qui j'avois à paroître : et pour lier promptement toutes ces choses ensemble, je me servis du premier nœud que je pus trouver. Ce n'est pas mon dessein d'examiner maintenant si tout cela pouvoit être mieux, et si tous ceux qui s'y sont divertis ont ri selon les règles. Le tems viendra de faire imprimer mes remarques sur les pièces que j'aurai faites, et je ne désespère pas de faire voir un jour, en grand auteur, que je puis citer Aristote et Horace. En attendant cet examen qui, peut-être, ne viendra point, je m'en remets assez aux décisions de la multitude, et je tiens aussi difficile de combattre un ouvrage que le public approuve, que d'en défendre un qu'il condamne.

Il n'y a personne qui ne sache pour quelle réjouissance la pièce fut composée; et cette fête a fait un tel éclat, qu'il n'est pas nécessaire d'en parler; mais il ne sera pas hors de propos de dire deux paroles des ornemens qu'on a mêlés avec la comédie.

Le dessein étoit de donner un ballet aussi, et comme il n'y avoit qu'un petit nombre choisi de danseurs excellens, on fut contraint de séparer les entrées de ce ballet, et l'avis fut de les jeter dans les entr'actes de la comédie, afin que ces intervalles donnassent tems aux mêmes baladins de venir sous d'autres habits. De sorte que, pour ne point rompre aussi le fil de la pièce par ces manières d'intermèdes, on s'avisa de les coudre au sujet du mieux que l'on put, et de ne faire qu'une seule chose du ballet et de la comédie; mais comme le tems étoit fort précipité, et que tout cela ne fut pas réglé entièrement par

AVERTISSEMENT.

une même tête, on trouvera peut-être quelques endroits du ballet qui n'entrent pas dans la comédie aussi naturellement que d'autres. Quoi qu'il en soit, c'est un mélange qui est nouveau pour nos théâtres, et dont on pourroit chercher quelques autorités dans l'antiquité ; et comme tout le monde l'a trouvé agréable, il peut servir d'idée à d'autres choses qui pourroient être méditées avec plus de loisir.

D'abord que la toile fut levée, un des acteurs, comme vous pourriez dire moi, parut sur le théâtre en habit de ville, et, s'adressant au Roi avec le visage d'un homme surpris, fit des excuses en désordre de ce qu'il se trouvoit là seul, et manquoit de tems et d'acteurs pour donner à Sa Majesté le divertissement qu'elle sembloit attendre. En même tems, au milieu de vingt jets d'eau naturels, s'ouvrit cette coquille que tout le monde a vue ; et l'agréable nayade qui parut dedans s'avança au bord du théâtre, et d'un air héroïque prononça les vers que M. Pelisson avoit faits, et qui servent de Prologue.

PROLOGUE.

Le théâtre représente un Jardin orné de thermes et de plusieurs jets d'eau.

UNE NAYADE *sortant des eaux dans une coquille.*

Pour voir en ces beaux lieux le plus grand roi du monde,
Mortels, je viens à vous de ma grotte profonde.
Faut-il en sa faveur que la terre ou que l'eau
Produisent à vos yeux un spectacle nouveau ?
Qu'il parle ou qu'il souhaite, il n'est rien d'impossible.
Lui-même n'est-il pas un miracle visible ?
Son règne si fertile en miracles divers,
N'en demande-t-il pas à tout cet univers ?
Jeune, victorieux, sage, vaillant, auguste,
Aussi doux que sévère, aussi puissant que juste ;
Régler et ses états et ses propres desirs ;
Joindre aux nobles travaux les plus nobles plaisirs ;
En ses justes projets jamais ne se méprendre ;
Agir incessamment, tout voir et tout entendre ;
Qui peut cela, peut tout : il n'a qu'à tout oser,
Et le ciel à ses vœux ne peut rien refuser.
Ces thermes marcheront, et, si Louis l'ordonne,
Ces arbres parleront mieux que ceux de Dodone.
Hôtesses de leurs troncs, moindres divinités,
C'est Louis qui le veut, sortez, Nymphes, sortez.
Je vous montre l'exemple, il s'agit de lui plaire.
Quittez pour quelque tems votre forme ordinaire,
Et paroissons ensemble aux yeux des spectateurs,
Pour ce nouveau théâtre, autant de vrais acteurs.

PROLOGUE.

Plusieurs Dryades, accompagnées de Faunes et de Satyres, sortent des arbres et des thermes.

Vous, soin de ses sujets, sa plus charmante étude,
Héroïque souci, royale inquiétude,
Laissez-le respirer, et souffrez qu'un moment
Son grand cœur s'abandonne au divertissement :
Vous le verrez demain, d'une force nouvelle,
Sous le fardeau pénible où votre voix l'appelle ;
Faire obéir les lois, partager les bienfaits,
Par ses propres conseils prévenir nos souhaits,
Maintenir l'univers dans une paix profonde,
Et s'ôter le repos pour le donner au monde.
Qu'aujourd'hui tout lui plaise, et semble consentir
A l'unique dessein de le bien divertir.
Fâcheux, retirez-vous ; où s'il faut qu'il vous voie,
Que ce soit seulement pour exciter sa joie.

La Nayade emmène avec elle, pour la comédie, une partie des gens qu'elle a fait paroître, pendant que le reste se met à danser au son des hauts-bois qui se joignent aux violons.

ACTEURS DE LA COMÉDIE.

DAMIS, tuteur d'Orphise.
ORPHISE.
ERASTE, amoureux d'Orphise.
ALCIDOR,
LISANDRE,
ALCANDRE,
ALCIPPE,
ORANTE,   } Fâcheux.
CLIMÈNE,
DORANTE,
CARITIDÈS,
ORMIN,
FILINTE,
LA MONTAGNE, valet d'Éraste.
L'ÉPINE, valet de Damis.
LA RIVIÈRE, et deux autres valets d'Éraste.

ACTEURS DU BALLET.

I. Acte.   { JOUEURS DE MAIL.
            { CURIEUX.

II. Acte.   { JOUEURS DE BOULE.
            { FRONDEURS.
            { SAVETIERS et SAVETIÈRES.
            { UN JARDINIER.

III. Acte. { SUISSES.
            { QUATRE BERGERS.
            { UNE BERGÈRE.

La scène est à Paris.

LES FÂCHEUX.

ACTE PREMIER.

SCÈNE I.

ÉRASTE, LA MONTAGNE.

ÉRASTE *.

Sous quel astre, bon Dieu, faut-il que je sois né,
Pour être de fâcheux toujours assassiné !

* On voit avec peine que, dans cette scène admirable, Éraste n'ait pas un interlocuteur plus important que *la Montagne*, son valet. Les choses qu'il lui dit sur tous les fâcheux qu'il à déjà rencontrés, ne sont guère de l'espèce de celles dont on cause avec son domestique.

Le ridicule si bien peint dans cette scène, de ces étourdis qui, parlant plus haut que les acteurs, se donnoient eux-mêmes en spectacle et se levoient indécemment avant le dénouement, a subsisté long-tems encore après Molière, malgré la vigoureuse leçon qu'il leur avoit faite ; il a fallu qu'on supprimât les bancs placés sur nos théâtres pour voir disparoître ce ridicule, tant il étoit national et conséquemment susceptible de se reproduire. Les singes de *l'homme à grands canons, et de son large dos morguant les spectateurs*, n'ont plus que les tréteaux de la province pour y copier fidèlement toutes ces extravagances.

On peut remarquer encore dans cette première scène imitée d'Horace, que, du tems de Molière, nos importans chargeoient même les devants de leurs voitures de laquais.

Lorsqu'un carrosse fait de superbe manière,
Et comblé de laquais, et devant et derrière, etc.

Molière, dès cette première scène, jette habilement les fils de la petite intrigue à laquelle il a l'art de lier tous les caractères qu'il doit faire paroître. Un rendez-vous avec Orphise qu'Éraste ne peut plus voir chez elle, rend la rencontre de tous les fâcheux extrêmement piquante.

Il semble que partout le sort me les adresse,
Et j'en vois chaque jour quelque nouvelle espèce.
Mais il n'est rien d'égal au fâcheux d'aujourd'hui;
J'ai cru n'être jamais débarrassé de lui,
Et cent fois j'ai maudit cette innocente envie
Qui m'a pris à dîné de voir la comédie :
Où, pensant m'égayer, j'ai misérablement
Trouvé de mes péchés le rude châtiment.
Il faut que je te fasse un récit de l'affaire,
Car je me sens encor tout ému de colère.
J'étois sur le théâtre en humeur d'écouter
La pièce, qu'à plusieurs j'avois ouï vanter;
Les acteurs commençoient, chacun prêtoit silence;
Lorsque d'un air bruyant et plein d'extravagance,
Un homme à grands canons est entré brusquement,
En criant, holà-ho, un siège promptement,
Et, de son grand fracas surprenant l'assemblée,
Dans le plus bel endroit a la pièce troublée.
Hé, mon Dieu! nos Français si souvent redressés,
Ne prendront-ils jamais un air de gens sensés,
Ai-je dit, et faut-il, sur nos défauts extrêmes,
Qu'en théâtre public nous nous jouions nous-mêmes,
Et confirmions ainsi, par des éclats de fous,
Ce que chez nos voisins on dit partout de nous?
Tandis que là-dessus je haussois les épaules,
Les acteurs ont voulu continuer leurs rôles;
Mais l'homme pour s'asseoir a fait nouveaux fracas,
Et traversant encor le théâtre à grands pas,
Bien que dans les côtés il pût être à son aise,
Au milieu du devant il a planté sa chaise,
Et de son large dos morguant les spectateurs,
Aux trois-quarts du parterre a caché les acteurs.
Un bruit s'est élevé, dont un autre eût eu honte;
Mais lui, ferme et constant, n'en a fait aucun compte,
Et se seroit tenu comme il s'étoit posé,
Si, pour mon infortune, il ne m'eût avisé.
Ah, marquis! m'a-t-il dit, prenant près de moi place,
Comment te portes-tu? Souffre que je t'embrasse.
Au visage, sur l'heure, un rouge m'est monté,

Que l'on me vît connu d'un pareil éventé.
Je l'étois peu pourtant ; mais on en voit paroître,
De ces gens qui de rien veulent fort vous connoître *,
Dont il faut au salut les baisers essuyer,
Et qui sont familiers jusqu'à vous tutoyer.
Il m'a fait à l'abord cent questions frivoles,
Plus haut que les acteurs élevant ses paroles.
Chacun le maudissoit ; et moi, pour l'arrêter,
Je serois, ai-je dit, bien aise d'écouter.
Tu n'as point vu ceci, marquis ? Ah, Dieu me damne,
Je le trouve assez drôle, et je n'y suis point âne ;
Je sais par quelles lois un ouvrage est parfait,
Et Corneille me vient lire tout ce qu'il fait.
Là-dessus de la pièce il m'a fait un sommaire,
Scène à scène averti de ce qui s'alloit faire,
Et jusques à des vers qu'il en savoit par cœur,
Il me les récitoit tout haut avant l'acteur.
J'avois beau m'en défendre, il a poussé sa chance,
Et s'est devers la fin ** levé long-tems d'avance ;
Car les gens de bel air, pour agir galamment,
Se gardent bien surtout d'ouïr le dénouement.
Je rendois grace au ciel, et croyois, de justice,
Qu'avec la comédie eût fini mon supplice :
Mais, comme si c'en eût été trop bon marché ***,
Sur nouveaux frais mon homme à moi s'est attaché,
M'a conté ses exploits, ses vertus non communes,
Parlé de ses chevaux, de ses bonnes fortunes,
Et de ce qu'à la cour il avoit de faveur,
Disant qu'à m'y servir il s'offroit de grand cœur.
Je le remerciois doucement de la tête,
Minutant à tous coups quelque retraite honnête ;

* *Qui de rien veulent fort vous connoître*, ne se diroit pas aujourd'hui.

** *Devers la fin*, on diroit aujourd'hui *vers la fin*.

*** *Mais comme si c'en eût été trop bon marché*, l'hémistiche est ici fort irrégulier.

Mais lui, pour le quitter me voyant ébranlé :
Sortons, ce m'a-t-il dit, le monde est écoulé :
Et, sortis de ce lieu, me la donnant plus sèche *,
Marquis, allons au cours faire voir ma calèche,
Elle est bien entendue, et plus d'un duc et pair
En fait à mon faiseur faire une du même air.
Moi de lui rendre grace, et, pour mieux m'en défendre,
De dire que j'avois certain repas à rendre.
Ah, parbleu, j'en veux être, étant de tes amis,
Et manque au maréchal à qui j'avois promis.
De la chère, ai-je dit, la dose est trop peu forte,
Pour oser y prier des gens de votre sorte.
Non, m'a-t-il répondu, je suis sans compliment,
Et j'y vais pour causer avec toi seulement ;
Je suis des grands repas fatigué, je te jure :
Mais si l'on vous attend, ai-je dit, c'est injure.
Tu te moques, marquis, nous nous connoissons tous,
Et je trouve avec toi des passe-tems plus doux.
Je pestois contre moi, l'ame triste et confuse
Du funeste succès qu'avoit eu mon excuse,
Et ne savois à quoi je devois recourir,
Pour sortir d'une peine à me faire mourir ;
Lorsqu'un carrosse fait de superbe manière,
Et comblé de laquais et devant et derrière,
S'est avec un grand bruit devant nous arrêté,
D'où sautant un jeune homme amplement ajusté,
Mon importun et lui courant à l'embrassade,
Ont surpris les passans de leur brusque incartade ;
Et tandis que tous deux étoient précipités
Dans les convulsions de leurs civilités,
Je me suis doucement esquivé sans rien dire ;
Non sans avoir long-tems gémi d'un tel martyre,
Et maudit le fâcheux, dont le zèle obstiné
M'ôtoit au rendez-vous qui m'est ici donné.

* *Me la donnant plus sèche,* ne se dit plus, au moins dans ce sens.

ACTE I. SCÈNE I.
LA MONTAGNE.

Ce sont chagrins mêlés aux plaisirs de la vie.
Tout ne va pas, monsieur, au gré de notre envie.
Le ciel veut qu'ici-bas chacun ait ses fâcheux ;
Et les hommes seroient sans cela trop heureux.

ÉRASTE.

Mais de tous les fâcheux, le plus fâcheux encore,
C'est Damis, le tuteur de celle que j'adore,
Qui rompt ce qu'à mes vœux elle donne d'espoir,
Et malgré ses bontés lui défend de me voir.
Je crains d'avoir déjà passé l'heure promise,
Et c'est dans cette allée où devoit être Orphise.

LA MONTAGNE.

L'heure d'un rendez-vous d'ordinaire s'étend,
Et n'est pas resserrée aux bornes d'un instant.

ÉRASTE.

Il est vrai ; mais je tremble, et mon amour extrême
D'un rien se fait un crime envers celle que j'aime.

LA MONTAGNE.

Si ce parfait amour, que vous prouvez si bien,
Se fait vers votre objet un grand crime de rien,
Ce que son cœur pour vous sent de feux légitimes,
En revanche lui fait un rien de tous vos crimes.

ÉRASTE.

Mais, tout de bon, crois-tu que je sois d'elle aimé ?

LA MONTAGNE.

Quoi! vous doutez encor d'un amour confirmé

ÉRASTE.

Ah, c'est mal aisément qu'en pareille matière,
Un cœur bien enflammé prend assurance entière ;
Il craint de se flatter, et, dans ses divers soins,
Ce que plus il souhaite est ce qu'il croit le moins ;
Mais songeons à trouver une beauté si rare.

LA MONTAGNE.

Monsieur, votre rabat pardevant se sépare.

ÉRASTE.

N'importe.

LES FACHEUX.

LA MONTAGNE.
Laissez-moi l'ajuster, s'il vous plaît.

ÉRASTE.
Ouf, tu m'étrangles; fat, laisse-le comme il est.

LA MONTAGNE.
Souffrez qu'on peigne un peu....

ÉRASTE.
Sottise sans pareille !
Tu m'as d'un coup de dent presque emporté l'oreille.

LA MONTAGNE.
Vos canons....

ÉRASTE.
Laisse-les, tu prends trop de souci.

LA MONTAGNE.
Ils sont tout chiffonnés.

ÉRASTE.
Je veux qu'ils soient ainsi.

LA MONTAGNE.
Accordez-moi du moins, par grace singulière,
De frotter ce chapeau, qu'on voit plein de poussière.

ÉRASTE.
Frotte donc, puisqu'il faut que j'en passe par là.

LA MONTAGNE.
Le voulez-vous porter fait comme le voilà ?

ÉRASTE.
Mon Dieu, dépêche-toi.

LA MONTAGNE.
Ce seroit conscience.

ÉRASTE *après avoir attendu*.
C'est assez.

LA MONTAGNE.
Donnez-vous un peu de patience.

ÉRASTE.
Il me tue.

LA MONTAGNE.
En quel lieu vous êtes-vous fourré ?

ÉRASTE.
T'es-tu de ce chapeau pour toujours emparé ?

ACTE I. SCENE III.

LA MONTAGNE.

C'est fait.

ÉRASTE.

Donne-moi donc.

LA MONTAGNE *laissant tomber le chapeau.*

Haï !

ÉRASTE.

Le voilà par terre !
Je suis fort avancé. Que la fièvre te serre !

LA MONTAGNE.

Permettez qu'en deux coups j'ôte....

ÉRASTE.

Il ne me plaît pas.
Au diantre tout valet qui vous est sur les bras,
Qui fatigue son maître, et ne fait que déplaire
A force de vouloir trancher du nécessaire.

SCÈNE II.

ORPHISE, ALCIDOR, ÉRASTE, LA MONTAGNE.

(*Orphise traverse le fond du théâtre, Alcidor lui donne la main.*)

ÉRASTE.

Mais vois-je pas Orphise ? Oui, c'est elle qui vient.
Où va-t-elle si vite, et quel homme la tient ?

(*Il la salue comme elle passe, et elle en passant détourne la tête.*)

SCÈNE III.

ÉRASTE, LA MONTAGNE.

ÉRASTE.

Quoi ! me voir en ces lieux devant elle paroître,
Et passer en feignant de ne me pas connoître !
Que croire ? Qu'en dis-tu ? Parle donc, si tu veux.

LES FACHEUX.
LA MONTAGNE.
Monsieur, je ne dis rien, de peur d'être fâcheux.
ÉRASTE.
Et c'est l'être en effet que de ne me rien dire
Dans les extrémités d'un si cruel martyre.
Fais donc quelque réponse à mon cœur abattu ;
Que dois-je présumer ? Parle, qu'en penses-tu ?
Dis-moi ton sentiment.
LA MONTAGNE.
Monsieur, je veux me taire,
Et ne desire point trancher du nécessaire.
ÉRASTE.
Peste l'impertinent ! Va-t-en suivre leurs pas,
Vois ce qu'ils deviendront, et ne les quitte pas.
LA MONTAGNE *revenant sur ses pas.*
Il faut suivre de loin ?
ÉRASTE.
Oui.
LA MONTAGNE *revenant sur ses pas.*
Sans que l'on me voie,
Ou faire aucun semblant qu'après eux on m'envoie ?
ÉRASTE.
Non, tu feras bien mieux de leur donner avis
Que par mon ordre exprès ils sont de toi suivis.
LA MONTAGNE *revenant sur ses pas.*
Vous trouverai-je ici ?
ÉRASTE.
Que le ciel te confonde,
Homme, à mon sentiment, le plus fâcheux du monde.

SCÈNE IV.
ÉRASTE *seul.*

Ah, que je sens de trouble, et qu'il m'eût été doux
Qu'on me l'eût fait manquer ce fatal rendez-vous !
Je pensois y trouver toutes choses propices,
Et mes yeux pour mon cœur y trouvent des supplices.

SCÈNE V.

LISANDRE, ÉRASTE.

LISANDRE *.

Sous ces arbres de loin mes yeux t'ont reconnu,
Cher marquis, et d'abord je suis à toi venu.
Comme à de mes amis **, il faut que je te chante
Certain air que j'ai fait de petite courante,
Qui de toute la cour contente les experts,
Et sur qui plus de vingt ont déjà fait des vers.
J'ai le bien, la naissance, et quelque emploi passable,
Et fais figure en France assez considérable ;
Mais je ne voudrois pas, pour tout ce que je suis,
N'avoir point fait cet air qu'ici je te produis.

(*Il prélude.*)

La, la, hem, hem, écoute avec soin, je te prie.

(*Il chante sa courante.*)

N'est-elle pas belle ?

ÉRASTE.

Ah !

LISANDRE.

Cette fin est jolie.

(*Il rechante la fin quatre ou cinq fois de suite.*)

Comment la trouves-tu ?

---

* C'est dans cette scène que Molière peint avec grace et gaiment les prétentions de ces amateurs qui, se croyant par état fort au-dessus des artistes, se piquent cependant d'égaler leurs talens ; autre vice qui appartient trop à la légèreté et à la présomption du caractère national, pour que le ridicule théâtral en ait pu triompher entièrement. Nous avons encore nos *Lisandres*.

Nous ne devons pas oublier de remarquer dans cette scène que la réputation de *Lulli* étoit déjà établie, puisque c'est à lui que va s'adresser l'amateur pour *faire des parties* à sa courante.

. . . . *Adieu ; Baptiste le très-cher,*
N'a point vu ma courante, et je vais le chercher.

** *Comme à de mes amis*, il faudroit *comme à un de mes amis.*

ÉRASTE.

Fort belle assurément.

LISANDRE.

Les pas que j'en ai faits n'ont pas moins d'agrément,
Et surtout la figure a merveilleuse grace.

(*Il chante, parle et danse tout ensemble.*)

Tiens, l'homme passe ainsi, puis la femme repasse :
Ensemble, puis on quitte, et la femme vient là.
Vois-tu ce petit trait de feinte que voilà ?
Ce fleuret ? Ces coupés courant après la belle ?
Dos à dos : face à face, en se pressant sur elle ?
Que t'en semble, marquis ?

ÉRASTE.

Tous ces pas-là sont fins.

LISANDRE.

Je me moque pour moi des maîtres baladins.

ÉRASTE.

On le voit.

LISANDRE.

Les pas donc ?

ÉRASTE.

N'ont rien qui ne surprenne.

LISANDRE.

Veux-tu, par amitié, que je te les apprenne ?

ÉRASTE.

Ma foi, pour le présent, j'ai certain embarras....

LISANDRE.

Hé bien donc, ce sera lorsque tu le voudras.
Si j'avois dessus moi * ces paroles nouvelles,
Nous les lirions ensemble, et verrions les plus belles.

ÉRASTE.

Une autre fois.

LISANDRE.

Adieu ; Baptiste le très-cher,
N'a point vu ma courante, et je le vais chercher :
Nous avons pour les airs de grandes sympathies,
Et je veux le prier d'y faire des parties.

(*Il s'en va chantant toujours.*)

* *Dessus moi* ; on diroit aujourd'hui *sur moi*.

SCÈNE VI.

ÉRASTE seul.

Ciel, faut-il que le rang dont on veut tout couvrir,
De cent sots tous les jours nous oblige à souffrir !
Et nous fasse abaisser jusques aux complaisances *
D'applaudir bien souvent a leurs impertinences ?

SCÈNE VII.

ÉRASTE, LA MONTAGNE.

LA MONTAGNE.

Monsieur, Orphise est seule, et vient de ce côté.

ÉRASTE.

Ah, d'un trouble bien grand je me sens agité !
J'ai de l'amour encor pour la belle inhumaine,
Et ma raison voudroit que j'eusse de la haine.

LA MONTAGNE.

Monsieur, votre raison ne sait ce qu'elle veut,
Ni ce que sur un cœur une maîtresse peut.
Bien que de s'emporter on ait de justes causes,
Une belle, d'un mot, rajuste bien des choses.

ERASTE.

Hélas, je te l'avoue, et déjà cet aspect
A toute ma colère imprime le respect !

SCÈNE VIII.

ORPHISE, ÉRASTE, LA MONTAGNE.

ORPHISE.

Votre front à mes yeux montre peu d'alégresse ;
Seroit-ce ma présence, Éraste, qui vous blesse ?
Qu'est-ce donc ? Qu'avez-vous ? Et sur quels déplaisirs,
Lorsque vous me voyez, poussez-vous des soupirs ?

---

* *Jusques aux complaisances de....* Il faudroit *jusqu'à la complaisance.*

ÉRASTE.

Hélas! pouvez-vous bien me demander, cruelle,
Ce qui fait de mon cœur la tristesse mortelle ?
Et d'un esprit méchant n'est-ce pas un effet,
Que feindre d'ignorer ce que vous m'avez fait ?
Celui dont l'entretien vous a fait à ma vue
Passer....

ORPHISE *riant*.

C'est de cela que votre ame est émue ?

ÉRASTE.

Insultez, inhumaine, encore à mon malheur ;
Allez, il vous sied mal de railler ma douleur *,
Et d'abuser, ingrate, à maltraiter ** ma flamme,
Du foible que pour vous vous savez qu'a mon ame.

ORPHISE.

Certes il faut en rire, et confesser ici
Que vous êtes bien fou de vous troubler ainsi.
L'homme dont vous parlez, loin qu'il puisse me plaire,
Est un homme fâcheux dont j'ai su me défaire ;
Un de ces importuns et sots officieux,
Qui ne sauroient souffrir qu'on soit seule en des lieux ***,
Et viennent aussitôt, avec un doux langage,
Vous donner une main contre qui l'on enrage ****.
J'ai feint de m'en aller pour cacher mon dessein,
Et jusqu'à mon carrosse il m'a prêté la main.

* *Allez, il vous sied mal de railler ma douleur,*
Et d'abuser, ingrate, à maltraiter un cœur,
Du foible que pour vous vous savez qu'à mon ame.

Les remarques grammaticales qui enrichissent cette édition, n'ont rien dit de l'imitation qu'a faite Molière de ces vers dans la scène cinquième du quatrième acte du *Tartufe*.

** *A maltraiter*, il faudroit *pour maltraiter*.

*** *En des lieux*, tout seul, ne peut pas se dire.

**** *Une main contre qui l'on enrage*, quelques-uns ont désapprouvé cette expression.

ACTE I. SCÈNE VIII.

Je m'en suis promptement défaite de la sorte;
Et j'ai, pour vous trouver, rentré * par l'autre porte.

ÉRASTE.

A vos discours, Orphise, ajouterai-je foi,
Et votre cœur est-il tout sincère pour moi?

ORPHISE.

Je vous trouve fort bon de tenir ces paroles **,
Quand je me justifie à vos plaintes frivoles ***.
Je suis bien simple encore, et ma sotte bonté....

ÉRASTE.

Ah! ne vous fâchez pas, trop sévère beauté,
Je veux croire en aveugle, étant sous votre empire,
Tout ce que vous aurez la bonté de me dire.
Trompez, si vous voulez, un malheureux amant:
J'aurai pour vous respect **** jusques au monument...
Maltraitez mon amour, refusez-moi le vôtre,
Exposez à mes yeux le triomphe d'un autre;
Oui, je souffrirai tout de vos divins appas.
J'en mourrai; mais enfin je ne m'en plaindrai pas.

ORPHISE.

Quand de tels sentimens régneront dans votre ame,
Je saurai de ma part....

* *Et j'ai.... rentré*, la plupart auroient voulu *je suis rentré*.

** *Tenir ces paroles*, pour *tenir ce discours*, est impropre.

*** *A vos plaintes*, il faut *de vos plaintes*.

**** *J'aurai pour vous respect jusqu'au monument*, on doit dire *avoir du respect*; et *jusqu'au monument*, pour *jusqu'au tombeau*, ne se dit plus.

SCÈNE IX.

ALCANDRE, ORPHISE, ÉRASTE, LA MONTAGNE.

ALCANDRE.

(*à Orphise.*)

Marquis, un mot. Madame,
De grace, pardonnez si je suis indiscret,
En osant, devant vous, lui parler en secret.
(*Orphise sort.*)

SCÈNE X.

ALCANDRE, ÉRASTE, LA MONTAGNE.

ALCANDRE *.

Avec peine, marquis, je te fais la prière **,
Mais un homme vient-là de me rompre en visière ;
Et je souhaite fort, pour ne rien reculer,

---

* Molière, dans cette scène, seconde le projet de son maître d'abolir les duels. Il est vrai qu'il n'est point allé jusqu'à rendre *Éraste* insensible à une injure qu'il auroit reçue personnellement ; mais il lui fait rejeter avec fermeté la proposition d'aller de sang-froid venger l'outrage d'un autre. On ne peut s'étonner assez que la barbarie des duels ait été jusqu'à l'excès de charger cavalièrement son ami de sa défense.

Il n'est apparemment du ressort d'aucun ouvrage de détruire certaines opinions, puisque malgré la sublime lettre cinquante-septième de *la nouvelle Héloïse*, nous comptons encore le duel parmi les maladies de l'esprit français.

Louis XIV dut voir avec plaisir l'éloge que fait de lui Molière dans cette scène ; cet éloge étoit fondé sur la vérité, et ce sont les seuls qui soient dignes de rester dans la mémoire des hommes. La louange de Molière étoit bien plus naturelle que celle de Pellisson dans le prologue de cet ouvrage, lorsqu'il dit :

Ces thermes marcheront ; et, si Louis l'ordonne,
Ces arbres parleront mieux que ceux de Dodone.

** *Je te fais la prière*, tout court, ne peut pas se dire.

Qu'à l'heure * de ma part tu l'ailles appeler.
Tu sais qu'en pareil cas ce seroit avec joie,
Que je te le rendrois en la même monnoie.

ÉRASTE *après avoir été quelque tems sans parler.*

Je ne veux point ici faire le capitan,
Mais on m'a vu soldat avant que courtisan :
J'ai servi quatorze ans, et je crois être en passe
De pouvoir d'un tel pas me tirer avec grace,
Et de ne craindre point qu'à quelque lâcheté
Le refus de mon bras me puisse être imputé.
Un duel met les gens en mauvaise posture :
Et notre roi n'est pas un monarque en peinture.
Il sait faire obéir les plus grands de l'état,
Et je trouve qu'il fait en digne potentat.
Quand il faut le servir, j'ai du cœur pour le faire ;
Mais je ne m'en sens point, quand il faut lui déplaire.
Je me fais de son ordre une suprême loi ;
Pour lui désobéir, cherche un autre que moi.
Je te parle, vicomte, avec franchise entière,
Et suis ton serviteur en toute autre matière.
Adieu.

SCÈNE XI.
ÉRASTE, LA MONTAGNE.

ÉRASTE.

Cinquante fois au diable les fâcheux !
Où donc s'est retiré cet objet de mes vœux ?

LA MONTAGNE.

Je ne sais.

ÉRASTE.

Pour savoir où la belle est allée,
Va-t-en chercher partout, j'attends dans cette allée.

---

* *A l'heure*, pour *tout-à-l'heure*, ne se dit pas.

BALLET DU PREMIER ACTE.

PREMIÈRE ENTRÉE.

Des joueurs de mail, en criant : gare, obligent Éraste à se retirer.

SECONDE ENTRÉE.

Après que les joueurs de mail ont fini, Éraste revient pour attendre Orphise. Des curieux tournent autour de lui pour le connoître, et font qu'il se retire encore pour un moment.

~~~~~~~~~~~~~~~~~~~~~~~~~~~~~~~~~~~~

ACTE II.

SCÈNE I.

ÉRASTE.

Les fâcheux à la fin se sont-ils écartés ?
Je pense qu'il en pleut ici de tous côtés.
Je les fuis, et les trouve ; et pour second martyre,
Je ne saurois trouver celle que je desire.
Le tonnerre et la pluie ont promptement passé *,
Et n'ont point de ces lieux le beau monde chassé.
Plût au ciel, dans les dons que ses soins y prodiguent,
Qu'ils en eussent chassé tous les gens qui fatiguent !
Le soleil baisse fort, et je suis étonné
Que mon valet encor ne soit point retourné **.

* L'édition de 1682 marque dans cette scène quatre vers à retrancher ; ils commencent par *Le tonnerre et la pluie*, etc.

** *Retourné*, il faut dire *revenu*.

SCÈNE II.

ALCIPPE, ÉRASTE.

ALCIPPE.

Bonjour.

ÉRASTE *à part.*
Hé quoi! toujours ma flamme divertie *.
ALCIPPE.
Console-moi, marquis, d'une étrange partie,
Qu'au piquet je perdis hier contre un saint Bouvain
A qui je donnerois quinze points et la main.
C'est un coup enragé, qui depuis hier m'accable,
Et qui feroit donner tous les joueurs au diable;
Un coup assurément à se pendre en public.
Il ne m'en faut que deux, l'autre a besoin d'un pic,
Je donne, il en prend six, et demande à refaire;
Moi, me voyant de tout, je n'en voulus rien faire.
Je porte l'as de trefle, (admire mon malheur!)
L'as, le roi, le valet, le huit et dix de cœur,
Et quitte, comme au point alloit la politique,
Dame et roi de carreau, dix et dame de pique,
Sur mes cinq cœurs portés la dame arrive encor,
Qui me fait justement une quinte major:
Mais mon homme avec l'as, non sans surprise extrême,
Des bas carreaux, sur table, étale une sixième.
J'en avois écarté la dame avec le roi,
Mais lui fallant ** un pic, je sortis hors d'effroi,
Et croyois bien du moins faire deux points uniques.
Avec les sept carreaux il avoit quatre piques,
Et jetant le dernier, m'a mis dans l'embarras
De ne savoir lequel garder de mes deux as.
J'ai jeté l'as de cœur, avec raison me semble;
Mais il avoit quitté quatre trefles ensemble,

* *Ma flamme divertie*, ne se dit plus en ce sens,

** *Fallant*, ne se dit plus.

Et par un six de cœur je me suis vu capot *,
Sans pouvoir de dépit proférer un seul mot.
Morbleu, fais-moi raison de ce coup effroyable ;
A moins que l'avoir vu, peut-il être croyable ?

ÉRASTE.

C'est dans le jeu qu'on voit les plus grands coups du sort **.

ALCIPPE.

Parbleu, tu jugeras, toi-même, si j'ai tort,
Et si c'est sans raison que ce coup me transporte ;
Car voici nos deux jeux qu'exprès sur moi je porte.
Tiens, c'est ici mon port, comme je te l'ai dit,
Et voici....

ÉRASTE.

J'ai compris le tout par ton récit ;
Et vois de la justice au transport qui t'agite ;
Mais pour certaine affaire il faut que je te quitte.
Adieu. Console-toi pourtant de ton malheur.

ALCIPPE.

Qui, moi ? J'aurai toujours ce coup-là sur le cœur ;
Et c'est, pour ma raison, pis qu'un coup de tonnerre.

* *Et par un six de cœur je me suis vu capot.*

Les six entroient alors dans le jeu de piquet. Ce vers n'en est pas la seule preuve, on la trouve encore dans la sixième des bas carreaux qu'étale *Saint-Bouvain* à *Alcippe* qui en avoit écarté le roi et la dame.

** *C'est dans le jeu qu'on voit les plus grands coups du sort.*
Ce vers est dans la bouche de tous les joueurs. Les bonnes pièces de Molière sont pleines de ces vers qui ont fait proverbe ou maxime, il lui étoit même réservé d'en faire dans ses ouvrages en prose, comme on le voit dans les Précieuses. *Les gens de qualité savent tout sans avoir rien appris*, etc. Quelques personnes souhaiteroient que ces traits fussent aussi l'objet de nos remarques ; mais le choix en seroit très-long et très-difficile à fixer. Leur nombre se multiplie en raison de la mémoire des particuliers, de l'habitude où ils sont de citer, et du goût plus ou moins fort qu'ils ont pour les ouvrages de Molière. Il en est ainsi des vers de *La Fontaine* qui reviennent sans cesse dans les conversations. Ces deux auteurs, également inimitables, sont les plus fréquemment cités, parce qu'ils ont fait un plus grand nombre de vers naturels, faciles, et pleins de sens.

ACTE II. SCÈNE III.

Je le veux faire, moi, voir à toute la terre.
   (*Il s'en va, et rentre en disant.*
Un six de cœur! Deux points!

ERASTE.
                    En quel lieu sommes-nous?
De quelque part qu'on tourne, on ne voit que des fous.

SCÈNE III.
ÉRASTE, LA MONTAGNE.

ÉRASTE.
Ah! que tu fais languir ma juste impatience!
LA MONTAGNE.
Monsieur, je n'ai pu faire une autre diligence.
ÉRASTE.
Mais, me rapportes-tu quelque nouvelle enfin?
LA MONTAGNE.
Sans doute, et de l'objet qui fait votre destin.
J'ai par son ordre exprès quelque chose à vous dire.
ÉRASTE.
Et quoi? Déjà mon cœur après ce mot soupire.
Parle.
LA MONTAGNE.
     Souhaitez-vous de savoir ce que c'est?
ÉRASTE.
Oui, dis vîte.
LA MONTAGNE.
          Monsieur, attendez, s'il vous plaît.
Je me suis, à courir, presque mis hors d'haleine.
ÉRASTE.
Prends-tu quelque plaisir à me tenir en peine?
LA MONTAGNE.
Puisque vous desirez de savoir promptement
L'ordre que j'ai reçu de cet objet charmant,
Je vous dirai.... Ma foi, sans vous vanter mon zèle,
J'ai fait bien du chemin pour trouver cette belle;
Et si....

LES FACHEUX.

ÉRASTE.

Peste soit, fat, de tes digressions!

LA MONTAGNE.

Ah, il faut modérer un peu ses passions *!
Et Sénèque.....

ÉRASTE.

Sénèque est un sot dans ta bouche,
Puisqu'il ne me dit rien de tout ce qui me touche;
Dis-moi ton ordre, tôt.

LA MONTAGNE.

Pour contenter vos vœux,
Votre Orphise.... Une bête est là dans vos cheveux.

ÉRASTE.

Laisse.

LA MONTAGNE.

Cette beauté de sa part vous fait dire....

ÉRASTE.

Quoi?

LA MONTAGNE.

Devinez.

ÉRASTE.

Sais-tu que je ne veux pas rire.

LA MONTAGNE.

Son ordre est qu'en ce lieu vous devez vous tenir,
Assuré que dans peu vous l'y verrez venir,
Lorsqu'elle aura quitté quelques provinciales,
Aux personnes de cour fâcheuses animales **.

ÉRASTE.

Tenons-nous donc au lieu qu'elle a voulu choisir.
Mais, puisque l'ordre ici m'offre quelque loisir,
Laisse-moi méditer.

---

* *Ah, il faut modérer*, etc. Il y a peu d'exemples de cette négligence chez Molière. Il l'eût aisément évitée, en disant, *Il faut bien modérer*, etc.

** *Animales*, ne se dit pas au féminin.

ACTE II. SCÈNE IV.

(*La Montagne sort.*)
J'ai dessein de lui faire *
Quelques vers, sur un air où * je la vois se plaire.
(*Il rêve.*)

SCÈNE IV.

ORANTE, CLIMÈNE, ÉRASTE *dans un coin du théâtre sans être aperçu.*

ORANTE.

Tout le monde sera de mon opinion.

CLIMÈNE.

Croyez-vous l'emporter par obstination ?

ORANTE.

Je pense mes raisons meilleures que les vôtres **.

CLIMÈNE.

Je voudrois qu'on ouït les unes et les autres.

ORANTE *apercevant Éraste.*

J'avise un homme ici qui n'est pas ignorant :
Il pourra nous juger sur notre différend.
Marquis, de grace, un mot, souffrez qu'on vous appelle,
Pour être entre nous deux juge d'une querelle,
D'un débat qu'ont ému nos divers sentimens
Sur ce qui peut marquer les plus parfaits amans.

ÉRASTE.

C'est une question à vider difficile,
Et vous devez chercher un juge plus habile.

ORANTE.

Non, vous nous dites-là d'inutiles chansons.
Votre esprit fait du bruit, et nous vous connoissons;
Nous savons que chacun vous donne à juste titre....

ÉRASTE.

Hé, de grace....

---

* *Où je la vois se plaire*, plusieurs ont blâmé cet *où*, pour dire *auquel*.

** *Je pense mes raisons*, ne se diroit guère aujourd'hui.

ORANTE.
En un mot, vous serez notre arbitre,
Et ce sont deux momens qu'il vous faut nous donner.
CLIMÈNE à *Orante*.
Vous retenez ici qui vous doit condamner :
Car enfin, s'il est vrai, ce que que j'en ose croire,
Monsieur à mes raisons donnera la victoire.
ÉRASTE à *part*.
Que ne puis-je à mon traître inspirer le souci
D'inventer quelque chose à me tirer d'ici !
ORANTE à *Climène*.
Pour moi, de son esprit j'ai trop bon témoignage,
Pour craindre qu'il prononce à mon désavantage.

(*à Éraste*.)

Enfin, ce grand débat qui s'allume entre nous,
Est de savoir s'il faut qu'un amant soit jaloux.
CLIMÈNE.
Ou, pour mieux expliquer ma pensée et la vôtre,
Lequel doit plaire plus d'un jaloux ou d'un autre.
ORANTE.
Pour moi, sans contredit, je suis pour le dernier.
CLIMÈNE.
Et, dans mon sentiment, je tiens pour le premier.
ORANTE.
Je crois que notre cœur doit donner son suffrage,
A qui fait éclater du respect davantage *.
CLIMÈNE.
Et moi, que si nos vœux doivent paroître au jour,
C'est pour celui qui fait éclater plus d'amour.
ORANTE.
Oui, mais on voit l'ardeur dont une ame est saisie,
Bien mieux dans les respects que dans la jalousie.
CLIMÈNE.
Et c'est mon sentiment, que qui s'attache à nous,
Nous aime d'autant plus, qu'il se montre jaloux.

* *Du respect davantage*, ne se dit pas.

ACTE II. SCÈNE IV.
ORANTE.
Fi, ne me parlez point, pour être amans, Climène,
De ces gens dont l'amour est fait comme la haine,
Et qui, pour tous respects et toute offre de vœux,
Ne s'appliquent jamais qu'à se rendre fâcheux ;
Dont l'ame, que sans cesse un noir transport anime,
Des moindres actions cherche à nous faire un crime,
En soumet l'innocence à son aveuglement,
Et veut sur un coup-d'œil un éclaircissement :
Qui, de quelque chagrin nous voyant l'apparence,
Se plaignent aussitôt qu'il naît de leur présence ;
Et, lorsque dans nos yeux brille un peu d'enjouement,
Veulent que leurs rivaux en soient le fondement ;
Enfin, qui, prenant droit des fureurs de leur zèle,
Ne nous parlent jamais que pour faire querelle,
Osent défendre à tous l'approche de nos cœurs,
Et se font les tyrans de leurs propres vainqueurs.
Moi, je veux des amans que leur respect inspire,
Et leur soumission marque mieux notre empire.
CLIMÈNE.
Fi, ne me parlez point, pour être vrais amans,
De ces gens qui pour nous n'ont nuls emportemens
De ces tièdes galans, de qui les cœurs paisibles
Tiennent déja pour eux les choses infaillibles ;
N'ont point peur de nous perdre, et laissent chaque jour,
Sur trop de confiance, endormir leur amour ;
Sont avec leurs rivaux en bonne intelligence,
Et laissent un champ libre à leur persévérance.
Un amour si tranquille excite mon courroux ;
C'est aimer froidement que n'être point jaloux ;
Et je veux qu'un amant, pour me prouver sa flamme,
Sur d'éternels soupçons laisse flotter son ame,
Et, par de prompts transports, donne un signe éclatant
De l'estime qu'il fait de celle qu'il prétend **.

* *Nuls emportemens*, nul n'a point de pluriel.

** *De celle qu'il prétend*, a paru mauvais.

On s'applaudit alors de son inquiétude ;
Et s'il nous fait par fois un traitement trop rude,
Le plaisir de le voir soumis à nos genoux
S'excuser de l'éclat qu'il a fait contre nous,
Ses pleurs, son désespoir d'avoir pu nous déplaire,
Sont un charme à calmer toute notre colère.

ORANTE.

Si, pour vous plaire, il faut beaucoup d'emportement,
Je sais qui vous pourroit donner contentement ;
Et je connois des gens dans Paris plus de quatre,
Qui, comme ils le font voir, aiment jusques à battre.

CLIMÈNE.

Si, pour vous plaire, il faut n'être jamais jaloux,
Je sais certaines gens fort commodes pour vous ;
Des hommes en amour d'une humeur si souffrante,
Qu'ils vous verroient sans peine entre les bras de trente.

ORANTE.

Enfin, par votre arrêt, vous devez déclarer
Celui de qui l'amour vous semble à préférer.

(*Orphise paroît dans le fond du théâtre, et voit Éraste entre Orante et Climène.*

ÉRASTE.

Puisqu'à moins d'un arrêt je ne m'en puis défaire,
Toutes deux à la fois je veux vous satisfaire ;
Et pour ne point blâmer ce qui plaît à vos yeux,
Le jaloux aime plus, et l'autre aime bien mieux.

CLIMÈNE.

L'arrêt est plein d'esprit ; mais....

ÉRASTE.

Suffit. J'en suis quitte.
Après ce que j'ai dit, souffrez que je vous quitte.

SCÈNE V.

ORPHISE, ÉRASTE.

ÉRASTE *apercevant Orphise, et allant au-devant d'elle.*

Que vous tardez, madame, et que j'éprouve bien....

ACTE II. SCÈNE VII.

ORPHISE.

Non, non, ne quittez pas un si doux entretien.
A tort vous m'accusez d'être trop tard venue.
(*Montrant Orante et Climène qui viennent de sortir.*).
Et vous avez de quoi vous passer de ma vue.

ÉRASTE.

Sans sujet contre moi voulez-vous vous aigrir,
Et me reprochez-vous ce qu'on me fait souffrir ?
Ah, de grace, attendez !

ORPHISE.

Laissez-moi, je vous prie,
Et courez vous rejoindre à votre compagnie.

SCÈNE VI.

ÉRASTE *seul*.

Ciel, faut-il qu'aujourd'hui fâcheuses et fâcheux
Conspirent à troubler les plus chers de mes vœux !
Mais allons sur ses pas malgré sa résistance,
Et faisons à ses yeux briller notre innocence.

SCÈNE VII.

DORANTE, ÉRASTE.

DORANTE.

Ah, marquis, que l'on voit de fâcheux tous les jours
Venir de nos plaisirs interrompre le cours !
Tu me vois enragé d'une assez belle chasse
Qu'un fat.... C'est un récit qu'il faut que je te fasse.

ÉRASTE.

Je cherche ici quelqu'un, et ne puis m'arrêter.

DORANTE.

Parbleu, chemin faisant, je te le veux conter.
Nous étions une troupe assez bien assortie,
Qui, pour courir un cerf, avions hier fait partie ;
Et nous fûmes coucher sur le pays exprès,
C'est-à-dire, mon cher, en fin fond de forêts.

Comme cet exercice est mon plaisir suprême,
Je voulus, pour bien faire, aller au bois moi-même,
Et nous conclûmes tous d'attacher nos efforts
Sur un cerf, qu'un chacun nous disoit cerf dix-cors;
Mais moi, mon jugement, sans qu'aux marques j'arrête *,
Fut qu'il n'étoit que cerf à sa seconde tête.
Nous avions, comme il faut, séparé nos relais,
Et déjeûnions en hâte, avec quelques œufs frais,
Lorsqu'un franc campagnard avec longue rapière,
Montant superbement sa jument poulinière,
Qu'il honoroit du nom de sa bonne jument,
S'en est venu nous faire un mauvais compliment,
Nous présentant aussi, pour surcroît de colère **,
Un grand benêt de fils aussi sot que son père.
Il s'est dit grand chasseur, et nous a priés tous,
Qu'il pût avoir le bien de courir avec nous.
Dieu préserve, en chassant, toute sage personne
D'un porteur de huchet, qui mal-à-propos sonne;
De ces gens qui, suivis de dix hourets galeux,
Disent, ma meute, et font les chasseurs merveilleux.
Sa demande reçue, et ses vertus prisées,
Nous avons tous été frapper à nos brisées.
A trois longueurs de trait, tayaut, voilà d'abord
Le cerf donné aux chiens ***. J'appuie, et sonne fort.

* *Sans qu'aux marques j'arrête*, il faudroit *je m'arrête*.

** *Pour surcroît de colère*, a paru mal exprimé.

*** . . . . . *Voilà d'abord*
Le cerf donné aux chiens. . . .

On pardonnera cet hiatus à Molière, lorsqu'on se souviendra que Racine, dans ses *Plaideurs*, s'en est permis deux. Voyez act. 3. sc. 3. *Je suois sang et eau. Tant y a qu'il n'est rien*, etc.

A l'occasion de cet *hiatus*, on voudroit que j'eusse cité aussi celui de La Fontaine, dans la fable du loup plaidant contre le renard devant le singe.

Le juge prétendoit qu'à tort et à travers, etc.

Voyez aussi Scarron, dans sa pièce de vers intitulée *Galanterie*.

L'eau vous en viendra à la bouche.

Mon cerf débuche, et passe une assez longue plaine,
Et mes chiens après lui; mais si bien en haleine,
Qu'on les auroit couverts tous d'un seul juste-au-corps.
Il vient à la forêt. Nous lui donnons alors
La vieille meute, et moi, je prends en diligence
Mon cheval alézan. Tu l'as vu ?
ÉRASTE.
Non, je pense.
DORANTE.
Comment ? C'est un cheval aussi bon qu'il est beau,
Et que, ces jours passés, j'achetai de Gaveau.
Je te laisse à penser, si, sur cette matière,
Il voudroit me tromper, lui qui me considère ;
Aussi je m'en contente ; et jamais, en effet,
Il n'a vendu cheval, ni meilleur, ni mieux fait.
Une tête de barbe, avec l'étoile nette,
L'encolure d'un cigne, effilée, et bien droite ;
Point d'épaules non plus qu'un lièvre, court jointé,
Et qui fait dans son port voir sa vivacité ;
Des pieds, morbleu, des pieds ! Le rein double : à vrai dire,
J'ai trouvé le moyen, moi seul, de le réduire ;
Et sur lui, quoiqu'aux yeux il montrât beau semblant,
Petit Jean de Gaveau ne montoit qu'en tremblant.
Une croupe, en largeur à nulle autre pareille,
Et des gigots, Dieu sait ! Bref, c'est une merveille,
Et j'en ai refusé cent pistoles, crois-moi,
Au retour d'un cheval amené pour le roi.
Je monte donc dessus, et ma joie étoit pleine,
De voir filer de loin les coupeurs dans la plaine ;
Je pousse, et je me trouve en un fort à l'écart,
A la queue de nos chiens * moi seul avec Drécart.

* *A la queue de nos chiens.*

Autre hiatus pardonnable dans des détails de l'espèce de celui-ci, où tous les mots, toutes les tournures sont donnés et ne peuvent admettre d'équivalens.

Cher Ménage et cher du Rinci,
Je suis à Fontenay-aux-Roses, dit Scarron.

Une heure là-dedans notre cerf se fait battre.
J'appuie alors mes chiens, et fais le diable à quatre.
— Enfin jamais chasseur ne se vit plus joyeux.
Je le relance seul, et tout alloit des mieux,
Lorsque d'un jeune cerf s'accompagne le nôtre;
Une part de mes chiens se sépare de l'autre;
Et je les vois, marquis, comme tu peux penser,
Chasser tous avec crainte, et Finaut balancer;
Il se rabat soudain, dont j'eus l'ame ravie,
Il empaume la voie, et moi je sonne et crie,
A Finaut, à Finaut; j'en revois à plaisir
— Sur une taupinière, et résonne à loisir.
Quelques chiens revenoient à moi, quand, pour disgrace,
Le jeune cerf, marquis, à mon campagnard passe.
Mon étourdi se met à sonner comme il faut,
Et crie à pleine voix : tayaut, tayaut, tayaut.
Mes chiens me quittent tous, et vont à ma pécore;
J'y pousse, et j'en revois dans le chemin encore;
Mais à terre, mon cher, je n'eus pas jeté l'œil,
Que je connus le change et sentis un grand deuil *.
J'ai beau lui faire voir toutes les différences,
Des pinces de mon cerf et de ses connoissances,
Il me soutient toujours, en chasseur ignorant,
Que c'est le cerf de meute, et par ce différend
Il donne tems aux chiens d'aller loin. J'en enrage,
Et, pestant de bon cœur contre le personnage,

Corneille avoit dit dans le *Menteur* :

Dans tout le pré-aux-Clers, etc.

On trouve deux hiatus dans ce vers de Virgile,

Ter sunt conati-imponere Pellio-Ossam.

M. Cl.... a observé avec beaucoup de goût que ces deux offenses aux règles de la versification latine sont dans le vers *une licence de toute beauté*, un *chef-d'œuvre d'harmonie imitative*, puisqu'elles peignent les efforts des géants. Nous sommes de bonne foi, nous n'avons pas une excuse aussi heureuse pour le double hiatus de Molière.

* *Et sentis un grand deuil*, ne se dit pas.

Je pousse mon cheval, et par haut et par bas,
Qui plioit des gaulis aussi gros que le bras :
Je ramène les chiens à ma première voie,
Qui vont en me donnant une excessive joie,
Requerir votre cerf, comme s'ils l'eussent vu.
Ils le relancent ; mais, ce coup est-il prévu ?
A te dire le vrai, cher marquis, il m'assomme ;
Notre cerf relancé va passer à notre homme,
Qui, croyant faire un coup de chasseur fort vanté,
D'un pistolet d'arçon qu'il avoit apporté,
Lui donne justement au milieu de la tête,
Et de fort loin me crie : ah, j'ai mis bas la bête !
A-t-on jamais parlé de pistolets, bon Dieu,
Pour courre un cerf ! Pour moi, venant dessus le lieu,
J'ai trouvé l'action tellement hors d'usage,
Que j'ai donné des deux à mon cheval, de rage,
Et m'en suis revenu chez moi toujours courant,
Sans vouloir dire un mot à ce sot ignorant.

ÉRASTE.

Tu ne pouvois mieux faire, et ta prudence est rare :
C'est ainsi des fâcheux qu'il faut qu'on se sépare.
Adieu.

DORANTE.

Quand tu voudras, nous irons quelque part,
Où nous ne craindrons point de chasseur campagnard.

ÉRASTE *seul.*

Fort bien. Je crois qu'enfin je perdrai patience.
Cherchons à m'excuser avecque diligence.

BALLET DU SECOND ACTE.

PREMIÈRE ENTRÉE.

Des joueurs de boule arrêtent Éraste pour mesurer un coup sur lequel ils sont en dispute. Il se défait d'eux avec peine, et leur laisse danser un pas, composé de toutes les postures qui sont ordinaires à ce jeu.

DEUXIÈME ENTRÉE.

De petits frondeurs le viennent interrompre, qui sont chassés ensuite.

TROISIÈME ENTRÉE.

Des savetiers et des savetières, leurs pères, et autres, sont aussi chassés à leur tour.

QUATRIÈME ENTRÉE.

Un jardinier danse seul, et se retire pour faire place au troisième acte.

ACTE III.

SCÈNE I.

ÉRASTE, LA MONTAGNE.

ÉRASTE.

Il est vrai, d'un côté mes soins ont réussi,
Cet adorable objet enfin s'est adouci ;
Mais d'un autre on m'accable, et les astres sévères
Ont contre mon amour redoublé leurs colères *.
Oui, Damis son tuteur, mon plus rude fâcheux,
Tout de nouveau s'oppose au plus doux de mes vœux,
A son aimable nièce a défendu ma vue,
Et veut d'un autre époux la voir demain pourvue.
Orphise toutefois, malgré son désaveu,
Daigne accorder ce soir une grace à mon feu ;
Et j'ai fait consentir l'esprit de cette belle
A souffrir qu'en secret je la visse chez elle.

* *Leurs colères*, ne se dit pas au pluriel.

ACTE III. SCÈNE II.

L'amour aime surtout les secrètes faveurs.
Dans l'obstacle qu'on force il trouve des douceurs ;
Et le moindre entretien de la beauté qu'on aime,
Lorsqu'il est défendu, devient grace suprême.
Je vais au rendez-vous ; c'en est l'heure à-peu-près.
Puis je veux m'y trouver plutôt avant qu'après.

LA MONTAGNE.

Suivrai-je vos pas ?

ÉRASTE.

Non. Je craindrois que peut-être
A quelques yeux suspects tu me fisses connoître.

LA MONTAGNE.

Mais....

ÉRASTE.

Je ne le veux pas.

LA MONTAGNE.

Je dois suivre vos lois ;
Mais au moins si de loin....

ÉRASTE.

Te tairas-tu, vingt fois ?
Et ne veux-tu jamais quitter cette méthode,
De te rendre à toute heure un valet incommode ?

SCÈNE II.

CARITIDÈS, ÉRASTE.

CARITIDÈS *.

Monsieur, le tems répugne ** à l'honneur de vous voir,
Le matin est plus propre à rendre un tel devoir.

---

* C'est cette scène que Molière avoit donnée à faire à son ami Chapelle, en lui en fournissant le canevas, et que ce bel-esprit manqua tout-à-fait au point que Molière, un peu blessé de ne pas le voir s'opposer vivement à l'opinion qui se répandoit sur la communauté de leurs travaux, le menaçoit souvent de faire imprimer l'informe essai qu'il lui avoit apporté.

** *Le tems répugne*, ne se diroit pas aujourd'hui.

Mais de vous rencontrer il n'est pas bien facile,
Car vous dormez toujours, ou vous êtes en ville :
Au moins, messieurs vos gens me l'assurent ainsi ;
Et j'ai, pour vous trouver, pris l'heure que voici.
Encore est-ce un grand heur dont le destin m'honore ;
Car, deux momens plus tard, je vous manquois encore.

ÉRASTE.

Monsieur, souhaitez-vous quelque chose de moi ?

CARITIDÈS.

Je m'acquitte, monsieur, de ce que je vous doi ;
Et vous viens.... Excusez l'audace qui m'inspire,
Si....

ÉRASTE.

Sans tant de façons, qu'avez-vous à me dire ?

CARITIDÈS.

Comme le rang, l'esprit, la générosité,
Que chacun vante en vous....

ÉRASTE.

Oui, je suis fort vanté.
Passons, monsieur.

CARITIDÈS.

Monsieur, c'est une peine extrême
Lorsqu'il faut à quelqu'un se produire soi-même ;
Et toujours près des grands on doit être introduit
Par des gens qui de nous fassent un peu de bruit ;
Dont la bouche écoutée avecque poids débite
Ce qui peut faire voir notre petit mérite.
Pour moi, j'aurois voulu que des gens bien instruits
Vous eussent pu, monsieur, dire ce que je suis.

ÉRASTE.

Je vois assez, monsieur, ce que vous pouvez être,
Et votre seul abord le peut faire connoître.

CARITIDÈS.

Oui, je suis un savant charmé de vos vertus,
Non pas de ces savans dont le nom n'est qu'en *us*,
Il n'est rien si commun * qu'un nom à la latine,

---

* *Rien si commun*, plusieurs auroient voulu *de*.

ACTE III. SCÈNE II.

Ceux qu'on habille en grec ont bien meilleure mine;
Et pour en avoir un qui se termine en *ès*,
Je me fais appeler monsieur Caritidès.

ÉRASTE.

Monsieur Caritidès soit. Qu'avez-vous à dire?

CARITIDÈS.

C'est un placet, monsieur, que je voudrois vous lire?
Et que, dans la posture * où vous met votre emploi,
J'ose vous conjurer de présenter au roi.

ÉRASTE.

Hé, monsieur, vous pouvez le présenter vous-même.

CARITIDÈS.

Il est vrai que le roi fait cette grace extrême ** ;
Mais par ce même excès de ses rares bontés,
Tant de méchans placets, monsieur, sont présentés,
Qu'ils étouffent les bons ; et l'espoir où je fonde ***,
Est qu'on donne le mien, quand le prince est sans monde ****.

* *Dans la posture*, on ne le diroit pas aujourd'hui, quoiqu'on dise encore *en bonne posture* ; mais cette expression est prise proverbialement.

** Il y avoit cinq mois que le cardinal Mazarin étoit mort, et Louis XIV avoit pris les rênes de son empire en homme plus digne de le gouverner qu'on ne l'avoit imaginé jusques-là. Avec quel art Molière le loue ici de cet esprit de justice qui lui fit recevoir, dans les commencemens de son administration, tous les placets que ses sujets avoient à lui présenter! C'étoit encourager ce prince au bien qu'il méditoit, c'étoit s'assurer à lui-même la protection dont sa critique utile devoit avoir besoin.

Rotrou avoit dit noblement dans une de ses plus foibles pièces, que Louis XIV avoit pu voir dans sa jeunesse :

> Si les rois sont des dieux, leur palais est un temple
> Où pour tous il est juste et libre de prier,
> Et dont jamais l'accès ne se doit dénier.
>
> D. Bernard de Cabrère, 1647.

*** *Où je fonde*, il faudroit *où je me fonde*.

**** *Est sans monde*, pour rimer au vers précédent, ne se dit pas.

ÉRASTE.

Hé bien, vous le pouvez, et prendre votre tems*.

CARITIDÈS.

Ah, monsieur, les huissiers sont de terribles gens!
Ils traitent les savans de faquins à nazardes,
Et je n'en puis venir ** qu'à la salle des gardes.
Les mauvais traitemens qu'il me faut endurer ***,
Pour jamais de la cour me feroient retirer,
Si je n'avois conçu l'espérance certaine
Qu'auprès de notre roi vous serez mon Mécène.
Oui, votre crédit m'est un moyen assuré....

ÉRASTE.

Hé bien, donnez-moi donc, je le présenterai.

CARITIDÈS.

Le voici. Mais au moins oyez-en **** la lecture.

ÉRASTE.

Non....

CARITIDÈS.

C'est pour être instruit, monsieur, je vous conjure.

---

* *Vous le pouvez, et prendre votre tems*, il faudroit un verbe qui amenât l'infinitif *prendre*, par exemple, *et vous devez prendre*.

** *Et je n'en puis venir*, le relatif est irrégulier n'ayant pas son co-relatif.

*** L'édition de 1682 nous apprend que dans cette scène deuxième on retranchoit d'abord quatre vers commençant par *Les mauvais traitemens*, etc., et plus bas quatre autres commençant par *Hélas, monsieur, c'est tout*, etc.

Il est aisé de s'apercevoir que cette scène a produit dans la pièce *du Mercure galant* celle des billets d'enterremens.

**** *Oïez*, ce tems du verbe *ouïr* n'est plus d'usage.

ACTE III. SCÈNE II.

PLACET AU ROI.

SIRE,

Votre très-humble, très-obéissant, très-fidèle et très-savant sujet et serviteur, Caritidès, François de nation, Grec de profession, ayant considéré les grands et notables abus qui se commettent aux inscriptions des enseignes des maisons, boutiques, cabarets, jeux de boule, et autres lieux de votre bonne ville de Paris, en ce que certains ignorans, compositeurs desdites inscriptions, renversent, par une barbare, pernicieuse et détestable orthographe, toute sorte de sens et de raison, sans aucun égard d'étymologie, analogie, énergie, ni allégorie quelconque, au grand scandale de la république des lettres et de la nation française, qui se décrie et se déshonore par lesdits abus et fautes grossières envers les étrangers, notamment envers les Allemands, curieux lecteurs et spectateurs desdites inscriptions;

ERASTE.

Ce placet est fort long, et pourroit bien fâcher....

CARITIDÈS.

Ah, monsieur, pas un mot ne s'en peut retrancher.

(*Il continue.*)

Supplie humblement VOTRE MAJESTÉ, *de créer, pour le bien de son état et la gloire de son empire, une charge de contrôleur, intendant, correcteur, réviseur, et restaurateur général desdites inscriptions, et d'icelle honorer le suppliant, tant en considération de son rare et éminent savoir, que des grands et signalés services qu'il a rendus à l'état et à* VOTRE MAJESTÉ, *en faisant l'anagramme de* VOTREDITE MAJESTÉ *en français, latin, grec, hébreu, siriaque, chaldéen, arabe....*

ERASTE *l'interrompant.*

Fort bien. Donnez-le vite, et faites la retraite * ;
Il sera vu du roi ; c'est une affaire faite.

---

* *Et faites la retraite*, on ne doit point mettre d'article quand la phrase signifie *se retirer par extension de la retraite militaire*.

CARITIDÈS.

Hélas! monsieur, c'est tout que montrer mon placet,
Si le roi le peut voir, je suis sûr de mon fait;
Car, comme sa justice en toute chose est grande,
Il ne pourra jamais refuser ma demande.
Au reste, pour porter au ciel votre renom,
Donnez-moi par écrit votre nom et surnom,
J'en veux faire un poëme en forme d'acrostiche,
Dans les deux bouts du vers et dans chaque hémistiche.

ÉRASTE.

Oui, vous l'aurez demain, monsieur Caritidès.

(seul.)

Ma foi, de tels savans sont des ânes bien faits.
J'aurois dans d'autres tems bien ri de sa sottise.

SCÈNE III.

ORMIN, ÉRASTE.

ORMIN *.

Bien qu'une grande affaire en ce lieu me conduise,
J'ai voulu qu'il sortît avant que vous parler **.

ÉRASTE.

Fort bien. Mais dépêchons; car je veux m'en aller.

ORMIN.

Je me doute à-peu-près que l'homme qui vous quitte
Vous a fort ennuyé, monsieur, par sa visite.
C'est un vieux importun, qui n'a pas l'esprit sain,
Et pour qui j'ai toujours quelque défaite en main,
Au mail, au luxembourg et dans les tuileries,

---

* Molière, par le moyen du nouveau caractère d'*Ormin*, amène avec adresse sur la scène M. Fouquet lui-même, et l'à-propos *de ces sots projets, de ces chimères vaines*, dont les Surintendans ont les oreilles pleines, dut faire un grand plaisir au Surintendant qui, par une fête superbe qu'il donnoit à son maître, aspiroit à remplacer auprès de lui le ministre qu'il avoit perdu.

** *J'ai voulu qu'il sortît avant que vous parler*, il y a ici équivoque grammaticale.

ACTE III. SCÈNE III.

Il fatigue le monde avec ses rêveries.
Et des gens comme vous doivent fuir l'entretien
De tous ces savantas * qui ne sont bons à rien.
Pour moi, je ne crains pas que je vous importune **,
Puisque je viens, monsieur, faire votre fortune.

ÉRASTE *bas à part.*

Voici quelque souffleur, de ces gens qui n'ont rien,
Et nous viennent toujours promettre tant de bien.

(haut.)

Vous avez fait, monsieur, cette bénite pierre
Qui peut seule enrichir tous les rois de la terre ?

ORMIN.

La plaisante pensée, hélas, où vous voilà !
Dieu me garde, monsieur, d'être de ces fous-là !
Je ne me repais point de visions frivoles,
Et je vous porte ici les solides paroles
D'un avis que par vous je veux donner au roi,
Et que tout cacheté je conserve sur moi.
Non de ces sots projets, de ces chimères vaines,
Dont les surintendans ont les oreilles pleines :
Non de ces gueux d'avis dont les prétentions
Ne parlent que de vingt ou trente millions ;
Mais un, qui, tous les ans, à si peu qu'on le monte,
En peut donner au roi quatre cents de bon compte,
Avec facilité, sans risque, ni soupçon,
Et sans fouler le peuple en aucune façon ;
Enfin c'est un avis d'un gain inconcevable,
Et que du premier mot on trouvera faisable.
Oui, pourvu que par vous je puisse être poussé..

ÉRASTE.

Soit ; nous en parlerons ; je suis un peu pressé.

ORMIN.

Si vous me promettiez de garder le silence,
Je vous découvrirois cet avis d'importance.

---

* *Savantas*, on dit *savantasse*.

** *Je ne crains pas que je vous importune*, il faudroit l'infinitif après la première personne.

ÉRASTE.

Non, non, je ne veux point savoir votre secret.

ORMIN.

Monsieur, pour le trahir, je vous crois trop discret.
Et veux avec franchise en deux mots vous l'apprendre.
Il faut voir si quelqu'un ne peut point nous entendre.

(*Après avoir regardé si personne ne l'écoute, il s'approche de l'oreille d'Éraste.*)

Cet avis merveilleux dont je suis l'inventeur,
Est que....

ÉRASTE.

D'un peu plus loin, et pour cause, monsieur.

ORMIN.

Vous voyez le grand gain, sans qu'il faille le dire,
Que de ses ports de mer le roi tous les ans tire.
Or l'avis, dont encor nul ne s'est avisé,
Est qu'il faut de la France, et c'est un coup aisé,
En fameux ports de mer mettre toutes les côtes.
Ce seroit pour monter à des sommes très-hautes,
Et si....

ÉRASTE.

L'avis est bon, et plaira fort au roi.
Adieu. Nous nous verrons.

ORMIN.

Au moins appuyez-moi
Pour en avoir ouvert les premières paroles.

ÉRASTE.

Oui, oui.

ORMIN.

Si vous vouliez me prêter deux pistoles,
Que vous reprendriez sur le droit de l'avis,
Monsieur....

ÉRASTE.

(*Il donne deux louis à Ormin.*)   (*seul.*)

Oui, volontiers. Plût à Dieu qu'à ce prix
De tous les importuns je pusse me voir quitte!
Voyez quel contre-tems prend ici leur visite.

Je pense qu'à la fin je pourrois bien sortir.
Viendra-t-il point quelqu'un encor me divertir * ?

SCÈNE IV.

FILINTE, ÉRASTE.

FILINTE **.

Marquis, je viens d'apprendre une étrange nouvelle.

ÉRASTE.

Quoi?

FILINTE.

Qu'un homme tantôt t'a fait une querelle.

ÉRASTE.

A moi?

FILINTE.

Que te sert-il de le dissimuler ?
Je sais de bonne part qu'on t'a fait appeler ;
Et, comme ton ami, quoi qu'il en réussisse ***,
Je te viens contre tous faire offre de service.

ÉRASTE.

Je te suis obligé ; mais crois que tu me fais....

FILINTE.

Tu ne l'avoueras pas ; mais tu sors sans valets.

---

* *Divertir*, pour *détourner*, est vieux.

** Molière revient encore ici au plus grand des défauts qui, de son tems, blessoient la société. L'édit de Henri IV, en 1602, contre les duels, celui de Louis XIII, en 1613, dans lequel il avoit protesté qu'il ne feroit aucune grace, celui de la minorité de Louis XIV, en 1643, n'avoient pu modérer la férocité de s'égorger pour des intérêts très-légers, et même pour ceux d'un autre : Molière essaya ici l'empire du ridicule contre cette barbarie, qu'on appelle courage et bravoure, par le plus grand abus des mots. Il nous semble qu'on se bat moins pour la querelle d'autrui.

*** *Quoi qu'il en réussisse*, est vieux, pour dire *quoi qu'il en arrive*.

Demeure dans la ville, ou gagne la campagne,
Tu n'iras nulle part que je ne t'accompagne.
ÉRASTE.
Ah, j'enrage!
FILINTE.
A quoi bon de te cacher * de moi?
ÉRASTE.
Je te jure, marquis, qu'on s'est moqué de toi.
FILINTE.
En vain tu t'en défends.
ÉRASTE.
Que le ciel me foudroie,
Si d'aucun démêlé....
FILINTE.
Tu penses qu'on te croie?
ÉRASTE.
Hé, mon Dieu, je te dis, et ne déguise point
Que !...
FILINTE.
Ne me crois pas dupe, et crédule à ce point.
ÉRASTE.
Veux-tu m'obliger?
FILINTE.
Non.
ÉRASTE.
Laisse-moi, je te prie.
FILINTE.
Point d'affaire, marquis.
ÉRASTE.
Une galanterie.
En certain lieu, ce soir....
FILINTE.
Je ne te quitte pas.
En quel lieu que ce soit **, je veux suivre tes pas.

* *A quoi bon de te cacher, de est de trop.*

** *En quel lieu que ce soit, il faut en quelque lieu.*

ACTE III. SCÈNE V.

ÉRASTE.

Parbleu, puisque tu veux que j'aye une querelle,
Je consens à l'avoir pour contenter ton zèle ;
Ce sera contre toi, qui me fais enrager,
Et dont je ne me puis par douceur dégager.

FILINTE.

C'est fort mal d'un ami recevoir le service :
Mais puisque je vous rends un si mauvais office,
Adieu. Videz sans moi tout ce que vous aurez *.

ÉRASTE.

Vous serez mon ami quand vous me quitterez.

(seul.)

Mais voyez quels malheurs suivent ma destinée !
Ils m'auront fait passer l'heure qu'on m'a donnée.

SCÈNE V.

DAMIS, L'ÉPINE, ÉRASTE, LA RIVIÈRE
et ses compagnons.

DAMIS à part.

Quoi, malgré moi le traître espère l'obtenir ?
Ah, mon juste courroux le saura prévenir !

ÉRASTE à part.

J'entrevois là quelqu'un sur la porte d'Orphise.
Quoi, toujours quelque obstacle aux feux qu'elle autorise ?

DAMIS à l'Épine.

Oui, j'ai su que ma nièce, en dépit de mes soins,
Doit voir ce soir chez elle Éraste sans témoins.

LA RIVIÈRE à ses compagnons.

Qu'entends-je à ces gens-là dire de notre maître ?
Approchons doucement, sans nous faire connoître.

DAMIS à l'Épine.

Mais avant qu'il ait lieu d'achever son dessein,
Il faut de mille coups percer son traître sein.
Va-t-en faire venir ceux que je viens de dire,

---

* *Tout ce que vous aurez*, ne signifie pas *toutes les querelles que vous aurez.*

Pour les mettre en embûche * aux lieux que je desire,
Afin qu'au nom d'Éraste on soit prêt à venger
Mon honneur que ses feux ont l'orgueil d'outrager,
A rompre un rendez-vous qui dans ce lieu l'appelle,
Et noyer dans son sang sa flamme criminelle.

LA RIVIÈRE *attaquant Damis avec ses compagnons.*
Avant qu'à tes fureurs on puisse l'immoler
Traître, tu trouveras en nous à qui parler.

ÉRASTE.
Bien qu'il m'ait voulu perdre, un point d'honneur me presse
De secourir ici l'oncle de ma maîtresse,
(à Damis.)
Je suis à vous, monsieur.
(*Il met l'épée à la main contre la Rivière et ses compagnons,
qu'il met en fuite.*)

DAMIS.
O ciel ! par quel secours,
D'un trépas assuré, vois-je sauver mes jours ?
A qui suis-je obligé d'un si rare service ?

ÉRASTE *revenant.*
Je n'ai fait, vous servant **, qu'un acte de justice.

DAMIS.
Ciel, puis-je à mon oreille ajouter quelque foi ?
Est-ce la main d'Éraste ?...

ÉRASTE.
Oui, oui, monsieur, c'est moi,
Trop heureux que ma main vous ait tiré de peine,
Trop malheureux d'avoir mérité votre haine.

DAMIS.
Quoi ! celui dont j'avois résolu le trépas,
Est celui qui pour moi vient d'employer son bras ?
Ah ! c'en est trop ; mon cœur est contraint de se rendre,
Et quoi que votre amour ce soir ait pu prétendre,
Ce trait si surprenant de générosité
Doit étouffer en moi toute animosité.

* *En embûche*, ne peut pas se dire pour *en embuscade*.

** *Vous servant*, il faudroit *en*, puisqu'il est gérondif.

ACTE III. SCÈNE VI.

Je rougis de ma faute, et blâme mon caprice.
Ma haine trop long-tems vous a fait injustice;
Et, pour la condamner par un éclat fameux *,
Je vous joins dès ce soir à l'objet de vos vœux.

SCÈNE VI.

ORPHISE, DAMIS, ÉRASTE.

ORPHISE *sortant de chez elle avec un flambeau.*

Monsieur, quelle aventure a d'un trouble effroyable....

DAMIS.

Ma nièce, elle n'a rien que de très-agréable,
Puisqu'après tant de vœux que j'ai blâmés en vous,
C'est elle qui vous donne Éraste pour époux.
Son bras a repoussé le trépas que j'évite,
Et je veux envers lui que votre main m'acquitte.

ORPHISE.

Si c'est pour lui payer ce que vous lui devez,
J'y consens, devant tout aux jours qu'il a sauvés **.

ERASTE.

Mon cœur est si surpris d'une telle merveille,
Qu'en ce ravissement je doute si je veille.

DAMIS.

Célébrons l'heureux sort dont vous allez jouir,
Et que nos violons viennent nous réjouir.

(*On frappe à la porte de Damis.*)

ERASTE.

Qui frappe là si fort ?

* *Par un éclat fameux,* plusieurs ont trouvé *fameux* impropre.

** *Devant tout aux jours qu'il a sauvés,* pour dire *à celui dont il a sauvé les jours,* a paru un tour forcé.

LES FACHEUX.

SCÈNE VII ET DERNIÈRE.

DAMIS, ORPHISE, ÉRASTE, L'ÉPINE.

L'ÉPINE.

Monsieur, ce sont des masques,
Qui portent des crins-crins *, et des tambours de basques.
(*Les masques entrent qui occupent toute la place.*)

ERASTE.

Quoi, toujours des fâcheux ? Holà, Suisses, ici.
Qu'on me fasse sortir ces gredins que voici.

BALLET DU TROISIÈME ACTE.

PREMIÈRE ENTRÉE.

Des Suisses avec des hallebardes chassent tous les masques fâcheux, et se retirent ensuite pour laisser danser.

DERNIÈRE ENTRÉE.

Quatre bergers et une bergère ferment le divertissement.

---

* *Qui portent des crins-crins*, etc.

Nous dirons ici, en faveur des seuls étrangers, que ce mot ne se trouve point dans les Dictionnaires de la langue. Ménage, dans ses étymologies, le rapporte en citant le vers de Molière. Il dit que c'est une onomatopée, c'est-à-dire, un son imitatif de la chose dont on parle.

On a déja remarqué dans l'avertissement, que la précipitation avec laquelle cette comédie fut faite, avoit rendu Molière peu difficile sur le dénouement. Il créa toujours et jamais il ne corrigea.

FIN.

L'ÉCOLE

DES FEMMES,

COMÉDIE EN CINQ ACTES.

AVERTISSEMENT

DE L'ÉDITEUR

SUR

L'ÉCOLE DES FEMMES.

Cette Comédie en vers et en cinq actes fut représentée à Paris sur le théâtre du Palais-Royal, le 26 décembre 1662.

On disoit de la *satire des Femmes* de Despréaux, dont le Libraire avoit tiré plus de deux mille écus, qu'elle avoit encore eu moins d'acheteurs que de censeurs. Il en fut presque de même de l'*Ecole des Femmes*.

Le public y courut en foule, mais les critiques abondoient de tous côtés. Les prudes, les précieuses, les petits marquis, les auteurs, les époux mécontens, peuple immense à Paris ; Molière les vit tous s'élever contre lui.

Le *corbillon*, la *tarte à la crême*, le *petit chat mort*, les *enfans par l'oreille*, le *potage*, et cet obscène *le* qui se termine par le ruban pris à

Agnès, tout cela fut tourné de cent façons, répété mille fois, hué, chansonné, brocardé, et tout cela n'empêcha pas que la comédie n'eût le plus grand succès à la ville et à la cour.

Il ne falloit pas moins que ce chef-d'œuvre du Plaute français, pour tirer tous les esprits de la frénétique et puérile admiration dans laquelle ils étoient tombés depuis près d'un an, pour un nouveau *Scaramouche* arrivé d'Italie, et qui leur rendoit très-piquant un mélange informe et bizarre de scènes italiennes et françaises non écrites, et telles qu'on a le courage d'en offrir encore de nos jours.

Le but moral de l'*Ecole des Femmes* est évidemment d'effrayer ces hommes injustes et insoutenables qui, dans un âge peu fait pour l'amour, avec des dehors repoussans, avec une humeur sévère et rebutante, osent vouloir s'asservir et la jeunesse, et l'innocence et la beauté. La sottise du personnage dont ils se chargent, l'inutile singularité des précautions qu'ils croient devoir employer, la facilité avec laquelle ils deviennent les dupes de leurs propres machines, tout cela est si commun dans le cours ordinaire des choses, et si digne de la risée publique, que Molière ne pouvoit choisir un sujet plus heureux.

Qu'importe que *Straparole*, *Bocace*, *d'Ouville*, ou *Scarron*, aient fourni à Molière quelques idées pour la construction de sa fable. Ne seroit-il permis qu'aux seuls auteurs tragiques de s'emparer de tout ce qui peut embellir leurs ouvrages, et de se faire honneur de mettre à contribution tous les auteurs et tous les faits?

Le reproche qu'on faisoit à Molière, et qui paroissoit le mieux fondé, c'est que, toute son intrigue ne comportant que des récits d'Horace à Arnolphe, et d'Agnès à M. de la Souche, elle étoit vide d'action. Mais si ces récits, toujours intéressans de part et d'autre, occupoient toujours le spectateur et le conduisoient au dénouement avec le plaisir le plus vif, que pourroit faire de plus ce qu'on appelle action? Le développement successif du caractère original et naïf de l'innocente agnès (1). La confiance légère mais aimable d'Horace, les étonnemens d'Arnolphe, toujours averti, et ses efforts toujours vains pour se conserver sa proie qui lui échappe enfin dans une catastrophe dont les incidens sont suffisamment ménagés et prévus, et où il ne faut que le retranchement aisé de quelques vers pour la rendre parfaite : tout cela, dis-je, n'équivaut-il pas au mouvement théâtral le plus vif? L'étonnante rapidité des quatre premiers actes des *Horaces*, a-t-elle un autre fondement que des récits?

Un particulier, encore inconnu dans les lettres, osa presque lui seul opposer une digue au torrent des mauvaises critiques qu'on faisoit de l'*École des Femmes*. Son ouvrage, qui a pour

---

(1) La demoiselle *Debrie*, ayant cédé son rôle d'agnès à une jeune actrice, fut obligée de le reprendre, quoiqu'elle eût 60 ans.

titre la *Guerre Comique*, répond assez sagement à toutes les objections que répandoient l'ignorance et l'envie. Voici ce qu'il dit, pages 28 et 29, sur le défaut d'action tant reproché.

Quand un auteur ne peut pas rendre un incident plus agréable aux yeux du spectateur qu'à son imagination, il faut en faire le récit. Les incidens de cette comédie seroient ridicules sur le théâtre; mais on est charmé de les apprendre de la bouche d'Horace, et de voir l'inquiétude où il met le sieur de la Souche. Pourriez-vous souffrir qu'on fît paroître l'armoire? Cette nouveauté produiroit un plaisant effet! Arnolphe se promeneroit à grands pas, il frapperoit sur la table, on entendroit crier le petit chien, et on admireroit sans doute le débris des vases d'agnès. L'escalade nocturne seroit encore une bonne chose : on riroit assurément lorsqu'Allain et Georgette assommeroient une échelle à coups de bâton, etc.

On a copié ce morceau du sieur *la Croix*, parce qu'il frappe aussi sur notre goût moderne pour la représentation extérieure et puérile de certains détails qui n'auroient point amusé nos pères dans les spectacles qu'ils honoroient de leur estime, et qui (pour nous servir des expressions de M. de Chamford,) renouvellera parmi nous ce qu'on a vu chez les Romains, *la comédie changée en simple pantomime, dont il ne restera rien à la postérité que le nom des acteurs qui, par leurs talens, auront caché la misère et la nullité des poëtes*.

SUR L'ÉCOLE DES FEMMES.

Molière n'ignoroit pas toutes les criailleries des comédiens de l'hôtel de Bourgogne, parmi lesquels il y avoit de petits auteurs; il savoit que des gens plus considérables n'avoient pas rougi de se montrer à la tête de tous les ennemis de son ouvrage.

On sait que le comte *du Broussin*, pour plaire au commandeur *de Souvré*, un des principaux chefs de la cabale, sortit un jour avec éclat au deuxième acte de la pièce, en disant tout haut qu'il ne concevoit pas comment on pouvoit avoir la patience d'aller jusqu'au bout. C'est d'après ce fait que Despréaux, quoique ami du comte et du commandeur, fit ces deux vers dans son épître septième à Racine:

Le commandeur vouloit la scène plus exacte,
Le vicomte indigné sortoit au second acte.

Un homme plus singulier alla plus loin encore, et se donna plusieurs fois en spectacle aux représentations de l'*Ecole des Femmes*; cet original, qui se nommoit *Plapisson*, et que la tradition de ce tems-là traite de grand philosophe, quoiqu'il n'en ait laissé aucune preuve, haussoit hardiment les épaules à chaque éclat de rire du parterre, et le regardant quelquefois en pitié et quelquefois même avec dépit, lui disoit tout haut: *ris donc, parterre, ris donc*. Molière, dans l'excellente défense qu'il fit de sa pièce, ne se vengea du philosophe qu'en éternisant sa sottise (1).

(1) Voyez la scène sixième de *la Critique de l'Ecole des Femmes*, où les propres mots du prétendu philosophe *Plapisson* sont rapportés.

Que ce génie sublime de la scène française se soit vu dans sa marche entouré de clabaudeurs subalternes, qui cherchoient à le détourner du chemin de la gloire où il alloit à si grands pas, c'est l'effort ordinaire de l'envie contre les grands hommes qui vivent encore; mais que, près d'un siècle après sa mort, Molière ait encore trouvé des philosophes déclarés contre lui, c'est ce qu'on ne concevroit pas aisément; si l'on ne réfléchissoit qu'avec de grandes lumières on peut quelquefois manquer de cette espèce de goût nécessaire pour bien juger de l'art dramatique.

M. Diderot, à qui l'on ne peut refuser infiniment d'esprit et de connoissances, s'est permis de dire, en parlant de l'*Ecole des Femmes*:

Un vieillard sottement vain, changera son nom bourgeois d'Arnolphe en celui de M. de la Souche, et cet expédient ingénieux fondera toute l'intrigue et en amenera le dénouement d'une manière simple et inattendue: alors nos Français s'écrieront, à merveille! et ils auront raison. Mais si, sans aucune vraisemblance et cinq ou six fois de suite, on leur montre cet Arnolphe devenu le confident de son rival et la dupe de sa pupille, allant de Valère (1) *à Agnès, ils diront: ce n'est pas un drame que cela, c'est un conte, et si vous n'avez pas tout l'esprit, toute la gaîté, tout le génie de Molière, ils vous accuseront d'avoir manqué d'invention, et ils répéteront: c'est un conte à dormir.*

---

(1) C'est *Horace*, et non pas *Valère*, qu'il falloit dire.

Un conte à dormir est, je pense, un conte triste, et il en est trop de cette espèce dans nos drames nouveaux, dont les événemens bizarres et romanesques tiennent peu à la nature ordinaire des choses; mais tous les vrais connoisseurs n'apercevront point de conte à dormir dans l'*Ecole des Femmes*, ils n'y verront qu'un tableau fidèle et charmant de la nature.

Arnolphe, dont les plus grands plaisirs (comme le lui dit Chrysalde) étoient de faire cent éclats des intrigues d'autrui, cherche lui-même à s'attirer la confiance du jeune homme qui d'abord ne pense à faire aucune indiscrétion; mais le vieillard meurt d'envie d'apprendre quelque nouveau conte gaillard qu'il puisse mettre sur ses tablettes : avec quelle satisfaction ne voit-on pas cette démangeaison d'apprendre le mal du prochain, punie dans la personne d'Arnolphe?

Où peut être l'invraisemblance que ce vieillard après cela, courre d'Horace à Agnès, et de celle-ci à Horace pour conduire la première à dégoûter Horace de ses poursuites, et pour apprendre d'Horace quel effet produisent sur lui les obstacles qu'il croit lui opposer ?

Encore un coup Molière n'a point fait de *conte à dormir*. Dès que le changement de nom n'a point choqué, la fable de l'*Ecole des Femmes* est un tissu merveilleux de scènes charmantes qui s'enchaînent nécessairement l'une à l'autre. Molière n'a rien combiné ni de plus théâtral, ni de plus plaisant que cette intrigue; et plût au ciel qu'on pût nous forger encore quelques contes de cette espèce!

Despréaux, dont le jugement sur ces matières est un peu plus sûr que ceux des dissertateurs de notre tems, Despréaux, dis-je, pensoit plus favorablement de cette comédie; et ce fut à son occasion qu'il envoya à l'auteur, le premier jour de l'année 1663, les stances suivantes.

STANCES
SUR L'ÉCOLE DES FEMMES,

A M. MOLIÈRE,

Par M. DESPRÉAUX.

En vain mille jaloux esprits,
Molière, osent, avec mépris,
Censurer un si bel ouvrage.
Ta charmante naïveté
S'en va pour jamais d'âge en âge
Divertir la postérité.

Ta muse avec utilité
Dit plaisamment la vérité,
Chacun profite à ton école ;
Tout en est beau, tout en est bon,
Et ta plus burlesque parole
Est souvent un docte sermon.

Que tu ris agréablement !
Que tu badines savamment !
Celui qui sut vaincre Numance,
Qui mit Carthage sous sa loi,
Jadis sous le nom de Térence,
Sut-il mieux badiner que toi ?

STANCES.

Laisse gronder tes envieux ;
Ils ont beau crier en tous lieux
Que c'est à tort qu'on te révère,
Que tu n'es rien moins que plaisant ;
Si tu savois un peu moins plaire
Tu ne leur déplairois pas tant.

A MADAME.

Madame,

Je suis le plus embarrassé homme du monde, lorsqu'il me faut dédier un livre ; et je me trouve si peu fait au style d'épître dédicatoire, que je ne sais par où sortir de celle-ci. Un autre auteur qui seroit en ma place, trouveroit d'abord cent belles choses à dire de Votre Altesse Royale, sur ce titre de l'Ecole des Femmes, et l'offre qu'il vous en feroit. Mais pour moi, Madame, je vous avoue mon foible. Je ne sais point cet art de trouver des rapports entre des choses si peu proportionnées ; et quelque belles lumières que mes confrères les auteurs me donnent tous les jours sur de pareils sujets, je ne vois point ce que Votre Altesse Royale pourroit avoir à démêler avec la comédie que je lui présente. On n'est pas en peine, sans doute, comme il faut faire pour vous louer. La matière, Madame, ne saute que trop aux yeux ; et, de quelque côté qu'on vous regarde, on rencontre gloire sur gloire, et qualités sur qualités. Vous en avez, Madame, du côté du rang et de la naissance, qui vous font respecter de toute la terre. Vous en avez du côté des graces, et de l'esprit et du corps, qui vous font admirer de toutes les personnes qui vous voient. Vous en avez du côté de l'ame qui, si l'on ose parler ainsi, vous font aimer de tous ceux qui ont l'honneur d'approcher de vous. Je veux dire cette douceur pleine de charmes, dont vous daignez tempérer la fierté des grands titres que vous portez ; cette bonté toute obligeante, cette affabilité généreuse que vous faites paroître pour tout le monde. Et ce sont particulièrement ces dernières pour qui je suis, et dont je sens fort bien que je ne me pourrai taire quelque jour. Mais encore une fois, MADAME, je ne sais point le biais de faire entrer ici des vérités si éclatantes ; et ce sont choses, à mon avis, et d'une trop vaste étendue, et d'un mérite trop relevé, pour les vouloir renfermer dans une épître, et les mêler avec des bagatelles. Tout bien considéré, MADAME, je ne vois rien à faire ici pour moi, que de vous dédier simplement ma comédie, et de vous assurer avec tout le respect qu'il m'est possible, que je suis,

MADAME,

DE VOTRE ALTESSE ROYALE,

Le très-humble, très-obéissant, et très-obligé serviteur,

MOLIÈRE.

PRÉFACE.

Bien des gens ont frondé d'abord cette comédie, mais les rieurs ont été pour elle ; et tout le mal qu'on en a pu dire, n'a pu faire qu'elle n'ait eu un succès dont je me contente. Je sais qu'on attend de moi dans cette impression quelque préface qui réponde aux censeurs, et rende raison de mon ouvrage : et sans doute que je suis assez redevable à toutes les personnes qui lui ont donné leur approbation, pour me croire obligé de défendre leur jugement contre celui des autres ; mais il se trouve qu'une grande partie des choses que j'aurois à dire sur ce sujet, est déjà dans une dissertation que j'ai faite en dialogue, et dont je ne sais encore ce que je ferai. L'idée de ce dialogue, ou, si l'on veut, de cette petite comédie, me vint après les deux ou trois premières représentations de ma pièce. Je la dis, cette idée, dans une maison où je me trouvai un soir ; et d'abord une personne de qualité, dont l'esprit est assez connu dans le monde, et qui me fait l'honneur de m'aimer, trouva le projet assez à son gré, non-seulement pour me solliciter d'y mettre la main, mais encore pour l'y mettre lui-même ; et je fus étonné que deux jours après il me montra toute l'affaire exécutée, d'une manière, à la vérité, beaucoup plus galante et plus spirituelle que je ne puis faire, mais où je trouvai des choses trop avantageuses pour moi ; et

PRÉFACE.

J'eus peur que si je produisois cet ouvrage sur notre théâtre, on ne m'accusât d'avoir mendié les louanges qu'on m'y donnoit. Cependant cela m'empêcha, par quelque considération, d'achever ce que j'avois commencé. Mais tant de gens me pressent tous les jours de le faire, que je ne sais ce qui en sera ; et cette incertitude est cause que je ne mets point dans cette préface ce qu'on verra dans la critique, en cas que je me résolve à la faire paroître. S'il faut que cela soit, je le dis encore, ce sera seulement pour venger le public du chagrin délicat de certaines gens ; car pour moi je m'en tiens assez vengé par la réussite de ma comédie ; et je souhaite que toutes celles que je pourrai faire, soient traitées par eux comme celle ci, pourvu que le reste soit de même.

ACTEURS.

ARNOLPHE, ou LA SOUCHE.
AGNÈS, fille d'Enrique.
HORACE, amant d'Agnès, fils d'Oronte.
CHRISALDE, ami d'Arnolphe.
ENRIQUE, beau-frère de Chrisalde, et père d'Agnès.
ORONTE, père d'Horace, et ami d'Arnolphe.
ALAIN, paysan, valet d'Arnolphe.
GEORGETTE, paysanne, servante d'Arnolphe.
UN NOTAIRE.

La scène est à Paris, dans une place d'un faubourg.

L'ÉCOLE DES FEMMES.

ACTE PREMIER.

SCÈNE I.

CHRISALDE, ARNOLPHE.

CHRISALDE.

Vous venez, dites-vous, pour lui donner la main ?
ARNOLPHE.
Oui. Je veux terminer la chose dans demain.
CHRISALDE.
Nous sommes ici seuls, et l'on peut, ce me semble,
Sans craindre d'être ouïs, y discourir ensemble.
Voulez-vous qu'en ami je vous ouvre mon cœur ?
Votre dessein, pour vous me fait trembler de peur ;
Et de quelque façon que vous tourniez l'affaire,
Prendre femme est à vous un coup bien téméraire.
ARNOLPHE.
Il est vrai, notre ami. Peut-être que, chez vous,
Vous trouvez des sujets de craindre pour chez nous ;
Et votre front, je crois, veut que du mariage
Les cornes soient partout l'infaillible apanage.
CHRISALDE.
Ce sont coups du hasard, dont on n'est point garant ;
Et bien sot, ce me semble, est le soin qu'on en prend.
Mais quand je crains pour vous, c'est cette raillerie

Dont cent pauvres maris ont souffert la furie :
Car enfin vous savez qu'il n'est grands ni petits,
Que de votre critique on ait vus garantis ;
Que vos plus grands plaisirs sont, partout où vous êtes,
De faire cent éclats des intrigues secrètes....

ARNOLPHE.

Fort bien. Est-il au monde une autre ville aussi,
Où l'on ait des maris si patiens qu'ici ?
Est-ce qu'on n'en voit pas de toutes les espèces,
Qui sont accommodés chez eux de toutes pièces ?
L'un amasse du bien dont sa femme fait part
A ceux qui prennent soin de le faire cornard ;
L'autre un peu plus heureux, mais non pas moins infâme,
Voit faire tous les jours des présens à sa femme,
Et d'aucun soin jaloux n'a l'esprit combattu,
Parce qu'elle lui dit que c'est pour sa vertu.
L'un fait beaucoup de bruit qui ne lui sert de guères ;
L'autre, en toute douceur laisse aller les affaires,
Et, voyant arriver chez lui le damoiseau,
Prend fort honnêtement ses gants et son manteau.
L'une, de son galant, en adroite femelle,
Fait fausse confidence à son époux fidèle,
Qui dort en sûreté sur un pareil appas,
Et le plaint, ce galant, des soins qu'il ne perd pas ;
L'autre, pour se purger de sa magnificence,
Dit qu'elle gagne au jeu l'argent qu'elle dépense ;
Et le mari benêt, sans songer à quel jeu,
Sur les gains qu'elle fait rend des graces à Dieu.
Enfin ce sont partout des sujets de satire :
Et comme spectateur, ne puis-je pas en rire ?
Puis-je pas de nos sots....

CHRISALDE.

Oui : mais qui rit d'autrui,
Doit craindre qu'en revanche on rie * aussi de lui.
J'entends parler le monde, et des gens se délassent
A venir débiter les choses qui se passent ;

* *Qu'on rie*, l'exactitude demanderoit *qu'on ne rît*.

Mais, quoi que l'on divulgue aux endroits où je suis,
Jamais on ne m'a vu triompher de ces bruits.
J'y suis assez modeste : et bien qu'aux occurrences
Je puisse condamner certaines tolérances,
Que mon dessein ne soit de souffrir nullement
Ce que quelques maris souffrent paisiblement ;
Pourtant je n'ai jamais affecté de le dire :
Car enfin il faut craindre un revers de satire,
Et l'on ne doit jamais jurer sur de tels cas
De ce qu'on pourra faire, ou bien ne faire pas.
Ainsi, quand à mon front par un sort qui tout mène,
Il seroit arrivé quelque disgrace humaine,
Après mon procédé, je suis presque certain
Qu'on se contentera de s'en rire sous main :
Et peut-être qu'encor j'aurai cet avantage,
Que quelques bonnes gens diront que c'est dommage.
Mais de vous, cher compère, il en est autrement ;
Je vous le dis encor, vous risquez diablement.
Comme sur les maris accusés de souffrance *,
De tout tems votre langue a daubé d'importance ;
Qu'on vous a vu contre eux un diable déchaîné,
Vous devez marcher droit pour n'être point berné ;
Et, s'il faut que sur vous on ait la moindre prise,
Gare qu'aux carrefours on ne vous tympanise ;
Et....

ARNOLPHE.

Mon Dieu, notre ami, ne vous tourmentez point.
Bien rusé qui pourra m'attraper sur ce point.
Je sais les tours rusés, et les subtiles trames,
Dont, pour nous en planter, savent user les femmes.
Et, comme on est dupé par leurs dextérités **,
Contre cet accident j'ai pris mes sûretés ;
Et celle que j'épouse a toute l'innocence
Qui peut sauver mon front de maligne influence.

* *Accusés de souffrance, souffrance* a paru louche et impropre.

** *Leurs dextérités*, au pluriel, ne se dit pas.

CHRISALDE.
Hé, que prétendez-vous? Qu'une sotte en un mot....
ARNOLPHE.
Épouser une sotte, est pour n'être point sot.
Je crois, en bon chrétien, votre moitié fort sage :
Mais une femme habile est un mauvais présage ;
Et je sais ce qu'il coûte à de certaines gens,
Pour avoir pris les leurs avec trop de talens.
Moi, j'irois me charger d'une spirituelle
Qui ne parleroit rien que cercle et que ruelle ?
Qui de prose et de vers * feroit de doux écrits,
Et que visiteroient marquis et beaux-esprits,
Tandis que, sous le nom du mari de madame,
Je serois comme un saint que pas un ne réclame ?
Non, non, je ne veux point d'un esprit qui soit haut **,
Et femme qui compose en sait plus qu'il ne faut.
Je prétends que la mienne en clartés peu sublime ***,
Même ne sache pas ce que c'est qu'une rime ;
Et s'il faut qu'avec elle on joue au corbillon,
Et qu'on vienne à lui dire, à son tour, qu'y met-on ?
Je veux qu'elle réponde, une tarte à la crême ;
En un mot qu'elle soit d'une ignorance extrême :
Et c'est assez pour elle, à vous en bien parler,
De savoir prier Dieu, m'aimer, coudre et filer.
CHRISALDE.
Une femme stupide est donc votre marotte ?
ARNOLPHE.
Tant, que j'aimerois mieux une laide bien sotte,
Qu'une femme fort belle, avec beaucoup d'esprit.
CHRISALDE.
L'esprit et la beauté....

* *Qui de prose et de vers*, on diroit aujourd'hui *en prose et en vers*.

** *Esprit haut*, pour *grand esprit*, ne se dit pas.

*** *En clartés peu sublime*, expression négligée.

ACTE I. SCENE I.
ARNOLPHE.
L'honnêteté suffit.
CHRISALDE.
Mais comment voulez-vous, après tout, qu'une bête
Puisse jamais savoir ce que c'est qu'être honnête ?
Outre qu'il est assez ennuyeux, que je croi,
D'avoir toute sa vie une bête avec soi,
Pensez-vous le bien prendre, et que, sur votre idée,
La sûreté d'un front puisse être bien fondée ?
Une femme d'esprit peut trahir son devoir,
Mais il faut pour le moins qu'elle ose le vouloir ;
Et la stupide au sien peut manquer d'ordinaire,
Sans en avoir l'envie, et sans penser le faire.
ARNOLPHE.
A ce bel argument, à ce discours profond,
Ce que Pantagruel à Panurge répond ;
Pressez-moi de me joindre à femme autre que sotte ;
Prêchez, patrocinez jusqu'à la Pentecôte,
Vous serez ébahi, quand vous serez au bout,
Que vous ne m'aurez rien persuadé du tout.
CHRISALDE.
Je ne vous dis plus mot.
ARNOLPHE.
Chacun a sa méthode.
En femme, comme en tout, je veux suivre ma mode ;
Je me vois riche assez pour pouvoir, que je croi,
Choisir une moitié qui tienne tout de moi,
Et de qui la soumise et pleine dépendance
N'ait à me reprocher aucun bien, ni naissance.
Un air doux et posé, parmi d'autres enfans,
M'inspira de l'amour pour elle dès quatre ans ;
Sa mère se trouvant de pauvreté pressée,
De la lui demander il me vint en pensée,
Et la bonne paysanne * apprenant mon desir,
A s'ôter cette charge eut beaucoup de plaisir.
Dans un petit couvent, loin de toute pratique,
Je la fis élever selon ma politique,

* *Paysanne*, seroit aujourd'hui de quatre syllabes.

C'est-à-dire, ordonnant quels soins on emploieroit
Pour la rendre idiotte autant qu'il se pourroit.
Dieu merci, le succès a suivi mon attente ;
Et grande, je l'ai vue à tel point innocente,
Que j'ai béni le ciel d'avoir trouvé mon fait
Pour me faire une femme au gré de mon souhait.
Je l'ai donc retirée ; et comme ma demeure
A cent sortes de gens est ouverte à toute heure,
Je l'ai mise à l'écart, comme il faut tout prévoir,
Dans cette autre maison, où nul ne me vient voir ;
Et, pour ne point gâter sa bonté naturelle,
Je n'y tiens que des gens tout aussi simples qu'elle.
Vous me direz, pourquoi cette narration ?
C'est pour vous rendre instruit* de ma précaution.
Le résultat de tout, est qu'en ami fidèle,
Ce soir je vous invite à souper avec elle ;
Je veux que vous puissiez un peu l'examiner,
Et voir si de mon choix on doit me condamner.

CHRISALDE.

J'y consens.

ARNOLPHE.

    Vous pourrez, dans cette conférence,
Juger de sa personne et de son innocence.

CHRISALDE.

Pour cet article-là, ce que vous m'avez dit
Ne peut....

ARNOLPHE.

    La vérité passe encor mon récit.
Dans ses simplicités à tous coups je l'admire,
Et par fois elle en dit dont je pâme de rire.
L'autre jour, (pourroit-on se le persuader !)
Elle étoit fort en peine, et me vint demander,
Avec une innocence à nulle autre pareille,
Si les enfans qu'on fait se faisoient par l'oreille.

CHRISALDE.

Je me réjouis fort, seigneur Arnolphe....

* *Rendre instruit*, n'est pas français!

ACTE I. SCÈNE I.
ARNOLPHE.
Bon!
Me voulez-vous toujours appeler de ce nom?
CHRISALDE.
Ah! malgré que j'en aie, il me vient à la bouche,
Et jamais je ne songe à monsieur de la Souche.
Qui diable vous a fait aussi vous aviser,
A quarante-deux ans de vous débaptiser,
Et, d'un vieux tronc pourri de votre métairie
Vous faire dans le monde un nom de seigneurie?
ARNOLPHE.
Outre que la maison par ce nom se connoît,
La Souche, plus qu'Arnolphe, à mes oreilles plaît.
CHRISALDE.
Quel abus de quitter le vrai nom de ses pères,
Pour en vouloir prendre un bâti sur des chimères?
De la plupart des gens c'est la démangeaison,
Et, sans vous embrasser dans la comparaison,
Je sais un paysan qu'on appeloit Gros-Pierre *,

---

* *Je sais un paysan qu'on appeloit Gros-Pierre.*

1.º Il faut remarquer que Molière donne ici trois syllabes au mot *paysan* qu'il n'avoit employé plus haut que pour deux, comme a presque toujours fait La Fontaine, et comme font encore quelques-uns de nos versificateurs. V. des Fables nouvelles, morales et philosophiques, imprimées en 1765.

> Et qu'un paysan à son premier aspect
> N'eût approché qu'avec bien du respect 1.

J'écris toujours *payis* de deux syllabes (dit Ménage) et *paysan* de trois. Si l'on écrit *pays*, on prononcera *pais* à la normande, comme le Français *paix*, en disant comme Sarrazin:

> Le *pays* de Caux est le *pays* de Cocagne.

Il faut suivre le Dictionnaire de l'Académie, qui écrit *paysan*.
2.º On veut que Molière se soit ici permis une personnalité dure contre Thomas Corneille, qui avoit pris le nom de M. de *Lisle*; mais nous n'avons de preuve de la mésintelligence de notre auteur et de MM. Corneille, que les déclamations du-

1 Fable du singe et du petit cheval, p. 28.

Qui, n'ayant pour tout bien qu'un seul quartier de terre,
Y fit tout à l'entour faire un fossé bourbeux,
Et de monsieur de l'Isle en prit le nom pompeux.

ARNOLPHE.

Vous pourriez vous passer d'exemples de la sorte ;
Mais enfin de la Souche est le nom que je porte ;
J'y vois de la raison, j'y trouve des appas ;
Et m'appeler de l'autre, est ne m'obliger pas.

CHRISALDE.

Cependant la plupart ont peine à s'y soumettre,
Et je vois même encor des adresses de lettre....

ARNOLPHE.

Je le souffre aisément de qui n'est pas instruit ;
Mais vous....

CHRISALDE.

Soit. Là-dessus nous n'aurons point de bruit.
Et je prendrai le soin d'accoutumer ma bouche
A ne plus vous nommer que monsieur de la Souche.

ARNOLPHE.

Adieu. Je frappe ici pour donner le bonjour,
Et dire seulement que je suis de retour.

---

sieur d'Aubignac, qui prétend que *les succès de Molière étoient les trophées de Miltiade qui empêchoient Thémistocle de dormir.*

Pour croire le grand Corneille susceptible d'une basse envie, il faut plus que le témoignage d'un ennemi aussi injuste que le sieur d'Aubignac. Il ne faut donc regarder le trait de Molière que comme une de ces généralités auxquelles la malice de certains esprits trouve toujours quelque application. La société du grand Corneille avec Molière dans la pièce de *Psiché* est un démenti formel pour l'abbé d'Aubignac.

V. dans le nouveau *Boleana*, préférable au premier, p. 183, une preuve que Corneille et Molière vivoient familièrement ensemble.

ACTE I. SCÈNE II.

CHRISALDE, *à part, en s'en allant.*

Ma foi, je le tiens fou de toutes les manières *,

ARNOLPHE *seul.*

Il est un peu blessé sur certaines matières.
Chose étrange de voir, comme avec passion,
Un chacun ** est chaussé de son opinion !

(*Il frappe à sa porte.*)

Holà.

SCÈNE II.
ARNOLPHE, ALAIN et GEORGETTE
dans la maison.

ALAIN.

Qui heurte ?

ARNOLPHE.

(*à part.*)

Ouvrez. On aura, que je pense,
Grande joie à me voir après dix jours d'absence.

ALAIN.

Qui va là ?

ARNOLPHE.

Moi.

---

* CHRISALDE.

Ma foi, je le tiens fou de toutes les manières.

ARNOLPHE.

Il est un peu blessé sur certaines matières.

L'auteur du *Boleana*, remarque 22, prétend que Molière entendant ces vers de Despréaux,

Et qu'il n'est point de fou, qui par bonnes raisons,
Ne loge son voisin aux petites maisons.

dit qu'il avoit eu dessein de traiter ce sujet-là. Molière, ajoute-t-il, avoit peut-être en vue cette idée dans les deux vers qui sont l'objet de cette remarque ; mais la comédie de l'*Ecole des Femmes* est de 1662, et la quatrième satire de Despréaux est de 1664. Telle est l'inexactitude des anecdotaires.

** *Un chacun*, ne se dit plus.

ALAIN.

Georgette.

GEORGETTE.

Hé bien !

ALAIN.

Ouvre là-bas.

GEORGETTE.

Vas-y, toi.

ALAIN.

Vas-y, toi.

GEORGETTE.

Ma foi je n'irai pas.

ALAIN.

Je n'irai pas aussi.

ARNOLPHE.

Belle cérémonie
Pour me laisser dehors ! Hola ho, je vous prie.

GEORGETTE.

Qui frappe ?

ARNOLPHE.

Votre maître.

GEORGETTE.

Alain.

ALAIN.

Quoi ?

GEORGETTE.

C'est monsieu,
Ouvre vîte.

ALAIN.

Ouvre, toi.

GEORGETTE.

Je souffle notre feu.

ALAIN.

J'empêche, peur du chat, que mon moineau ne sorte.

ARNOLPHE.

Quiconque de vous deux n'ouvrira pas la porte,
N'aura point à manger de plus de quatre jours.
Ah !

ACTE I. SCÈNE II.

GEORGETTE.

Par quelle raison y venir, quand j'y cours?

ALAIN.

Pourquoi plutôt que moi? Le plaisant stratagême!

GEORGETTE.

Ote-toi donc de là.

ALAIN.

Non, ôte-toi, toi-même.

GEORGETTE.

Je veux ouvrir la porte.

ALAIN.

Et je veux l'ouvrir, moi.

GEORGETTE.

Tu ne l'ouvriras pas.

ALAIN.

Ni toi non plus.

GEORGETTE.

Ni toi.

ARNOLPHE.

Il faut que j'aye ici l'ame bien patiente!

ALAIN *en entrant*.

Au moins c'est moi, monsieur.

GEORGETTE *en entrant*.

Je suis votre servante;
C'est moi.

ALAIN.

Sans le respect de monsieur que voilà,
Je te....

ARNOLPHE *recevant un coup d'Alain*.

Peste!

ALAIN.

Pardon.

ARNOLPHE.

Voyez ce lourdaud-là.

ALAIN.

C'est elle aussi, monsieur.

L'ÉCOLE DES FEMMES.

ARNOLPHE.

Que tous deux on se taise.
Songez à me répondre, et laissons la fadaise.
Hé bien, Alain, comment se porte-t-on ici ?

ALAIN.

Monsieur, nous nous....
(*Arnolphe ôte le chapeau de dessus la tête d'Alain.*)
Monsieur, nous nous port....
(*Arnolphe l'ôte encore.*)
Dieu merci.
Nous nous....

ARNOLPHE *ôtant le chapeau d'Alain pour la troisième fois, et le jetant par terre.*

Qui vous apprend, impertinente bête,
A parler devant moi le chapeau sur la tête ?

ALAIN.

Vous faites bien. J'ai tort.

ARNOLPHE à *Alain.*

Faites descendre Agnès.

SCÈNE III.

ARNOLPHE, GEORGETTE.

ARNOLPHE.

Lorsque je m'en allai, fut-elle triste après ?

GEORGETTE.

Triste ? Non.

ARNOLPHE.

Non ?

GEORGETTE.

Si fait.

ARNOLPHE.

Pourquoi donc ?...

GEORGETTE.

Oui, je meure.
Elle vous croyoit voir de retour à toute heure ;

ACTE I. SCÈNE IV.

Et nous n'oyions jamais passer devant chez nous,
Cheval, âne, ou mulet, qu'elle ne prît pour vous *.

SCÈNE IV.

ARNOLPHE, AGNÈS ALAIN, GEORGETTE.

ARNOLPHE.

La besogne à la main, c'est un bon témoignage.
Hé bien, Agnès, je suis de retour du voyage.
En êtes-vous bien aise ?

AGNÈS.

Oui, monsieur, Dieu merci.

ARNOLPHE.

Et moi de vous revoir, je suis bien aise aussi.
Vous vous êtes toujours, comme on voit, bien portée ?

AGNÈS.

Hors les puces, qui m'ont la nuit inquiétée.

ARNOLPHE.

Ah, vous aurez dans peu quelqu'un pour les chasser !

AGNÈS.

Vous me ferez plaisir.

ARNOLPHE.

Je le puis bien penser.
Que faites-vous donc là ?

AGNÈS.

Je me fais des cornettes.
Vos chemises de nuit et vos coiffes sont faites.

---

* *Et nous n'oyions jamais passer devant chez nous,*
Cheval, âne, ou mulet, qu'elle ne prît pour vous.

Cette plaisanterie a paru imitée d'une épître de J. Bouchet, où se trouvent les quatre vers suivans.

Et m'est avis quand j'ois quelque cheval
Qui marche fier..... et rue,
Que c'est le vôtre, alors je sors en rue
Hâtivement, croyant que ce soit vous.

ARNOLPHE.

Ah, voilà qui va bien ! Allez, montez là-haut;
Ne vous ennuyez point, je reviendrai tantôt;
Et je vous parlerai d'affaires importantes.

SCÈNE V.

ARNOLPHE seul.

Héroïnes du tems, mesdames les savantes,
Pousseuses de tendresse et de beaux sentimens,
Je défie à la fois tous vos vers, vos romans,
Vos lettres, billets doux, toute votre science,
De valoir cette honnête et pudique ignorance.
Ce n'est point par le bien qu'il faut être ébloui;
Et pourvu que l'honneur soit....

SCÈNE VI.

HORACE, ARNOLPHE.

ARNOLPHE.

Que vois-je ? Est-ce.... Oui,
Je me trompe. Nenni. Si fait. Non, c'est lui-même,
Hor...

HORACE.

Seigneur Ar..,

ARNOLPHE.

Horace.

HORACE.

Arnolphe.

ARNOLPHE.

Ah, joie extrême !
Et depuis quand ici ?

HORACE.

Depuis neuf jours.

ARNOLPHE.

Vraiment ?

ACTE I. SCÈNE VI.

HORACE.

Je fus d'abord chez vous, mais inutilement.

ARNOLPHE.

J'étois à la campagne.

HORACE.

Oui, depuis dix journées *.

ARNOLPHE.

Oh, comme les enfans croissent en peu d'années !
J'admire de le voir au point où le voilà,
Après que je l'ai vu pas plus haut que cela.

HORACE.

Vous voyez.

ARNOLPHE.

Mais, de grace, Oronte votre père,
Mon bon et cher ami que j'estime et révère,
Que fait-il à présent ? Est-il toujours gaillard ?
A tout ce qui le touche, il sait que je prends part,
Nous ne nous sommes vus depuis quatre ans ensemble,
Ni, qui plus est, écrit l'un à l'autre, me semble.

HORACE.

Il est, seigneur Arnolphe, encor plus gai que nous,
Et j'avois de sa part une lettre pour vous ?
Mais depuis par une autre il m'apprend sa venue,
Et la raison encor ne m'en est pas connue.
Savez-vous qui peut être un de vos citoyens,
Qui retourne en ces lieux avec beaucoup de biens
Qu'il s'est en quatorze ans acquis dans l'Amérique ?

ARNOLPHE.

Non. Mais vous a-t-on dit comme on le nomme ?

HORACE.

Enrique.

ARNOLPHE.

Non.

HORACE.

Mon père m'en parle, et qu'il est revenu,
Comme s'il devoit m'être entièrement connu ;

* *Depuis dix journées ;* on doit dire *depuis dix jours.*

Et m'écrit qu'en chemin ensemble ils se vont mettre,
Pour un fait important que ne dit pas sa lettre.

(*Horace remet la lettre d'Oronte à Arnolphe.*)

ARNOLPHE.

J'aurai certainement grande joie à le voir.
Et pour le régaler je ferai mon pouvoir.

(*Après avoir lu la lettre.*)

Il faut pour les amis des lettres moins civiles,
Et tous ces complimens sont choses inutiles.
Sans qu'il prît le souci de m'en écrire rien ,
Vous pouvez librement disposer de mon bien.

HORACE.

Je suis homme à saisir les gens par leurs paroles;
Et j'ai présentement besoin de cent pistoles.

ARNOLPHE.

Ma foi, c'est m'obliger que d'en user ainsi,
Et je me réjouis de les avoir ici.
Gardez aussi la bourse.

HORACE.

Il faut....

ARNOLPHE.

Laissons ce style.
Hé bien, comment encor trouvez-vous cette ville ?

HORACE.

Nombreuse en citoyens, superbe en bâtimens,
Et j'en crois merveilleux les divertissemens.

ARNOLPHE.

Chacun a ses plaisirs qu'il se fait à sa guise ;
Mais pour ceux que du nom de galans on baptise,
Ils ont en ce pays de quoi se contenter,
Car les femmes y sont faites à coqueter,
On trouve d'humeur douce, et la brune et la blonde,
Et les maris aussi les plus benins du monde ;
C'est un plaisir de prince, et, des tours que je voi,
Je me donne souvent la comédie à moi.
Peut-être en avez-vous déjà féru quelqu'une ?
Vous est-il point encore arrivé de fortune ?

ACTE I. SCENE VI.

Les gens faits comme vous font plus que les écus ;
Et vous êtes de taille à faire des cocus.

HORACE.

A ne vous rien cacher de la vérité pure ,
J'ai d'amour en ces lieux eu certaine aventure ;
Et l'amitié m'oblige à vous en faire part.

ARNOLPHE à part.

Bon. Voici de nouveau quelque conte gaillard,
Et ce sera de quoi mettre sur mes tablettes.

HORACE.

Mais, de grace, qu'au moins ces choses soient secrètes.

ARNOLPHE.

Oh !

HORACE.

Vous n'ignorez pas qu'en ces occasions ,
Un secret éventé rompt nos prétentions.
Je vous avoûrai donc avec pleine franchise,
Qu'ici d'une beauté mon ame s'est éprise.
Mes petits soins d'abord ont eu tant de succès ,
Que je me suis chez elle ouvert un doux accès,
Et , sans trop me vanter, ni lui faire une injure ,
Mes affaires y sont en fort bonne posture.

ARNOLPHE en riant.

Et c'est ?

HORACE lui montrant le logis d'Agnès.

Un jeune objet qui loge en ce logis,
Dont vous voyez d'ici que les murs sont rougis ;
Simple , à la vérité , par l'erreur sans seconde
D'un homme qui la cache au commerce du monde ;
Mais qui, dans l'ignorance où l'on veut l'asservir,
Fait briller des attraits capables de ravir ,
Un air tout engageant, je ne sais quoi de tendre ,
Dont il n'est point de cœur qui se puisse défendre ;
Mais peut-être il n'est pas que vous n'ayez bien vu
Ce jeune astre d'amour de tant d'attraits pourvu ;
C'est Agnès qu'on l'appelle.

ARNOLPHE à part.

Ah , je crève.

HORACE.

Pour l'homme,
C'est, je crois, de la Zousse, ou Source qu'on le nomme.
Je ne me suis pas fort arrêté sur le nom ;
Riche, à ce qu'on m'a dit, mais des plus sensés, non ;
Et l'on m'en a parlé comme d'un ridicule.
Le connoissez-vous point ?

ARNOLPHE à part.

La fâcheuse pilule !

HORACE.

Hé, vous ne dites mot ?

ARNOLPHE.

Et oui, je le connoi,

HORACE.

C'est un fou, n'est-ce pas ?

ARNOLPHE.

Hé....

HORACE.

Qu'en dites-vous ? Quoi ?
Hé, c'est-à-dire, oui. Jaloux à faire rire ?
Sot ? Je vois qu'il en est ce que l'on m'a pu dire.
Enfin l'aimable Agnès a su m'assujettir ;
C'est un joli bijou, pour ne vous point mentir ;
Et ce seroit péché, qu'une beauté si rare
Fût laissée au pouvoir de cet homme bizarre.
Pour moi, tous mes efforts, tous mes vœux les plus doux
Vont à m'en rendre maître en dépit du jaloux ;
Et l'argent que de vous j'emprunte, avec franchise,
N'est que pour mettre à bout cette juste entreprise.
Vous savez mieux que moi, quels que soient nos efforts,
Que l'argent est la clé de tous les grands ressorts,
Et que ce doux métal qui frappe tant de têtes,
En amour, comme en guerre, avance les conquêtes.
Vous me semblez chagrin. Seroit-ce qu'en effet
Vous désapprouveriez le dessein que j'ai fait ?

ARNOLPHE.

Non, c'est que je songeois....

ACTE I. SCÈNE VII.

HORACE.
Cet entretien vous lasse.
Adieu. J'irai chez vous tantôt vous rendre grace.
ARNOLPHE *se croyant seul.*
Ah, faut-il....
HORACE *revenant.*
Derechef, veuillez être discret,
Et n'allez pas, de grace, éventer mon secret.
ARNOLPHE *se croyant seul.*
Que je sens dans mon ame....
HORACE *revenant.*
Et surtout à mon père,
Qui s'en feroit peut-être un sujet de colère.
ARNOLPHE *croyant qu'Horace revient encore.*
Oh....

SCÈNE VII.

ARNOLPHE *seul.*

Ou, que j'ai souffert durant cet entretien!
Jamais trouble d'esprit ne fut égal au mien.
Avec quelle imprudence et quelle hâte extrême
Il m'est venu conter cette affaire à moi-même!
Bien que mon autre nom le tienne dans l'erreur,
Étourdi montra-t-il jamais tant de fureur?
Mais ayant tout souffert, je devois me contraindre
Jusques à m'éclaircir de ce que je dois craindre,
A pousser jusqu'au bout son caquet indiscret,
Et savoir pleinement leur commerce secret.
Tâchons de le rejoindre, il n'est pas loin, je pense;
Tirons-en de ce fait l'entière confidence.
Je tremble du malheur qui m'en peut arriver,
Et l'on cherche souvent plus qu'on ne veut trouver.

ACTE II.

SCÈNE I.

ARNOLPHE.

Il m'est, lorsque j'y pense, avantageux sans doute
D'avoir perdu mes pas, et pu manquer sa route:
Car enfin, de mon cœur le trouble impérieux
N'eût pu se renfermer tout entier à ses yeux,
Il eût fait éclater l'ennui qui me dévore,
Et je ne voudrois pas qu'il sût ce qu'il ignore.
Mais je ne suis pas homme à gober le morceau,
Et laisser un champ libre aux vœux d'un damoiseau;
J'en veux rompre le cours, et, sans tarder, apprendre
Jusqu'où l'intelligence entr'eux a pu s'étendre :
J'y prends pour mon honneur un notable intérêt *;
Je la regarde en femme, aux termes qu'elle en est ;
Elle n'a pu faillir sans me couvrir de honte,
Et tout ce qu'elle fait enfin, est sur mon compte.
Éloignement fatal; voyage malheureux !

(*Il frappe à sa porte.*)

SCÈNE II.

ARNOLPHE, ALAIN, GEORGETTE.

ALAIN.

Au, monsieur, cette fois....

---

* On retranchoit du tems de Molière quatre vers de ce monologue. Ces vers commençant par *J'y prends pour mon honneur*, etc.

ACTE II. SCENE II.

ARNOLPHE.

Paix. Venez-ça tous deux.
Passez-là, passez-là. Venez-là, venez, dis-je.

GEORGETTE.

Ah, vous me faites peur, et tout mon sang se fige.

ARNOLPHE.

C'est donc ainsi qu'absent vous m'avez obéi ?
Et, tous deux de concert, vous m'avez donc trahi ?

GEORGETTE *tombant aux genoux d'Arnolphe.*

Hé, ne me mangez pas, monsieur, je vous conjure.

ALAIN *à part.*

Quelque chien enragé l'a mordu, je m'assure.

ARNOLPHE *à part.*

Ouf. Je ne puis parler, tant je suis prévenu ;
Je suffoque, et voudrois me pouvoir mettre nu.
 (*à Alain et à Georgette.*)
Vous avez donc souffert, ô canaille maudite !
   (*à Alain qui veut s'enfuir.*)
Qu'un homme soit venu.... Tu veux prendre la fuite ?
   (*à Georgette.*)
Il faut que sur-le-champ...., Si tu bouges.... Je veux
   (*à Alain.*)
Que vous me disiez.... Hé, oui, je veux que tous deux....
 (*Alain et Georgette se lèvent et veulent encore s'enfuir.*)
Quiconque remuera, par la mort, je l'assomme.
Comme est-ce * que chez moi s'est introduit cet homme ?
Hé ? Parlez. Dépêchez, vîte, promptement, tôt :
Sans rêver, veut-on dire ?

ALAIN et GEORGETTE.

Ah, ah !

GEORGETTE *retombant aux genoux d'Arnolphe.*

Le cœur me faut.

ALAIN *retombant aux genoux d'Arnolphe.*

Je meurs.

ARNOLPHE *à part.*

Je suis en eau : prenons un peu d'haleine :

---

* *Comme est-ce*, on diroit aujourd'hui *comment est-ce.*

Il faut que je m'évente, et que je me promène.
Aurois-je deviné, quand je l'ai vu petit,
Qu'il croîtroit pour cela ? Ciel, que mon cœur pâtit !
Je pense qu'il vaut mieux que de sa propre bouche
Je tire avec douceur l'affaire qui me touche.
Tâchons à modérer notre ressentiment ;
Patience, mon cœur, doucement, doucement.
(à *Alain* et à *Georgette*.)
Levez-vous, et rentrant, faites qu'Agnès descende.
(à part.)
Arrêtez. Sa surprise en deviendroit moins grande,
Du chagrin qui me trouble, ils iroient l'avertir,
Et moi-même je veux l'aller faire sortir.
(à *Alain* et à *Georgette*.)
Que l'on m'attende ici.

SCÈNE III.

ALAIN, GEORGETTE.

GEORGETTE.

Mon Dieu, qu'il est terrible !
Ses regards m'ont fait peur, mais une peur horrible,
Et jamais je ne vis un plus hideux chrétien.

ALAIN.

Ce monsieur l'a fâché, je te le disois bien.

GEORGETTE.

Mais que diantre est-ce là, qu'avec tant de rudesse
Il nous fait au logis garder notre maîtresse ?
D'où vient qu'à tout le monde il veut tant la cacher,
Et qu'il ne sauroit voir personne en approcher ?

ALAIN.

C'est que cette action le met en jalousie.

GEORGETTE.

Mais d'où vient qu'il est pris de cette fantaisie ?

ALAIN.

Cela vient.... Cela vient de ce qu'il est jaloux.

GEORGETTE.

Oui ; mais pourquoi l'est-il ? Et pourquoi ce courroux ?

ACTE II. SCÈNE III.

ALAIN.

C'est que la jalousie.... Entends-tu bien, Georgette,
Est une chose.... là.... qui fait qu'on s'inquiète....
Et qui chasse les gens d'autour d'une maison.
Je m'en vais te bailler une comparaison,
Afin de concevoir la chose davantage.
Dis-moi, n'est-il pas vrai, quand tu tiens ton potage,
Que si quelque affamé venoit pour en manger,
Tu serois en colère, et voudrois le charger?

GEORGETTE.

Oui, je comprends cela.

ALAIN.

C'est justement tout comme.
La femme est en effet le potage de l'homme,
Et quand un homme voit d'autres hommes par fois,
Qui veulent dans sa soupe aller tremper leurs doigts,
Il en montre aussitôt une colère extrême.

GEORGETTE.

Oui ; mais pourquoi chacun n'en fait-il pas de même?
Et que nous en voyons qui paroissent joyeux,
Lorsque leurs femmes sont avec les beaux monsieux?

ALAIN.

C'est que chacun n'a pas cette amitié goulue
Qui n'en veut que pour soi.

GEORGETTE.

Si je n'ai la berlue,
Je le vois qui revient.

ALAIN.

Tes yeux sont bons, c'est lui.

GEORGETTE.

Vois comme il est chagrin.

ALAIN.

C'est qu'il a de l'ennui.

SCÈNE IV.

ARNOLPHE, ALAIN, GEORGETTE.

ARNOLPHE *à part.*

Un certain Grec disoit à l'empereur Auguste *,
Comme une instruction utile autant que juste,
Que, lorsqu'une aventure en colère nous met,
Nous devons, avant tout, dire notre alphabet;
Afin que dans ce tems la bile se tempère,
Et qu'on ne fasse rien que l'on ne doive faire.
J'ai suivi sa leçon sur le sujet d'Agnès,
Et je la fais venir dans ce lieu tout exprès
Sous prétexte d'y faire un tour de promenade,
Afin que les soupçons de mon esprit malade
Puissent sur le discours la mettre adroitement,
Et, lui sondant le cœur, s'éclaircir doucement.

SCÈNE V.

ARNOLPHE, AGNÈS, ALAIN, GEORGETTE.

ARNOLPHE.

Venez, Agnès.

(*à Alain et à Georgette.*)
Rentrez.

SCÈNE VI.

ARNOLPHE, AGNÈS.

La promenade est belle.
AGNÈS.
Fort belle.

---

* *Un certain Grec disoit,* etc. Molière avoit imité ce trait de *Bernardino Pino de Cagli,* sc. 5, act. 3, *de gli injusti sdegni. Ho detto gia una volta l'alfabeto greco per temperar l'ira.*

ACTE II. SCÈNE VI.
ARNOLPHE.
Le beau jour!
AGNÈS.
Fort beau.
ARNOLPHE.
Quelle nouvelle?
AGNÈS.
Le petit chat est mort.
ARNOLPHE.
C'est dommage; mais quoi?
Nous sommes tous mortels, et chacun est pour soi.
Lorsque j'étois aux champs, n'a-t-il point fait de pluie?
AGNÈS.
Non.
ARNOLPHE.
Vous ennuyoit-il?
AGNÈS.
Jamais je ne m'ennuie.
ARNOLPHE.
Qu'avez-vous fait encor ces neuf ou dix jours-ci?
AGNÈS.
Six chemises, je pense, et six coiffes aussi.
ARNOLPHE *après avoir un peu rêvé*.
Le monde, chère Agnès, est une étrange chose.
Voyez la médisance, et comme chacun cause.
Quelques voisins m'ont dit qu'un jeune homme inconnu
Étoit en mon absence à la maison venu,
Que vous aviez souffert sa vue et ses harangues;
Mais je n'ai point pris foi sur ces méchantes langues,
Et j'ai voulu gager que c'étoit faussement....
AGNÈS.
Mon Dieu, ne gagez pas, vous perdriez vraiment.
ARNOLPHE.
Quoi, c'est la vérité qu'un homme....
AGNÈS.
Chose sûre.
Il n'a presque bougé de chez nous, je vous jure.

ARNOLPHE *bas à part.*

Cet aveu qu'elle fait avec sincérité,
Me marque pour le moins son ingénuité.

(*haut.*)

Mais il me semble, Agnès, si ma mémoire est bonne,
Que j'avois défendu que vous vissiez personne.

AGNÈS.

Oui; mais quand je l'ai vu, vous ignoriez pourquoi,
Et vous en auriez fait, sans doute, autant que moi.

ARNOLPHE.

Peut-être. Mais enfin contez-moi cette histoire.

AGNÈS.

Elle est fort étonnante et difficile à croire.
J'étois sur le balcon à travailler au frais,
Lorsque je vis passer sous les arbres d'auprès
Un jeune homme bien fait, qui, rencontrant ma vue,
D'une humble révérence aussitôt me salue :
Moi, pour ne point manquer à la civilité,
Je fis la révérence aussi de mon côté.
Soudain il me refait une autre révérence ;
Moi, j'en refais de même une autre en diligence ;
Et lui d'une troisième aussitôt reparlant
D'une troisième aussi j'y reparts à l'instant.
Il passe, vient, repasse, et toujours de plus belle
Me fait à chaque fois révérence nouvelle :
Et moi, qui tous ses tours fixement regardois,
Nouvelle révérence aussi je lui rendois :
Tant que, si sur ce point la nuit ne fût venue,
Toujours comme cela je me serois tenue,
Ne voulant point céder, ni recevoir l'ennui
Qu'il me pût estimer moins civile que lui.

ARNOLPHE.

Fort bien.

AGNÈS.

Le lendemain, étant sur notre porte,
Une vieille m'aborde, en parlant de la sorte :

ACTE II. SCÈNE VI.

Mon enfant, le bon Dieu puisse-t-il vous bénir,
Et dans tous vos attraits long-tems vous maintenir !
Il ne vous a pas fait une belle personne
Afin de mal user des choses qu'il vous donne ;
Et vous devez savoir que vous avez blessé
Un cœur, qui de s'en plaindre est aujourd'hui forcé.

ARNOLPHE à part.

Ah, suppôt de satan, exécrable damnée !

AGNÈS.

Moi j'ai blessé quelqu'un ? fis-je, toute étonnée.
Oui, dit-elle, blessé, mais blessé tout de bon,
Et c'est l'homme qu'hier vous vîtes du balcon.
Hélas ! qui pourroit, dis-je, en avoir été cause ?
Sur lui, sans y penser, fis-je choir quelque chose ?
Non, dit-elle, vos yeux ont fait ce coup fatal,
Et c'est de leurs regards qu'est venu tout son mal.
Hé, mon Dieu ! ma surprise est, fis-je, sans seconde ;
Mes yeux ont-ils du mal pour en donner au monde ?
Oui, fit-elle, vos yeux, pour causer le trépas,
Ma fille, ont un venin que vous ne savez pas **.
En un mot, il languit, le pauvre misérable ;
Et s'il faut, poursuivit la vieille charitable,
Que votre cruauté lui refuse un secours,
C'est un homme à porter en terre dans deux jours.
Mon Dieu, j'en aurois, dis-je, une douleur bien grande ;
Mais, pour le secourir, qu'est-ce qu'il me demande ?
Mon enfant, me dit-elle, il ne veut obtenir

---

* *Mon enfant, le bon Dieu puisse-t-il vous bénir.*

C'est ainsi que Regnier dans sa treizième satire fait débuter la vieille Macette, lorsqu'elle vient corrompre la maîtresse du poëte :

Ma fille, Dieu vous garde et vous veuille bénir.

** *Vos yeux ont un venin que vous ne savez pas.*
Autre imitation de ce vers de Macette :

Vous ne pouvez savoir tous les coups que vous faites.

Que le bien de vous voir et vous entretenir ;
Vos yeux peuvent eux seuls empêcher sa ruine,
Et du mal qu'ils ont fait être la médecine.
Hélas ! volontiers, dis-je, et, puisqu'il est ainsi,
Il peut, tant qu'il voudra, me venir voir ici.

ARNOLPHE à part.

Ah ! sorcière maudite, empoisonneuse d'ames,
Puisse l'enfer payer tes charitables trames !

AGNÈS.

Voilà comme il me vit, et reçut guérison.
Vous-même, à votre avis, n'ai-je pas eu raison ?
Et pouvois-je après tout avoir la conscience
De le laisser mourir faute d'une assistance ?
Moi, qui compatis tant aux gens qu'on fait souffrir,
Et ne puis sans pleurer, voir un poulet mourir.

ARNOLPHE bas à part.

Tout cela n'est parti que d'une ame innocente ;
Et j'en dois accuser mon absence imprudente,
Qui sans guide a laissé cette bonté de mœurs
Exposée aux aguets des rusés séducteurs.
Je crains que le pendard, dans ses vœux téméraires,
Un peu plus fort que jeu n'ait poussé les affaires.

AGNÈS.

Qu'avez-vous ? Vous grondez, ce me semble, un petit :
Est-ce que c'est mal fait ce que je vous ai dit ?

ARNOLPHE.

Non. Mais de cette vue apprenez-moi les suites,
Et comme le jeune homme a passé ses visites.

AGNÈS.

Hélas ! si vous saviez comme il étoit ravi ;
Comme il perdit son mal sitôt que je le vi,
Le présent qu'il m'a fait d'une belle cassette,
Et l'argent qu'en ont eu notre Alain et Georgette,
Vous l'aimeriez sans doute, et diriez comme nous.

ARNOLPHE.

Oui. Mais que faisoit-il étant seul avec vous ?

AGNÈS.

Il disoit qu'il m'aimoit d'une amour sans seconde,

Et me disoit des mots les plus gentils du monde,
Des choses que jamais rien ne peut égaler,
Et dont toutes les fois que je l'entends parler,
La douceur me chatouille, et là-dedans remue
Certain je ne sais quoi, dont je suis toute émue.

ARNOLPHE *bas à part.*

O fâcheux examen d'un mystère fatal,
Où l'examinateur souffre seul tout le mal!

(*haut.*)

Outre tous ces discours, toutes ces gentillesses,
Ne vous faisoit-il point aussi quelques caresses?

AGNÈS.

Oh, tant! Il me prenoit et les mains et les bras,
Et de me les baiser il n'étoit jamais las.

ARNOLPHE.

Ne vous a-t-il point pris, Agnès, quelqu'autre chose * ?
(*La voyant interdite.*)
Ouf.

AGNÈS.

Hé, il m'a....

ARNOLPHE.

Quoi?

AGNÈS.

Pris....

ARNOLPHE.

Hé?

AGNÈS.

Le....

ARNOLPHE.

Plaît-il?

---

* *Ne vous a-t-il pas pris, Agnès, quelqu'autre chose?*

Cette mauvaise farce de la *Femme industrieuse*, dont on a parlé dans l'avertissement de l'*Ecole des Maris*, semble avoir fourni cet excellent trait à Molière.

ISABELLE.

Ma vertu....

LE DOCTEUR.

N'a-t-il rien fait à votre vertu?

AGNÈS.

Je n'ose,
Et vous vous fâcherez peut-être contre moi.

ARNOLPHE.

Non.

AGNÈS.

Si fait.

ARNOLPHE.

Mon Dieu, non.

AGNÈS.

Jurez donc votre foi.

ARNOLPHE.

Ma foi, soit.

AGNÈS.

Il m'a pris.... Vous serez en colère.

ARNOLPHE.

Non.

AGNÈS.

Si.

ARNOLPHE.

Non, non, non, non. Diantre, que de mystère!
Qu'est-ce qu'il vous a pris?

AGNÈS.

Il....

ARNOLPHE à part.

Je souffre en damné.

AGNÈS.

Il m'a pris le ruban que vous m'aviez donné;
A vous dire le vrai, je n'ai pu m'en défendre.

ARNOLPHE *reprenant haleine*.

Passe pour le ruban. Mais je voulois apprendre
S'il ne vous a rien fait que vous baiser les bras.

AGNÈS.

Comment? est-ce qu'on fait d'autres choses?

ARNOLPHE.

Non pas;
Mais, pour guérir du mal qu'il dit qui le possède,
N'a-t-il pas exigé de vous d'autre remède?

ACTE II. SCENE VI.

AGNÈS.

Non. Vous pouvez juger, s'il en eût demandé,
Que, pour le secourir, j'aurois tout accordé.

ARNOLPHE *bas à part.*

Grace aux bontés du ciel, j'en suis quitte à bon compte.
Si j'y retombe plus, je veux bien qu'on m'affronte.

(*haut.*)

Chut. De votre innocence, Agnès, c'est un effet,
Je ne vous en dis mot. Ce qui s'est fait, est fait.
Je sais qu'en vous flattant le galant ne desire
Que de vous abuser, et puis après s'en rire.

AGNÈS.

Oh, point. Il me l'a dit plus de vingt fois à moi.

ARNOLPHE.

Ah! vous ne savez pas ce que c'est que sa foi.
Mais enfin apprenez qu'accepter des cassettes,
Et de ces beaux blondins écouter les sornettes,
Que se laisser par eux, à force de langueur,
Baiser ainsi les mains, et chatouiller le cœur,
Est un péché mortel des plus gros qu'il se fasse.

AGNÈS.

Un péché, dites-vous? Et la raison, de grace?

ARNOLPHE.

La raison? La raison est l'arrêt prononcé,
Que par ces actions le ciel est courroucé.

AGNÈS.

Courroucé? Mais pourquoi faut-il qu'il s'en courrouce?
C'est une chose, hélas! si plaisante et si douce.
J'admire quelle joie on goûte à tout cela,
Et je ne savois point encor ces choses-là.

ARNOLPHE.

Oui, c'est un grand plaisir que toutes ces tendresses,
Ces propos si gentils, et ces douces caresses;
Mais il faut le goûter en toute honnêteté,
Et qu'en se mariant, le crime en soit ôté.

AGNÈS.

N'est-ce plus un péché, lorsque l'on se marie?

ARNOLPHE.
Non.
AGNÈS.
Mariez-moi donc promptement, je vous prie.
ARNOLPHE.
Si vous le souhaitez, je le souhaite aussi,
Et pour vous marier on me revoit ici.
AGNÈS.
Est-il possible ?
ARNOLPHE.
Oui.
AGNÈS.
Que vous me ferez aise !
ARNOLPHE.
Oui, je ne doute point que l'hymen ne vous plaise.
AGNÈS.
Vous nous voulez, nous deux....
ARNOLPHE.
Rien de plus assuré.
AGNÈS.
Que, si cela se fait, je vous caresserai !
ARNOLPHE.
Hé, la chose sera de ma part réciproque.
AGNÈS.
Je ne reconnois point, pour moi, quand on se moque.
Parlez-vous tout de bon ?
ARNOLPHE.
Oui, vous le pourrez voir.
AGNÈS.
Nous serons mariés ?
ARNOLPHE.
Oui.
AGNÈS.
Mais quand ?
ARNOLPHE.
Dès ce soir.
AGNÈS *riant*.
Dès ce soir ?

ACTE II. SCÈNE VI.

ARNOLPHE.
Dès ce soir. Cela vous fait donc rire?

AGNÈS.
Oui.

ARNOLPHE.
Vous voir bien contente est ce que je desire.

AGNÈS.
Hélas! que je vous ai grande obligation,
Et qu'avec lui j'aurai de satisfaction!

ARNOLPHE.
Avec qui?

AGNÈS.
Avec.... Là....

ARNOLPHE.
Là.... Là n'est pas mon compte;
A choisir un mari vous êtes un peu prompte;
C'est un autre, en un mot, que je vous tiens tout prêt;
Et quant au monsieur, là, je prétends, s'il vous plaît,
Dût le mettre au tombeau le mal dont il vous berce,
Qu'avec lui désormais vous rompiez tout commerce,
Que, venant au logis, pour votre compliment,
Vous lui fermiez au nez la porte honnêtement;
Et lui jetant, s'il heurte, un grès par la fenêtre,
L'obligiez tout de bon à ne plus y paroître.
M'entendez-vous, Agnès? Moi, caché dans un coin,
De votre procédé je serai le témoin.

AGNÈS.
Las! il est si bien fait. C'est....

ARNOLPHE.
Ah! que de langage!

AGNÈS.
Je n'aurai pas le cœur....

ARNOLPHE.
Point de bruit davantage,
Montez là-haut.

AGNÈS.
Mais, quoi? Voulez-vous?...

ARNOLPHE.

C'est assez.
Je suis maître, je parle, allez, obéissez.

ACTE III.

SCÈNE I.

ARNOLPHE, AGNÈS, ALAIN, GEORGETTE.

ARNOLPHE.

Oui, tout a bien été, ma joie est sans pareille,
Vous avez là suivi mes ordres à merveille,
Confondu de tout point le blondin séducteur ;
Et voilà de quoi sert un sage directeur.
Votre innocence, Agnès, avoit été surprise :
Voyez, sans y penser, où vous vous étiez mise.
Vous enfiliez tout droit, sans mon instruction *,
Le grand chemin d'enfer et de perdition.
De tout ces damoiseaux on sait trop les coutumes,
Ils ont de beaux canons, force rubans et plumes,
Grands cheveux, belles dents, et des propos fort doux ;
Mais, comme je vous dis, la griffe est là-dessous ;
Et ce sont vrais satans, dont la gueule altérée
De l'honneur féminin cherche à faire curée :
Mais encore une fois, grace au soin apporté,
Vous en êtes sortie avec honnêteté.

* Dans la première scène de cet acte on supprimoit du vivant de Molière huit vers commençant par : *Vous enfiliez tout droit,* etc.

ACTE III. SCÈNE II.

L'air dont je vous ai vu lui jeter cette pierre,
Qui de tous ses desseins a mis l'espoir par terre,
Me confirme encor mieux à ne point différer
Les noces, où je dis qu'il vous faut préparer.
Mais, avant toute chose, il est bon de vous faire
Quelque petit discours qui vous soit salutaire.
     (*à Georgette et à Alain.*)
Un siège au frais ici. Vous, si jamais en rien....
    GEORGETTE.
De toutes vos leçons nous nous souviendrons bien.
Cet autre monsieur-là nous en faisoit accroire :
Mais....
    ALAIN.
  S'il entre jamais, je veux jamais ne boire.
Aussi bien est-ce un sot, il nous a l'autre fois
Donné deux écus d'or qui n'étoient pas de poids.
    ARNOLPHE.
Ayez donc pour souper tout ce que je desire ;
Et pour notre contrat, comme je viens de dire,
Faites venir ici, l'un ou l'autre au retour,
Le notaire qui loge au coin du carrefour.

SCÈNE II.

ARNOLPHE, AGNÈS.

    ARNOLPHE *assis.*

Agnès ! pour m'écouter, laissez là votre ouvrage,
Levez un peu la tête, et tournez le visage ;
   (*Mettant le doigt sur le front.*)
Là, regardez-moi là durant cet entretien,
Et jusqu'au moindre mot, imprimez-le vous bien.
Je vous épouse, Agnès ; et, cent fois la journée,
Vous devez bénir l'heur de votre destinée,
Contempler la bassesse où vous avez été,
Et dans le même tems admirer ma bonté,
Qui, de ce vil état de pauvre villageoise,
Vous fait monter au rang d'honorable bourgeoise ;
Et jouir de la couche et des embrassemens

D'un homme qui fuyoit tous ces engagemens,
Et dont, à vingt partis fort capables de plaire,
Le cœur a refusé l'honneur qu'il vous veut faire.
Vous devez toujours, dis-je, avoir devant les yeux
Le peu que vous étiez sans ce nœud glorieux,
Afin que cet objet d'autant mieux vous instruise
A mériter l'état où je vous aurai mise,
A toujours vous connoître, et faire qu'à jamais
Je puisse me louer de l'acte que je fais.
Le mariage, Agnès, n'est pas un badinage ;
A d'austères devoirs le rang de femme engage,
Et vous n'y montez pas, à ce que je prétends,
Pour être libertine et prendre du bon tems.
Votre sexe n'est là que pour la dépendance.
Du côté de la barbe est la toute-puissance.
Bien qu'on soit deux moitiés de la société,
Ces deux moitiés pourtant n'ont point d'égalité :
L'une est moitié suprême, et l'autre subalterne ;
L'une en tout est soumise à l'autre qui gouverne :
Et, ce que le soldat, dans son devoir instruit,
Montre d'obéissance au chef qui le conduit,
Le valet à son maître, un enfant à son père,
A son supérieur le moindre petit frère,
N'approche point encor de la docilité,
Et de l'obéissance, et de l'humilité,
Et du profond respect ou la femme doit être *
Pour son mari, son chef, son seigneur et son maître.
Lorsqu'il jette sur elle un regard sérieux,
Son devoir aussitôt est de baisser les yeux,
Et de n'oser jamais le regarder en face,
Que quand d'un doux regard il lui veut faire grace.

* *Et du profond respect où la femme doit être*
Pour son mari, son chef, son seigneur et son maître.

Il semble que Molière ait eu en vue cet endroit de la sagesse de Charron, liv. 3, chap. 12. *Les devoirs de la femme sont de rendre honneur, révérence et respect à son mari, comme à son maître et bon seigneur.*

ACTE III, SCÈNE II.

C'est ce qu'entendent mal les femmes d'aujourd'hui ;
Mais ne vous gâtez pas sur l'exemple d'autrui.
Gardez-vous d'imiter ces coquettes vilaines,
Dont par toute la ville on chante les fredaines,
Et de vous laisser prendre aux assauts du malin,
C'est-à-dire, d'ouïr aucun jeune blondin.
Songez qu'en vous faisant moitié de ma personne,
C'est mon honneur, Agnès, que je vous abandonne ;
Que cet honneur est tendre, et se blesse de peu ;
Que sur un tel sujet il ne faut point de jeu,
Et qu'il est aux enfers des chaudières bouillantes,
Où l'on plonge à jamais les femmes mal-vivantes.
Ce que je vous dis là ne sont pas des chansons,
Et vous devez du cœur dévorer ces leçons.
Si votre ame les suit, et fuit d'être coquette,
Elle sera toujours, comme un lys, blanche et nette ;
Mais s'il faut qu'à l'honneur elle fasse un faux-bond,
Elle deviendra lors noire comme un charbon.
Vous paroîtrez à tous un objet effroyable,
Et vous irez un jour, vrai partage du diable,
Bouillir dans les enfers à toute éternité,
Dont vous veuille garder la céleste bonté.
Faites la révérence. Ainsi qu'une novice
Par cœur dans le couvent doit savoir son office,
Entrant au mariage il en faut faire autant :
Et voici dans ma poche un écrit important,
Qui vous enseignera l'office de la femme.
J'en ignore l'auteur : mais c'est quelque bonne ame ;
Et je veux que ce soit votre unique entretien.

(*Il se lève.*)

Tenez. Voyons un peu si vous le lirez bien.

L'ÉCOLE DES FEMMES.

AGNÈS *lit.*

MAXIMES DU MARIAGE,

OU

LES DEVOIRS DE LA FEMME MARIÉE,

Avec son exercice journalier.

Ire MAXIME.

Celle qu'un lien honnnête
Fait entrer au lit d'autrui,
Doit se mettre dans la tête,
Malgré le train d'aujourd'hui,
Que l'homme qui la prend, ne la prend que pour lui.

ARNOLPHE.

Je vous expliquerai ce que cela veut dire :
Mais pour l'heure présente il ne faut rien que lire.

AGNÈS *poursuit.*

IIe MAXIME *.

Elle ne se doit parer
Qu'autant que peut desirer
Le mari qui la possède :
C'est lui que touche seul le soin de sa beauté ;
Et pour rien doit être compté,
Que les autres la trouvent laide.

IIIe MAXIME.

Loin ces études d'œillades,
Ces eaux, ces blancs, ces pommades,

---

* On supprimoit aussi comme aujourd'hui dans la lecture des maximes, la deuxième, la troisième, la quatrième, la septième, la huitième et la dixième.

ACTE III. SCENE II.

Et mille ingrédiens qui font des teints fleuris ;
A l'honneur, tous les jours, ce sont drogues mortelles ;
Et les soins de paroître belles
Se prennent peu pour les maris.

IVe MAXIME.

Sous sa coiffe en sortant, comme l'honneur l'ordonne,
Il faut que de ses yeux elle étouffe les coups ;
Car pour bien plaire à son époux,
Elle ne doit plaire à personne.

Ve MAXIME.

Hors ceux dont au mari la visite se rend,
La bonne règle défend
De recevoir aucune ame ;
Ceux qui, de galante humeur,
N'ont affaire qu'à madame,
N'accommodent pas monsieur.

VIe MAXIME.

Il faut des présens des hommes
Qu'elle se défende bien ;
Car dans le siècle où nous sommes,
On ne donne rien pour rien.

VIIe MAXIME.

Dans ses meubles, dût-elle en avoir de l'ennui,
Il ne faut écritoire, encre, papier, ni plumes :
Le mari doit, dans les bonnes coutumes,
Écrire tout ce qui s'écrit chez lui.

VIIIe MAXIME.

Ces sociétés déréglées,
Qu'on nomme belles assemblées,
Des femmes tous les jours corrompent les esprits ;
En bonne politique on les doit interdire :
Car c'est là que l'on conspire
Contre les pauvres maris.

IX.e MAXIME.

Toute femme qui veut à l'honneur se vouer,
Doit se défendre de jouer,
Comme d'une chose funeste ;
Car le jeu fort décevant
Pousse une femme souvent
A jouer de tout son reste.

X.e MAXIME.

Des promenades du tems,
Ou repas qu'on donne aux champs,
Il ne faut point qu'elle essaye.
Selon les prudens cerveaux,
Le mari dans ces cadeaux
Est toujours celui qui paye.

XI.e MAXIME *.

ARNOLPHE.

Vous acheverez seule ; et, pas à pas, tantôt
Je vous expliquerai ces choses comme il faut.

---

* L'idée des maximes du mariage, ou des devoirs de la femme mariée, a été fournie à Molière par son premier maître, par Plaute. Voyez l'*Asinaria* de ce poëte comique, acte IV, scène I. Un *Parasite* lit à Diabole les conventions qu'il a rédigées pour lui, et qui doivent être observées de la part de Philénion sa maîtresse. Il faut, dit le premier article, que Philénion soit avec lui jour et nuit. Et non avec un autre, ajoute Diabole.

Philenium ut secum esset noctes et dies
Hunc annum totum. . . . .

DIABOLUS.

. . . . *Neque cum quicquam alio quidem.*

Il faut qu'elle ne reçoive chez elle aucun autre homme :
Alienum hominem intromittat neminem.

Qu'elle n'ait point de cire chez elle pour écrire des lettres :
Nec illi sit cera ubi facere possit litteras.

Qu'elle ne joue qu'avec son amant :
Talos ne cuiquam homini admoveat nisi tibi, etc., etc.

Je me suis souvenu d'une petite affaire :
Je n'ai qu'un mot à dire, et ne tarderai guère.
Rentrez, et conservez ce livre chèrement.
Si le notaire vient, qu'il m'attende un moment.

SCÈNE III.
ARNOLPHE seul.

Je ne puis faire mieux que d'en faire ma femme.
Ainsi que je voudrai, je tournerai cette ame ;
Comme un morceau de cire entre mes mains elle est,
Et je lui puis donner la forme qui me plaît.
Il s'en est peu fallu que, durant mon absence *,
On ne m'ait attrapé par son trop d'innocence ;
Mais il vaut beaucoup mieux, à dire vérité,
Que la femme qu'on a, péche de ce côté.
De ces sortes d'erreurs le remède est facile.
Toute personne simple aux leçons est docile ;
Et si du bon chemin on la fait écarter,
Deux mots incontinent l'y peuvent rejeter.
Mais une femme habile est bien une autre bête.
Notre sort ne dépend que de sa seule tête,
De ce qu'elle s'y met, rien ne la fait gauchir,
Et nos enseignemens ne font là que blanchir :
Son bel esprit lui sert à railler nos maximes,
A se faire souvent des vertus de ses crimes,

Ce peu de traits suffit pour convaincre que la scène de l'*Asinaria* est la source où Molière a puisé, mais toujours à sa manière, en augmentant l'effet de la scène qu'il s'approprie. Quelle différence entre la lecture des articles qu'a rédigés le *Parasite*, faite à *Diabole*, qui doit ensuite les présenter à Philénion, et la lecture des maximes remises entre les mains d'Agnès par Arnolphe, et lues par cette jeune personne en présence de celui qui les lui donne comme une regle de conduite ! Je dois cette derniere observation à M. de Rhulière.

* On retranchoit du tems de Molière dans cette scène huit vers commençant par : *Il s'en est peu fallu*, etc., et huit autres encore du même monologue, commençant par : *De ce qu'elle s'y met*, etc.

Et trouver, pour venir à ses coupables fins,
Des détours à duper l'adresse des plus fins.
Pour se parer du coup en vain on se fatigue,
Une femme d'esprit est un diable en intrigue;
Et dès que son caprice a prononcé tout bas
L'arrêt de notre honneur, il faut passer le pas.
Beaucoup d'honnêtes gens en pourroient bien que dire.
Enfin mon étourdi n'aura pas lieu d'en rire;
Par son trop de caquet il a ce qu'il lui faut.
Voilà de nos Français l'ordinaire défaut;
Dans la possession d'une bonne fortune,
Le secret est toujours ce qui les importune.
Et la vanité sotte a pour eux tant d'appas,
Qu'ils se pendroient plutôt que de ne causer pas.
Oh! que les femmes sont du diable bien tentées,
Lorsqu'elles vont choisir ces têtes éventées!
Et que.... Mais le voici. Cachons-nous toujours bien,
Et découvrons un peu quel chagrin est le sien.

SCÈNE IV.
HORACE, ARNOLPHE.
HORACE.

Je reviens de chez vous, et le destin me montre
Qu'il n'a pas résolu que je vous y rencontre.
Mais j'irai tant de fois, qu'enfin quelque moment....
ARNOLPHE.
Hé, mon Dieu! n'entrons point dans ce vain compliment.
Rien ne me fâche tant que ces cérémonies;
Et, si l'on m'en croyoit, elles seroient bannies.
C'est un maudit usage, et la plupart des gens
Y perdent sottement les deux tiers de leur tems.
(*Il se couvre.*)
Mettons donc, sans façon. Hé bien, vos amourettes?
Puis-je, seigneur Horace, apprendre où vous en êtes?
J'étois tantôt distrait par quelque vision;
Mais depuis là-dessus j'ai fait réflexion.
De vos premiers progrès j'admire la vitesse,
Et dans l'événement mon ame s'intéresse.

ACTE III. SCÈNE IV.

HORACE.

Ma foi, depuis qu'à vous s'est découvert mon cœur,
Il est à mon amour arrivé du malheur.

ARNOLPHE.

Oh! oh! comment cela?

HORACE.

La fortune cruelle
A ramené des champs le patron de la belle.

ARNOLPHE.

Quel malheur!

HORACE.

Et de plus, à mon très-grand regret,
Il a su de nous deux le commerce secret.

ARNOLPHE.

D'où diantre a-t-il sitôt appris cette aventure?

HORACE.

Je ne sais; mais enfin c'est une chose sûre.
Je pensois aller rendre, à mon heure à-peu-près,
Ma petite visite à ses jeunes attraits,
Lorsque changeant pour moi de ton et de visage,
Et servante et valet m'ont bouché le passage;
Et d'un, *retirez-vous, vous nous importunez*,
M'ont assez rudement fermé la porte au nez.

ARNOLPHE.

La porte au nez!

HORACE.

Au nez.

ARNOLPHE.

La chose est un peu forte.

HORACE.

J'ai voulu leur parler au travers de la porte;
Mais à tous mes propos ce qu'ils ont répondu,
C'est, *vous n'entrerez point, monsieur l'a défendu*.

ARNOLPHE.

Ils n'ont donc point ouvert?

HORACE.

Non. Et de la fenêtre
Agnès m'a confirmé le retour de ce maître,

En me chassant de là d'un ton plein de fierté,
Accompagné d'un grès que sa main a jeté.

ARNOLPHE.

Comment, d'un grès?

HORACE.

D'un grès de taille non petite,
Dont on a par ses mains régalé ma visite.

ARNOLPHE.

Diantre, ce ne sont pas des prunes que cela !
Et je trouve fâcheux l'état où vous voilà.

HORACE.

Il est vrai, je suis mal par ce retour funeste.

ARNOLPHE.

Certes, j'en suis fâché pour vous, je vous proteste.

HORACE.

Cet homme me rompt tout.

ARNOLPHE.

Oui, mais cela n'est rien.
Et de vous racrocher vous trouverez moyen.

HORACE.

Il faut bien essayer, par quelque intelligence,
De vaincre du jaloux l'exacte vigilance.

ARNOLPHE.

Cela vous est facile ; et la fille, après tout,
Vous aime.

HORACE.

Assurément.

ARNOLPHE.

Vous en viendrez à bout.

HORACE.

Je l'espère.

ARNOLPHE.

Le grès vous a mis en déroute ;
Mais cela ne doit pas vous étonner.

HORACE.

Sans doute ;
Et j'ai compris d'abord que mon homme étoit là,

ACTE III. SCÈNE IV.

Qui, sans se faire voir, conduisoit tout cela.
Mais ce qui m'a surpris, et qui va vous surprendre,
C'est un autre incident que vous allez entendre,
Un trait hardi qu'a fait cette jeune beauté,
Et qu'on n'attendroit point de sa simplicité.
Il le faut avouer, l'amour est un grand maître,
Ce qu'on ne fut jamais il nous enseigne à l'être;
Et souvent de nos cœurs l'absolu changement
Devient par ses leçons l'ouvrage d'un moment.
De la nature en nous il force les obstacles,
Et ses effets soudains ont de l'air des miracles.
D'un avare à l'instant il fait un libéral,
Un vaillant d'un poltron, un civil d'un brutal;
Il rend agile à tout l'ame la plus pesante,
Et donne de l'esprit à la plus innocente.
Oui, ce dernier miracle éclate dans Agnès;
Car tranchant avec moi par ces termes exprès :
Retirez-vous, mon ame aux visites renonce,
Je sais tous vos discours, et voilà ma réponse :
Cette pierre, ou ce grès dont vous vous étonniez,
Avec un mot de lettre est tombée à mes pieds :
Et j'admire de voir cette lettre ajustée
Avec le sens des mots, et la pierre jetée.
D'une telle action n'êtes-vous pas surpris ?
L'amour sait-il pas l'art d'aiguiser les esprits ?
Et peut-on me nier que ses flammes puissantes
Ne fassent dans un cœur des choses étonnantes ?
Que dites-vous du tour et de ce mot d'écrit ?
Hé, n'admirez-vous point cette adresse d'esprit ?
Trouvez-vous pas plaisant de voir quel personnage
A joué mon jaloux dans tout ce badinage ?
Dites ?

ARNOLPHE.

Oui, fort plaisant.

HORACE.

Riez-en donc un peu.

(*Arnolphe rit d'un air forcé.*)

Cet homme, gendarmé d'abord contre mon feu,

Qui chez lui se retranche et de grès fait parade,
Comme si j'y voulois monter par escalade,
Qui, pour me repousser, dans son bisarre effroi,
Anime du dedans tous ses gens contre moi,
Et qu'abuse à ses yeux par sa machine même,
Celle qu'il veut tenir dans l'ignorance extrême ?
Pour moi, je vous l'avoue, encor que son retour
En un grand embarras jette ici mon amour,
Je tiens cela plaisant, autant qu'on sauroit dire;
Je ne puis y songer sans de bon cœur en rire,
Et vous n'en riez pas assez à mon avis.

ARNOLPHE avec un ris forcé.

Pardonnez-moi, j'en ris tout autant que je puis.

HORACE.

Mais il faut qu'en ami je vous montre sa lettre.
Tout ce que son cœur sent, sa main a su l'y mettre;
Mais en termes touchans et tout pleins de bonté,
De tendresse innocente et d'ingénuité.
De la manière enfin que la pure nature
Exprime de l'amour la première blessure.

ARNOLPHE bas à part.

Voilà, friponne, à quoi l'écriture te sert,
Et, contre mon desccin, l'art t'en fut découvert.

HORACE lit.

Je veux vous écrire, et je suis bien en peine par où je m'y prendrai. J'ai des pensées que je desirerois que vous sussiez; mais je ne sais comment faire pour vous les dire, et je me défie de mes paroles. Comme je commence à connoître qu'on m'a toujours tenue dans l'ignorance, j'ai peur de mettre quelque chose qui ne soit pas bien, et d'en dire plus que je ne devrois. En vérité, je ne sais ce que vous m'avez fait; mais je sens que je suis fâchée à mourir de ce qu'on me fait faire contre vous, que j'aurai toutes les peines du monde à me passer de vous, et que je serois bien aise d'être à vous. Peut-être qu'il y a du mal à dire cela, mais enfin je ne puis m'empêcher de le dire, et je voudrois que cela se pût faire sans qu'il y en eut. On me dit fort que tous les jeunes gens sont des trompeurs, qu'il ne les faut point écouter, et que tout ce que vous me dites n'est que pour m'abuser : mais je

ACTE III. SCÈNE IV.

vous assure que je n'ai pu encore me figurer cela de vous, et je suis si touchée de vos paroles, que je ne saurois croire qu'elles soient menteuses. Dites-moi franchement ce qui en est : car enfin, comme je suis sans malice, vous auriez le plus grand tort du monde, si vous me trompiez, et je pense que j'en mourrois de déplaisir.

ARNOLPHE *à part.*

Hon, chienne !

HORACE.

Qu'avez-vous ?

ARNOLPHE.

Moi ? Rien. C'est que je tousse.

HORACE.

Avez-vous jamais vu d'expression plus douce ?
Malgré les soins maudits d'un injuste pouvoir,
Un plus beau naturel se peut-il faire voir ?
Et n'est-ce pas sans doute un crime punissable,
De gâter méchamment ce fond d'ame admirable,
D'avoir, dans l'ignorance et la stupidité,
Voulu de cet esprit étouffer la clarté ?
L'amour a commencé d'en déchirer le voile ;
Et si, par la faveur de quelque bonne étoile,
Je puis, comme j'espère, à ce franc animal,
Ce traître, ce bourreau, ce faquin, ce brutal....

ARNOLPHE.

Adieu.

HORACE.

Comment, si vîte ?

ARNOLPHE.

Il m'est, dans la pensée,
Venu tout maintenant une affaire pressée.

HORACE.

Mais ne sauriez-vous point, comme on la tient de près,
Qui dans cette maison pourroit avoir accès ?
J'en use sans scrupule, et ce n'est pas merveille,
Qu'on se puisse, entre amis, servir à la pareille *.

---

* *Servir à la pareille*, quelques-uns ont cru cette expression vieillie.

Je n'ai plus là-dedans que gens pour m'observer ;
Et servante et valet, que je viens de trouver,
N'ont jamais, de quelque air que je m'y sois pu prendre,
Adouci leur rudesse à me vouloir entendre.
J'avois pour de tels coups certaine vieille en main,
D'un génie, à vrai dire, au-dessus de l'humain.
Elle m'a dans l'abord servi de bonne sorte ;
Mais depuis quatre jours la pauvre femme est morte.
Ne me pourriez-vous point ouvrir quelque moyen ?
        ARNOLPHE.
Non vraiment, et, sans moi, vous en trouverez bien.
        HORACE.
Adieu donc. Vous voyez ce que je vous confie.

SCÈNE V.

ARNOLPHE seul.

Comme il faut devant lui que je me mortifie !
Quelle peine à cacher mon déplaisir cuisant !
Quoi, pour une innocente, un esprit si présent ?
Elle a feint d'être telle à mes yeux, la traîtresse,
Ou le diable à son ame a soufflé cette adresse.
Enfin me voila mort par ce funeste écrit.
Je vois qu'il a, le traître, empaumé son esprit,
Qu'à ma suppression *, il s'est ancré chez elle **,
Et c'est mon désespoir et ma peine mortelle.
Je souffre doublement dans le vol de son cœur,
Et l'amour y pâtit aussi bien que l'honneur.
J'enrage de trouver cette place usurpée,

* *A ma suppression*, pour dire *à ma place*, a paru une mauvaise expression.

** *Qu'à ma suppression, il s'est ancré chez elle.*

Ce vers peu digne de Molière, ennemi du précieux et du galimatias, est heureusement au nombre de douze qui se supprimoient, et qui commençoient par *Enfin me voila mort*, et c'est à nos acteurs d'aujourd'hui à se conformer à ces retranchemens avoués par Molière.

Et j'enrage de voir ma prudence trompée.
Je sais que pour punir son amour libertin,
Je n'ai qu'à laisser faire à son mauvais destin,
Que je serai vengé d'elle par elle-même :
Mais il est bien fâcheux de perdre ce qu'on aime.
Ciel, puisque pour un choix j'ai tant philosophé,
Faut-il de ses appas m'être si fort coiffé !
Elle n'a ni parens, ni support, ni richesse,
Elle trahit mes soins, mes bontés, ma tendresse,
Et cependant je l'aime, après ce lâche tour,
Jusqu'à ne me pouvoir passer de cet amour.
Sot, n'as-tu point de honte? Ah, je crève, j'enrage,
Et je souffleterois mille fois mon visage !
Je veux entrer un peu : mais seulement pour voir
Quelle est sa contenance après un trait si noir.
Ciel, faites que mon front soit exempt de disgrace ;
Ou bien, s'il est écrit qu'il faille que j'y passe,
Donnez-moi tout au moins, pour de tels accidens,
La constance qu'on voit à de certaines gens!

ACTE IV.

SCÈNE I.

ARNOLPHE.

J'AI peiné, je l'avoue, à demeurer en place,
Et de mille soucis mon esprit s'embarrasse,
Pour pouvoir mettre un ordre et dedans et dehors,
Qui du godelureau rompe tous les efforts.
De quel œil la traîtresse a soutenu ma vue !
De tout ce qu'elle a fait elle n'est point émue,

Et, bien qu'elle me mette à deux doigts du trépas,
On diroit à la voir qu'elle n'y touche pas.
Plus, en la regardant, je la voyois tranquille,
Plus je sentois en moi s'échauffer une bile °,
Et ces bouillans transports dont s'enflammoit mon cœur,
Y sembloient redoubler mon amoureuse ardeur.
J'étois aigri, fâché, désespéré contr'elle,
Et cependant jamais je ne la vis si belle ;
Jamais ses yeux aux miens n'ont paru si perçans,
Jamais je n'eus pour eux des desirs si pressans,
Et je sens là-dedans qu'il faudra que je crève,
Si de mon triste sort la disgrace s'achève.
Quoi, j'aurai dirigé son éducation
Avec tant de tendresse et de précaution?
Je l'aurai fait passer chez moi dès son enfance,
Et j'en aurai chéri la plus tendre espérance?
Mon cœur aura bâti sur ses attraits naissans,
Et cru la mitonner pour moi durant treize ans,
Afin qu'un jeune fou, dont elle s'amourache,
Me la vienne enlever jusque sur la moustache,
Lorsqu'elle est avec moi mariée à demi?
Non parbleu, non parbleu, petit sot mon ami,
Vous aurez beau tourner, ou j'y perdrai mes peines,
Ou je rendrai, ma foi, vos espérances vaines,
Et de moi tout-à-fait vous ne vous rirez point.

SCÈNE II **.

UN NOTAIRE, ARNOLPHE.

LE NOTAIRE.

Ah, le voilà ! Bonjour. Me voici tout à point
Pour dresser le contrat que vous souhaitez faire.

° *S'échauffer une bile*, on diroit aujourd'hui *s'échauffer ma bile*.

** Le *quiproquo* de cette scène est conduit avec un art auquel il faut reconnoître le génie de Molière, toujours original, même lorsqu'il imite. Il avoit vu beaucoup d'exemples de pa-

ACTE IV. SCÈNE II.

ARNOLPHE *se croyant seul, et sans voir ni entendre le Notaire.*

Comment faire ?
LE NOTAIRE.
Il le faut dans la forme ordinaire.
ARNOLPHE *se croyant seul.*
A mes précautions je veux songer de près.
LE NOTAIRE.
Je ne passerai rien contre vos intérêts.
ARNOLPHE *se croyant seul.*
Il se faut garantir de toutes les surprises.
LE NOTAIRE.
Suffit qu'entre mes mains vos affaires soient mises.
Il ne vous faudra point, de peur d'être déçu,
Quittancer le contrat, que vous n'ayez reçu.
ARNOLPHE *se croyant seul.*
J'ai peur, si je vais faire éclater quelque chose,
Que de cet incident par la ville on ne cause.
LE NOTAIRE.
Hé bien, il est aisé d'empêcher cet éclat,
Et l'on peut en secret faire votre contrat.
ARNOLPHE *se croyant seul.*
Mais comment faudra-t-il qu'avec elle j'en sorte ?
LE NOTAIRE.
Le douaire se règle au bien qu'on vous apporte.
ARNOLPHE *se croyant seul.*
Je l'aime, et cet amour est mon grand embarras.
LE NOTAIRE.
On peut avantager une femme en ce cas.
ARNOLPHE *se croyant seul.*
Quel traitement lui faire en pareille aventure ?
LE NOTAIRE.
L'ordre est que le futur doit douer la future,

reils *imbroglio* dans les farces italiennes ; mais c'est à lui qu'il appartenoit de les traiter avec cette vraisemblance qui les rend si piquans. Ici Arnolphe, se parlant seul, semble répondre à ce que lui dit le Notaire, qu'il n'entend point, et sans cet art, trop négligé en pareil cas, la scène n'est qu'une platitude digne de la parade.

Du tiers de dot qu'elle a; mais cet ordre n'est rien,
Et l'on va plus avant lorsque l'on le veut bien.
ARNOLPHE *se croyant seul.*
Si....
(*Il aperçoit le Notaire.*)
LE NOTAIRE.
Pour le préciput, il les regarde ensemble;
Je dis que le futur peut, comme bon lui semble,
Douer la future.
ARNOLPHE.
Hé?
LE NOTAIRE.
Il peut l'avantager
Lorsqu'il l'aime beaucoup, et qu'il veut l'obliger,
Et cela par douaire, ou préfix qu'on appelle,
Qui demeure perdu par le trépas d'icelle,
Ou sans retour, qui va de ladite à ses hoirs,
Ou coutumier, selon les différens vouloirs,
Ou par donation dans le contrat formelle,
Qu'on fait ou pure ou simple, ou qu'on fait mutuelle.
Pourquoi hausser le dos? est-ce qu'on parle en fat,
Et que l'on ne sait pas les formes d'un contrat?
Qui me les apprendra? Personne, je présume.
Sais-je pas qu'étant joints, on est par la coutume
Communs en meubles, biens, immeubles et conquêts,
A moins que par un acte on n'y renonce exprès?
Sais-je pas que le tiers du bien de la future
Entre en communauté, pour....
ARNOLPHE.
Oui, c'est chose sûre,
Vous savez tout cela: mais qui vous en dit mot?
LE NOTAIRE.
Vous, qui me prétendez faire passer pour sot,
En me haussant l'épaule, et faisant la grimace.
ARNOLPHE.
La peste soit de l'homme, et sa chienne de face!
Adieu. C'est le moyen de nous faire finir.
LE NOTAIRE.
Pour dresser un contrat m'a-t-on pas fait venir?

ACTE IV. SCÈNE IV.

ARNOLPHE.

Oui, je vous ai mandé : mais la chose est remise ;
Et l'on vous mandera quand l'heure sera prise.
Voyez quel diable d'homme, avec son entretien !

LE NOTAIRE seul.

Je pense qu'il en tient, et je crois penser bien.

SCÈNE III.

LE NOTAIRE, ALAIN, GEORGETTE.

LE NOTAIRE *allant au-devant d'Alain et de Georgette.*

M'êtes-vous pas venu querir pour votre maître ?

ALAIN.

Oui.

LE NOTAIRE.

J'ignore pour qui ; vous le pouvez connoître :
Mais allez de ma part lui dire de ce pas
Que c'est un fou fieffé.

GEORGETTE.

Nous n'y manquerons pas.

SCÈNE IV.

ARNOLPHE, ALAIN, GEORGETTE.

ALAIN.

Monsieur....

ARNOLPHE.

Approchez-vous, vous êtes mes fidèles,
Mes bons, mes vrais amis, et j'en sais des nouvelles.

ALAIN.

Le notaire....

ARNOLPHE.

Laissons, c'est pour quelqu'autre jour.
On veut à mon honneur jouer d'un mauvais tour ;
Et quel affront pour vous, mes enfans, pourroit-ce être,
Si l'on avoit ôté l'honneur à votre maître !
Vous n'oseriez après paroître en nul endroit ;

Et chacun, vous voyant, vous montreroit au doigt.
Donc, puisqu'autant que moi l'affaire vous regarde,
Il faut de votre part faire une telle garde,
Que ce galant ne puisse en aucune façon....

GEORGETTE.

Vous nous avez tantôt montré notre leçon.

ARNOLPHE.

Mais, à ses beaux discours, gardez bien de vous rendre.

ALAIN.

Oh, vraiment !...

GEORGETTE.

Nous savons comme il faut s'en défendre.

ARNOLPHE.

S'il venoit doucement : Alain, mon pauvre cœur,
Par un peu de secours soulage ma langueur.

ALAIN.

Vous êtes un sot.

ARNOLPHE.

(à Georgette.)

Bon. Georgette ma mignonne,
Tu me parois si douce, et si bonne personne.

GEORGETTE.

Vous êtes un nigaud.

ARNOLPHE.

(à Alain.)

Bon. Quel mal trouves-tu
Dans un dessein honnête, et tout plein de vertu?

ALAIN.

Vous êtes un fripon.

ARNOLPHE.

(à Georgette.)

Fort bien. Ma mort est sûre,
Si tu ne prends pitié des peines que j'endure.

GEORGETTE.

Vous êtes un benêt, un impudent.

ARNOLPHE.

Fort bien.

ACTE IV. SCÈNE IV.

(à Alain.)

Je ne suis pas un homme à vouloir rien pour rien ;
Je sais, quand on me sert, en garder la mémoire.
Cependant par avance, Alain, voilà pour boire,
Et voilà pour t'avoir, Georgette, un cotillon.

(Ils tendent tous deux la main et prennent l'argent.)

Ce n'est de mes bienfaits qu'un simple échantillon.
Toute la courtoisie enfin dont je vous presse,
C'est que je puisse voir votre belle maîtresse.

GEORGETTE *le poussant*.

A d'autres.

ARNOLPHE.

Bon cela.

ALAIN *le poussant*.

Hors d'ici.

ARNOLPHE.

Bon.

GEORGETTE *le poussant*.

Mais tôt.

ARNOLPHE.

Bon. Holà, c'est assez.

GEORGETTE.

Fais-je pas comme il faut ?

ALAIN.

Est-ce de la façon que vous voulez l'entendre ?

ARNOLPHE.

Oui, fort bien, hors l'argent qu'il ne falloit pas prendre.

GEORGETTE.

Nous ne nous sommes pas souvenus de ce point.

ALAIN.

Voulez-vous qu'à l'instant nous recommencions ?

ARNOLPHE.

Point.
Suffit. Rentrez tous deux.

ALAIN.

Vous n'avez rien qu'à dire.

ARNOLPHE.

Non, vous dis-je, rentrez, puisque je le desire.

Je vous laisse l'argent. Allez. Je vous rejoins.
Ayez bien l'œil à tout, et secondez mes soins.

SCÈNE V.

ARNOLPHE seul.

Je veux * pour espion qui soit d'exacte vue **,
Prendre le savetier du coin de notre rue.
Dans la maison toujours je prétends la tenir,
Y faire bonne garde, et surtout en bannir
Vendeuses de rubans, perruquières, coiffeuses,
Faiseuses de mouchoirs, gantières, revendeuses,
Tous ces gens qui sous main travaillent chaque jour
A faire réussir les mystères d'amour.
Enfin, j'ai vu le monde, et j'en sais les finesses.
Il faudra que mon homme ait de grandes adresses ***,
Si message ou poulet de sa part peut entrer.

SCÈNE VI.

HORACE, ARNOLPHE.

HORACE.

La place m'est heureuse à vous y rencontrer.
Je viens de l'échapper bien belle, je vous jure.
Au sortir d'avec vous, sans prévoir l'aventure,
Seule dans son balcon j'ai vu paroître Agnès,
Qui des arbres prochains prenoit un peu le frais :

* *Qui soit d'exacte vue*, pour *qui soit bien attentif*, ne peut pas se dire.

** On retranchoit autrefois les huit premiers vers de ce monologue. Même observation à faire par rapport à nos comédiens, qui adoptent ou rejettent à leur fantaisie ces changemens, que nous devons regarder comme les seules corrections que Molière ait eu le tems de faire à ses ouvrages.

*** *De grandes adresses*, ne peut pas se dire en ce sens au pluriel.

ACTE IV. SCÈNE VI.

Après m'avoir fait signe, elle a su faire en sorte,
Descendant au jardin, de m'en ouvrir la porte :
Mais à peine tous deux dans sa chambre étions nous,
Qu'elle a sur les degrés entendu son jaloux ;
Et tout ce qu'elle a pu, dans un tel accessoire *,
C'est de me renfermer dans une grande armoire.
Il est entré d'abord; je ne le voyois pas,
Mais je l'oyois marcher, sans rien dire, à grands pas,
Poussant de tems en tems des soupirs pitoyables,
Et donnant quelquefois de grands coups sur les tables,
Frappant un petit chien qui pour lui s'émouvoit,
Et jetant brusquement les hardes qu'il trouvoit.
Il a même cassé, d'une main mutinée,
Des vases dont la belle ornoit sa cheminée ;
Et sans doute il faut bien qu'à ce becque ** cornu,
Du trait qu'elle a joué, quelque jour soit venu.
Enfin, après vingt tours, ayant de la manière,
Sur ce qui n'en peut mais, déchargé sa colère ;
Mon jaloux inquiet, sans dire son ennui,
Est sorti de la chambre, et moi de mon étui.
Nous n'avons point voulu, de peur du personnage,
Risquer à nous tenir ensemble davantage,
C'étoit trop hasarder ; mais je dois cette nuit,
Dans sa chambre un peu tard m'introduire sans bruit.
En toussant par trois fois je me ferai connoître ;
Et je dois au signal voir ouvrir la fenêtre,
Dont, avec une échelle, et secondé d'Agnès,
Mon amour tâchera de me gagner l'accès.
Comme à mon seul ami, je veux bien vous l'apprendre.
L'alégresse du cœur s'augmente à la répandre,
Et goûtât-on cent fois un bonheur tout parfait,
On n'en est pas content, si quelqu'un ne le sait.

* *Accessoire*, pour *circonstance*, ne se dit plus.

** *Becque cornu*. Ce mot *becque* ne se trouve point dans nos Dictionnaires, c'est sans doute une imitation du mot italien *becco*, qui signifie bouc. Le mot *becco* vient lui-même du grec βήκιον, *capra*, mot imitatif du mugissement de la chèvre.

L'ÉCOLE DES FEMMES.

Vous prendrez part, je pense, à l'heur de mes affaires.
Adieu. Je vais songer aux choses nécessaires.

SCÈNE VII.

ARNOLPHE seul.

Quoi, l'astre qui s'obstine à me désespérer,
Ne me donnera pas le tems de respirer ?
Coup sur coup je verrai, par leur intelligence,
De mes soins vigilans confondre la prudence ?
Et je serai la dupe, en ma maturité *,
D'une jeune innocente et d'un jeune éventé ?
En sage philosophe, on m'a vu vingt années
Contempler des maris les tristes destinées,
Et m'instruire avec soin de tous les accidens
Qui font dans le malheur tomber les plus prudens :
Des disgraces d'autrui profitant dans mon ame,
J'ai cherché les moyens, voulant prendre une femme,
De pouvoir garantir mon front de tous affronts,
Et le tirer de pair d'avec les autres fronts :
Pour ce noble dessein, j'ai cru mettre en pratique
Tout ce que peut trouver l'humaine politique ;
Et, comme si du sort il étoit arrêté
Que nul homme ici-bas n'en seroit exempté ;
Après l'expérience et toutes les lumières
Que j'ai pu m'acquérir sur de telles matières,
Après vingt ans et plus de méditation
Pour me conduire en tout avec précaution,
De tant d'autres maris j'aurois quitté la trace
Pour me trouver après dans la même disgrace ?
Ah ! bourreau de destin, vous en aurez menti.
De l'objet qu'on poursuit, je suis encor nanti ;

---

* Molière avoit encore souffert qu'on supprimât vingt vers de ce monologue, à commencer depuis *Et je serai la dupe*. Les monologues sont fréquens dans cette pièce, et Molière s'étoit aperçu que la vraisemblance veut qu'ils soient plus courts qu'ils ne les avoit faits dans le feu de la composition.

ACTE IV. SCÈNE VIII.

Si son cœur m'est volé par ce blondin funeste,
J'empêcherai du moins qu'on s'empare * du reste,
Et cette nuit, qu'on prend pour ce galant exploit,
Ne se passera pas si doucement qu'on croit.
Ce m'est quelque plaisir, parmi tant de tristesse,
Que l'on me donne avis du piège qu'on me dresse,
Et que cet étourdi, qui veut m'être fatal,
Fasse son confident de son propre rival.

SCÈNE VIII.

CHRISALDE, ARNOLPHE.

CHRISALDE.

Hé bien ! souperons-nous avant la promenade ?
ARNOLPHE.

Non. Je jeûne ce soir.
CHRISALDE.
D'où vient cette boutade ?
ARNOLPHE.

De grace, excusez-moi, j'ai quelqu'autre embarras.
CHRISALDE.

Votre hymen résolu ne se fera-t-il pas ?
ARNOLPHE.

C'est trop s'inquiéter des affaires des autres.
CHRISALDE.

Oh, oh, si brusquement ? Quels chagrins sont les vôtres ?
Seroit-il point, compère, à votre passion,
Arrivé quelque peu de tribulation ?
Je le jurerois presque à voir votre visage.
ARNOLPHE.

Quoi qu'il m'arrive, au moins aurai-je l'avantage
De ne pas ressembler à de certaines gens,
Qui souffrent doucement l'approche des galans.
CHRISALDE.

C'est un étrange fait qu'avec tant de lumières,

---

* *Qu'on s'empare*, l'exactitude demanderoit *qu'on ne s'empare*.

Vous vous effarouchiez toujours sur ces matières,
Qu'en cela vous mettiez le souverain bonheur,
Et ne conceviez point au monde d'autre honneur.
Être avare, brutal, fourbe, méchant et lâche *,
N'est rien à votre avis auprès de cette tache ;
Et de quelque façon qu'on puisse avoir vécu,
On est homme d'honneur, quand on n'est point cocu.
A le bien prendre au fond, pourquoi voulez-vous croire
Que de ce cas fortuit dépende notre gloire,
Et qu'une ame bien née ait à se reprocher
L'injustice d'un mal qu'on ne peut empêcher ?
Pourquoi voulez-vous, dis-je, en prenant une femme,
Qu'on soit digne à son choix de louange ou de blâme,
Et qu'on s'aille former un monstre plein d'effroi,
De l'affront que nous fait son manquement de foi ?
Mettez-vous dans l'esprit qu'on peut du cocuage
Se faire en galant homme une plus douce image ;
Que, des coups du hasard aucun n'étant garant,
Cet accident de soi doit être indifférent,
Et qu'enfin tout le mal, quoi que le monde glose,
N'est que dans la façon de recevoir la chose :
Et, pour se bien conduire en ces difficultés,
Il y faut, comme en tout, fuir les extrémités,
N'imiter pas ces gens un peu trop débonnaires,
Qui tirent vanité de ces sortes d'affaires,
De leurs femmes toujours vont citant les galans,
En font partout l'éloge, et prônent leurs talens,
Témoignent avec eux d'étroites sympathies,
Sont de tous leurs cadeaux, de toutes leurs parties,
Et font qu'avec raison les gens sont étonnés
De voir leur hardiesse à montrer là leur nez.
Ce procédé, sans doute, est tout-à-fait blâmable ;
Mais l'autre extrémité n'est pas moins condamnable.
Si je n'approuve pas ces amis des galans,

---

* Le mot *lâche* rime d'autant plus mal avec celui de *tache*, *souillure*, qu'il est un mot *tâche* long comme l'adjectif *lâche*, que ce dernier rappelle, quoiqu'il ne convienne pas au sens du vers.

ACTE IV. SCENE VIII.

Je ne suis pas aussi pour ces gens turbulens,
Dont l'imprudent chagrin, qui tempête et qui gronde,
Attire, au bruit qu'il fait, les yeux de tout le monde,
Et qui, par cet éclat, semble ne pas vouloir
Qu'aucun puisse ignorer ce qu'ils peuvent avoir.
Entre ces deux partis, il en est un honnête,
Où, dans l'occasion, l'homme prudent s'arrête;
Et, quand on le sait prendre, on n'a point à rougir
Du pis dont une femme avec nous puisse agir *.
Quoi qu'on en puisse dire enfin, le cocuage
Sous des traits moins affreux aisément s'envisage,
Et, comme je vous dis, toute l'habileté
Ne va qu'à le savoir tourner du bon côté.

ARNOLPHE.

Après ce beau discours, toute la confrérie
Doit un remerciment à votre seigneurie;
Et quiconque voudra vous entendre parler,
Montrera de la joie à s'y voir enrôler.

CHRISALDE.

Je ne dis pas cela; car c'est ce que je blâme:
Mais, comme c'est le sort qui nous donne une femme,
Je dis que l'on doit faire ainsi qu'au jeu de dez **,
Où, s'il ne vous vient pas ce que vous demandez,
Il faut jouer d'adresse, et d'une ame réduite ***,
Corriger le hasard par la bonne conduite.

---

* *Du pis dont une femme avec nous puisse agir*, ce vers a paru un peu suranné.

** *Je dis que l'on doit faire ainsi qu'au jeu de dez.*

C'est une imitation de cet endroit des *Adelphes*, acte 4, scène 8.

. . . . *Quasi cùm ludas tesseris,*
Si illud, quod maximè opus est jactu, non cadit
Illud, quod cecidit sorte, id arte ut corrigas.

« Il en est de la vie comme d'un jeu où l'on emploie les dez.
» Si on n'amène pas le coup dont on a besoin, il faut que la
» science du joueur corrige le sort. »
L'abbé Lemonnier.

*** *Ame réduite*, ne se dit pas aujourd'hui.

ARNOLPHE.

C'est-à-dire, dormir et manger toujours bien,
Et se persuader que tout cela n'est rien.

CHRISALDE.

Vous pensez vous moquer : mais, à ne vous rien feindre,
Dans le monde je vois cent choses plus à craindre,
Et dont je me ferois un bien plus grand malheur,
Que de cet accident qui vous fait tant de peur;
Pensez-vous qu'à choisir de deux choses prescrites,
Je n'aimasse pas mieux être ce que vous dites,
Que de me voir mari de ces femmes de bien,
Dont la mauvaise humeur fait un procès sur rien,
Ces dragons de vertu, ces honnêtes diablesses,
Se retranchant toujours sur leurs sages prouesses;
Qui, pour un petit tort qu'elles ne nous font pas,
Prennent droit de traiter les gens de haut en bas,
Et veulent, sur le pied * de nous être fidèles,
Que nous soyions tenus de tout endurer d'elles?
Encore un coup, compère, apprenez qu'en effet
Le cocuage n'est que ce que l'on le fait,
Qu'on le peut souhaiter pour de certaines causes,
Et qu'il a ses plaisirs comme les autres choses.

ARNOLPHE.

Si vous êtes d'humeur à vous en contenter,
Quant à moi, ce n'est pas la mienne d'en tâter;
Et plutôt que subir une telle aventure....

CHRISALDE.

Mon Dieu, ne jurez point de peur d'être parjure.
Si le sort l'a réglé, vos soins sont superflus,
Et l'on ne prendra pas votre avis là-dessus.

ARNOLPHE.

Moi, je serai cocu?

CHRISALDE.

Vous voilà bien malade.
Mille gens le sont bien, sans vous faire bravade,
Qui de mine, de cœur, de biens et de maison,
Ne feroient avec vous nulle comparaison.

---

* *Sur le pied de....* pour *sous le prétexte de....* ne se dit pas.

ACTE IV. SCÈNE IX.

ARNOLPHE.

Et moi, je n'en voudrois avec eux faire aucune;
Mais cette raillerie, en un mot, m'importune;
Brisons-là, s'il vous plaît.

CHRISALDE.

Vous êtes en courroux.
Nous en saurons la cause. Adieu. Souvenez-vous
Quoi que sur ce sujet votre honneur vous inspire,
Que c'est être à demi ce que l'on vient de dire,
Que de vouloir jurer qu'on ne le sera pas.

ARNOLPHE.

Moi, je le jure encore, et je vais de ce pas
Contre cet accident trouver un bon remède.

(*Il court heurter à sa porte.*)

SCÈNE IX.

ARNOLPHE, ALAIN, GEORGETTE.

ARNOLPHE.

Mes amis, c'est ici que j'implore votre aide;
Je suis édifié de votre affection,
Mais il faut qu'elle éclate en cette occasion;
Et, si vous m'y servez selon ma confiance,
Vous êtes assurés de votre récompense.
L'homme que vous savez, n'en faites point de bruit,
Veut, comme je l'ai su, m'attrapper cette nuit,
Dans la chambre d'Agnès entrer par escalade;
Mais il lui faut, nous trois, dresser une embuscade.
Je veux que vous preniez chacun un bon bâton,
Et, quand il sera près du dernier échelon,
Car dans le tems qu'il faut j'ouvrirai la fenêtre,
Que tous deux à l'envi vous me chargiez ce traître.
Mais d'un air dont son dos garde le souvenir,
Et qui lui puisse apprendre à n'y plus revenir;
Sans me nommer pourtant en aucune manière,
Ni faire aucun semblant que je serai derrière.
Auriez-vous bien l'esprit de servir mon courroux?

ALAIN.
S'il ne tient qu'à frapper, monsieur, tout est à nous;
Vous verrez, quand je bats, si j'y vais de main-morte.
GEORGETTE.
La mienne, quoiqu'aux yeux elle semble moins forte,
N'en quitte pas sa part à le bien étriller.
ARNOLPHE.
Rentrez donc, et surtout gardez de babiller.
(seul.)
Voilà pour le prochain une leçon utile;
Et, si tous les maris qui sont dans cette ville,
De leurs femmes ainsi recevoient le galant,
Le nombre de cocus ne seroit pas si grand.

ACTE V.

SCÈNE I.

ARNOLPHE, ALAIN, GEORGETTE.

ARNOLPHE.
Traîtres, qu'avez-vous fait par cette violence?
ALAIN.
Nous vous avons rendu, monsieur, obéissance.
ARNOLPHE.
De cette excuse en vain vous voulez vous armer.
L'ordre étoit de le battre, et non de l'assommer;
Et c'étoit sur le dos, et non pas sur la tête,
Que j'avois commandé qu'on fît choir la tempête.
Ciel, dans quel accident me jette ici le sort!
Et que puis-je résoudre à voir cet homme mort?

ACTE V. SCÈNE II.

Rentrez dans la maison, et gardez de rien dire
De cet ordre innocent que j'ai pu vous prescrire.
(*seul.*)
Le jour s'en va paroître, et je vais consulter
Comment dans ce malheur je me dois comporter.
Hélas, que deviendrai-je! Et que dira le père
Lorsqu'inopinément il saura cette affaire?

SCÈNE II.
HORACE, ARNOLPHE.

HORACE *à part.*
Il faut que j'aille un peu reconnoître qui c'est.
ARNOLPHE *se croyant seul.*
Eût-on jamais prévu....
(*Heurté par Horace qu'il ne reconnoît pas.*)
Qui va-là, s'il vous plaît?
HORACE.
C'est vous, seigneur Arnolphe?
ARNOLPHE.
Oui. Mais vous....
HORACE.
C'est Horace.
Je m'en allois chez vous vous prier d'une grace.
Vous sortez bien matin?
ARNOLPHE *bas à part.*
Quelle confusion!
Est-ce un enchantement? Est-ce une illusion?
HORACE.
J'étois, à dire vrai, dans une grande peine;
Et je bénis du ciel la bonté souveraine,
Qui fait qu'à point nommé je vous rencontre ainsi.
Je viens vous avertir que tout a réussi,
Et même beaucoup plus que je n'eusse osé dire,
Et par un accident qui devoit tout détruire.
Je ne sais point par où l'on a pu soupçonner
Cette assignation qu'on m'avoit su donner;

Mais étant sur le point d'atteindre à la fenêtre,
J'ai contre mon espoir vu quelques gens paroître,
Qui, sur moi brusquement levant chacun le bras,
M'ont fait manquer le pied, et tomber jusqu'en bas;
Et ma chute, aux dépens de quelque meurtrissure,
De vingt coups de bâton m'a sauvé l'aventure.
Ces gens-là, dont étoit, je pense, mon jaloux,
Ont imputé ma chute à l'effort de leurs coups,
Et, comme la douleur, un assez long espace,
M'a fait, sans remuer, demeurer sur la place,
Ils ont cru tout de bon qu'ils m'avoient assommé,
Et chacun d'eux s'en est aussitôt alarmé.
J'entendois tout le bruit dans le profond silence,
L'un l'autre ils s'accusoient de cette violence;
Et, sans lumière aucune, en querellant le sort,
Sont venus doucement tâter si j'étois mort.
Je vous laisse à penser si, dans la nuit obscure,
J'ai d'un vrai trépassé su tenir la figure.
Ils se sont retirés avec beaucoup d'effroi;
Et comme je songeois à me retirer, moi,
De cette feinte mort la jeune Agnès émue,
Avec empressement est devers moi venue :
Car les discours qu'entr'eux ces gens avoient tenus
Jusques à son oreille étoient d'abord venus,
Et, pendant tout ce trouble étant moins observée,
Du logis aisément elle s'étoit sauvée :
Mais me trouvant sans mal, elle a fait éclater
Un transport difficile à bien représenter.
Que vous dirai-je enfin ? Cette aimable personne
A suivi les conseils que son amour lui donne,
N'a plus voulu songer à retourner chez soi,
Et de tout son destin s'est commise à ma foi.
Considérez un peu, par ce trait d'innocence,
Où l'expose d'un fou la haute impatience;
Et quels fâcheux périls elle pourroit courir,
Si j'étois maintenant homme à la moins chérir.
Mais d'un trop pur amour mon ame est embrâsée;
J'aimerois mieux mourir que la voir abusée;
Je lui vois des appas dignes d'un autre sort,

ACTE V. SCÈNE II.

Et rien ne m'en sauroit séparer que la mort.
Je prévois là-dessus l'emportement d'un père,
Mais nous prendrons le tems d'apaiser sa colère.
A des charmes si doux je me laisse emporter,
Et dans la vie, enfin, il faut se contenter.
Ce que je veux de vous, sous un secret fidèle,
C'est que je puisse mettre en vos mains cette belle ;
Que dans vôtre maison, en faveur de mes feux,
Vous lui donniez retraite au moins un jour ou deux :
Outre qu'aux yeux du monde il faut cacher sa fuite,
Et qu'on en pourroit faire une exacte poursuite,
Vous savez qu'une fille aussi de sa façon
Donne avec un jeune homme un étrange soupçon ;
Et comme c'est à vous, sûr de votre prudence,
Que j'ai fait de mes feux entière confidence,
C'est à vous seul aussi, comme ami généreux,
Que je puis confier ce dépôt amoureux.

ARNOLPHE.

Je suis, n'en doutez point, tout à votre service.

HORACE.

Vous voulez bien me rendre un si charmant office ?

ARNOLPHE.

Très-volontiers, vous dis-je, et je me sens ravir
De cette occasion que j'ai de vous servir.
Je rends graces au ciel de ce qu'il me l'envoie,
Et n'ai jamais rien fait avec si grande joie.

HORACE.

Que je suis redevable à toutes vos bontés !
J'avois de votre part craint des difficultés :
Mais vous êtes du monde ; et, dans votre sagesse,
Vous savez excuser le feu de la jeunesse.
Un de mes gens la garde au coin de ce détour.

ARNOLPHE.

Mais comment ferons-nous, car il fait un peu jour ?
Si je la prends ici, l'on me verra peut-être ;
Et, s'il faut que chez moi vous veniez à paroître,
Des valets causeront. Pour jouer au plus sûr,
Il faut me l'amener dans un lieu plus obscur,
Mon allée est commode, et je l'y vais attendre.

HORACE.

Ce sont précautions qu'il est fort bon de prendre,
Pour moi, je ne ferai que vous la mettre en main,
Et chez moi, sans éclat, je retourne soudain.

ARNOLPHE seul.

Ah! fortune, ce trait d'aventure propice
Répare tous les maux que m'a fait ton caprice.

(Il s'enveloppe le nez de son manteau.)

SCÈNE III.

AGNÈS, HORACE, ARNOLPHE.

HORACE à Agnès.

Ne soyez point en peine où je vais vous mener;
C'est un logement sur que je vous fais donner.
Vous loger avec moi ce seroit tout détruire,
Entrez dans cette porte, et laissez-vous conduire.

(Arnolphe lui prend la main sans qu'elle le reconnoisse.)

AGNÈS à Horace.

Pourquoi me quittez-vous?

HORACE.

Chère Agnès, il le faut.

AGNÈS.

Songez donc, je vous prie, à revenir bientôt.

HORACE.

J'en suis assez pressé par ma flamme amoureuse.

AGNÈS.

Quand je ne vous vois point, je ne suis point joyeuse.

HORACE.

Hors de votre présence, on me voit triste aussi.

AGNÈS.

Hélas! s'il étoit vrai, vous resteriez ici.

HORACE.

Quoi, vous pourriez douter de mon amour extrême!

AGNÈS.

Non, vous ne m'aimez pas autant que je vous aime.

(Arnolphe la tire.)

Ah! l'on me tire trop.

ACTE V. SCÈNE IV.

HORACE.

C'est qu'il est dangereux,
Chère Agnès, qu'en ce lieu nous soyions vus tous deux;
Et ce parfait ami de qui la main vous presse,
Suit le zèle prudent qui pour nous l'intéresse.

AGNÈS.

Mais suivre un inconnu que....

HORACE.

N'appréhendez rien,
Entre de telles mains vous ne serez que bien.

AGNÈS.

Je me trouverois mieux entre celles d'Horace,
Et j'aurois....
(*à Arnolphe qui la tire encore.*)
Attendez.

HORACE.

Adieu. Le jour me chasse.

AGNÈS.

Quand vous verrai-je donc?

HORACE.

Bientôt assurément.

AGNÈS.

Que je vais m'ennuyer jusques à ce moment!

HORACE *en s'en allant.*

Grace au ciel, mon bonheur n'est plus en concurrence,
Et je puis maintenant dormir en assurance.

SCÈNE IV.

ARNOLPHE, AGNÈS.

ARNOLPHE *caché dans son manteau, et déguisant sa voix.*

Venez, ce n'est pas là que je vous logerai,
Et votre gîte ailleurs est par moi préparé.
Je prétends en lieu sûr mettre votre personne.
(*se faisant connoître.*)
Me connoissez-vous?

AGNÈS.

Hai!

ARNOLPHE.

Mon visage, friponne,
Dans cette occasion rend vos sens effrayés,
Et c'est à contre-cœur qu'ici vous me voyez;
Je trouble en ses projets l'amour qui vous possède.

(*Agnès regarde si elle ne verra point Horace.*)

N'appelez point des yeux le galant à votre aide,
Il est trop éloigné pour vous donner secours.
Ah, ah, si jeune encor, vous jouez de ces tours!
Votre simplicité, qui semble sans pareille,
Demande si l'on fait les enfans par l'oreille;
Et vous savez donner des rendez-vous la nuit,
Et pour suivre un galant vous évader sans bruit?
Tu-Dieu, comme avec lui votre langue cajole*,
Il faut qu'on vous ait mise à quelque bonne école.
Qui diantre tout d'un coup vous en a tant appris?
Vous ne craignez donc plus de trouver des esprits?
Et ce galant, la nuit, vous a donc enhardie?
Ah, coquine, en venir à cette perfidie!
Malgré tous mes bienfaits former un tel dessein!
Petit serpent que j'ai réchauffé dans mon sein,
Et qui, dès qu'il se sent, par une humeur ingrate,
Cherche à faire du mal à celui qui le flatte.

AGNÈS.

Pourquoi me criez-vous?

ARNOLPHE.

J'ai grand tort en effet.

AGNÈS.

Je n'entends point de mal dans tout ce que j'ai fait.

ARNOLPHE.

Suivre un galant n'est pas une action infâme?

AGNÈS.

C'est un homme qui dit qu'il me veut pour sa femme.

---

* *Votre langue cajole,* quelques-uns ont douté qu'on pût dire *cajoler* au neutre.

ACTE V. SCENE IV.

J'ai suivi vos leçons, et vous m'avez prêché
Qu'il se faut marier pour ôter le péché.

ARNOLPHE.

Oui. Mais pour femme, moi, je prétendois vous prendre,
Et je vous l'avois fait, me semble, assez entendre.

AGNÈS.

Oui. Mais, à vous parler franchement entre nous,
Il est plus pour cela selon mon goût que vous.
Chez vous le mariage est fâcheux et pénible,
Et vos discours en font une image terrible;
Mais las! il le fait, lui, si rempli de plaisirs,
Que de se marier il donne des desirs.

ARNOLPHE.

Ah! c'est que vous l'aimez, traîtresse!

AGNÈS.

Oui. Je l'aime.

ARNOLPHE.

Et vous avez le front de le dire à moi-même?

AGNÈS.

Et pourquoi, s'il est vrai, ne le dirois-je pas?

ARNOLPHE.

Le deviez-vous aimer, impertinente?

AGNÈS.

Hélas!
Est-ce que j'en puis mais? Lui seul en est la cause;
Et je n'y songeois pas, lorsque se fit la chose.

ARNOLPHE.

Mais il falloit chasser cet amoureux desir.

AGNÈS.

Le moyen de chasser ce qui fait du plaisir!

ARNOLPHE.

Et ne saviez-vous pas que c'étoit me déplaire.

AGNÈS.

Moi? Point du tout. Quel mal cela vous peut-il faire?

ARNOLPHE.

Il est vrai, j'ai sujet d'en être réjoui.
Vous ne m'aimez donc pas à ce compte?

AGNÈS.

Vous?

ARNOLPHE.

Oui.

AGNÈS.

Hélas! non.

ARNOLPHE.

Comment, non?

AGNÈS.

Voulez-vous que je mente?

ARNOLPHE.

Pourquoi ne m'aimer pas, madame l'impudente!

AGNÈS.

Mon Dieu, ce n'est pas moi que vous devez blâmer;
Que ne vous êtes-vous comme lui fait aimer?
Je ne vous en ai pas empêché, que je pense.

ARNOLPHE.

Je m'y suis efforcé de toute ma puissance;
Mais les soins que j'ai pris, je les ai perdus tous.

AGNÈS.

Vraiment, il en sait donc là-dessus plus que vous?
Car, à se faire aimer, il n'a point eu de peine.

ARNOLPHE à part.

Voyez comme raisonne et répond la vilaine!
Peste, une précieuse en diroit-elle plus?
Ah, je l'ai mal connue, ou, ma foi, là-dessus
Une sotte en sait plus que le plus habile homme.

(à Agnès.)

Puisqu'en raisonnemens votre esprit se consomme *;
La belle raisonneuse, est-ce qu'un si long-tems
Je vous aurai pour lui nourrie à mes dépens?

AGNÈS.

Non. Il vous rendra tout jusques au dernier double.

ARNOLPHE à part.

Elle a de certains mots où mon dépit redouble.

(haut.)

Me rendra-t-il, coquine, avec tout son pouvoir,
Les obligations que vous pouvez m'avoir?

* *Votre esprit se consomme*, ne se dit pas.

ACTE V, SCÈNE IV.

AGNÈS.

Je ne vous en ai pas de si grandes qu'on pense.

ARNOLPHE.

N'est-ce rien que les soins d'élever votre enfance ?

AGNÈS.

Vous avez là-dedans bien opéré vraiment,
Et m'avez fait en tout instruire joliment.
Croit-on que je me flatte, et qu'enfin, dans ma tête,
Je ne juge pas bien que je suis une bête ?
Moi-même j'en ai honte, et, dans l'âge où je suis,
Je ne veux point passer pour sotte, si je puis.

ARNOLPHE.

Vous fuyez l'ignorance, et voulez, quoi qu'il coûte,
Apprendre du blondin quelque chose.

AGNÈS.

Sans doute
C'est de lui que je sais ce que je peux savoir,
Et, beaucoup plus qu'à vous, je pense lui devoir.

ARNOLPHE.

Je ne sais qui me tient qu'avec une gourmade,
Ma main de ce discours ne venge la bravade.
J'enrage quand je vois sa piquante froideur :
Et quelques coups de poing satisferoient mon cœur.

AGNÈS.

Hélas, vous le pouvez, si cela vous peut plaire.

ARNOLPHE *à part.*

Ce mot, et ce regard désarme ma colère,
Et produit un retour de tendresse de cœur,
Qui de son action efface la noirceur.
Chose étrange d'aimer, et que, pour ces traîtresses,
Les hommes soient sujets à de telles foiblesses !
Tout le monde connoît leur imperfection,
Ce n'est qu'extravagance, et qu'indiscrétion,
Leur esprit est méchant, et leur ame est fragile,
Il n'est rien de plus foible, et de plus imbécille,
Rien de plus infidèle ; et malgré tout cela,
Dans le monde on fait tout pour ces animaux-là.

(*à Agnès.*)

Hé bien, faisons la paix. Va, petite traîtresse,

Je te pardonne tout, et te rends ma tendresse ;
Considère par là l'amour que j'ai pour toi,
Et, me voyant si bon, en revanche, aime moi.

AGNÈS.

Du meilleur de mon cœur, je voudrois vous complaire :
Que me coûteroit-il, si je le pouvois faire ?

ARNOLPHE.

Mon pauvre petit cœur, tu le peux, si tu veux.
Écoute seulement ce soupir amoureux ;
Vois ce regard mourant, contemple ma personne,
Et quitte ce morveux et l'amour qu'il te donne.
C'est quelque sort qu'il faut qu'il ait jeté sur toi,
Et tu seras cent fois plus heureuse avec moi.
Ta forte passion est d'être brave et leste,
Tu le seras toujours, va, je te le proteste ;
Sans cesse, nuit et jour, je te caresserai,
Je te bouchonnerai, baiserai, mangerai *;
Tout comme tu voudras, tu te pourras conduire :
Je ne m'explique point, et cela, c'est tout dire.

(*bas à part.*)

Jusqu'où la passion peut-elle faire aller ?

(*haut.*)

Enfin, à mon amour rien ne peut s'égaler :
Quelle preuve veux-tu que je t'en donne, ingrate !
Me veux-tu voir pleurer ? Veux-tu que je me batte ?
Veux-tu que je m'arrache un côté de cheveux ?
Veux-tu que je me tue ? Oui, dis si tu le veux,
Je suis tout prêt, cruelle, à te prouver ma flamme.

AGNÈS.

Tenez, tous vos discours ne me touchent point l'ame,
Horace avec deux mots en feroit plus que vous.

---

* *Je te bouchonnerai, baiserai, mangerai*, etc. Ce mot de *bouchonner* vient de *bouchon*, diminutif de *bouche*, mignardise dont on se sert quelquefois en caressant un enfant. *Baise-moi, mon petit bouchon :* comme Molière l'a fait dire ridiculement par Sganarelle à Isabelle, dans l'*Ecole des Maris*, scène 14, acte 2. *Mon petit nez, pauvre petit bouchon.*

ACTE V. SCENE V.

ARNOLPHE.

Ah, c'est trop me braver, trop pousser mon courroux.
Je suivrai mon dessein, bête trop indocile,
Et vous dénicherez à l'instant de la ville.
Vous rebutez mes vœux, et me mettez à bout ;
Mais un cul de couvent * me vengera de tout.

SCÈNE V,

ARNOLPHE, AGNÈS, ALAIN.

ALAIN.

Je ne sais ce que c'est, monsieur, mais il me semble
Qu'Agnès et le corps mort s'en sont allés ensemble.

ARNOLPHE.

La voici. Dans ma chambre allez me la nicher.

(*à part.*)

Ce ne sera pas là qu'il la viendra chercher ;
Et puis, c'est seulement pour une demi-heure ;
Je vais, pour lui donner une sûre demeure,

(*à Alain.*)

Trouver une voiture. Enfermez-vous des mieux,
Et, surtout, gardez-vous de la quitter des yeux.

(*seul.*)

Peut-être que son ame, étant dépaysée,
Pourra de cet amour être désabusée.

SCÈNE VI.

HORACE, ARNOLPHE.

HORACE.

Ah, je viens vous trouver accablé de douleur !
Le ciel, seigneur Arnolphe, a conclu mon malheur ;
Et, par un trait fatal d'une injustice extrême,

---

* *Mais un cul de couvent.* M. de Voltaire qui s'est élevé contre les expressions de *cul-de-sac* et de *cul-de-lampe*, n'auroit pas fait plus de grace à celle de *cul-de-couvent*, si elle avoit encore été d'usage.

On me veut arracher de la beauté que j'aime.
Pour arriver ici, mon père a pris le frais ;
J'ai trouvé qu'il mettoit pied à terre ici près ;
Et la cause, en un mot, d'une telle venue
Qui, comme je disois, ne m'étoit pas connue,
C'est qu'il m'a marié, sans m'en écrire rien,
Et qu'il vient en ces lieux célébrer ce lien.
Jugez, en prenant part à mon inquiétude,
S'il pouvoit m'arriver un contre-tems plus rude.
Cet Enrique, dont hier * je m'informois à vous,
Cause tout le malheur dont je ressens les coups,
Il vient avec mon père achever ma ruine,
Et c'est sa fille unique à qui l'on me destine.
J'ai, dès leurs premiers mots, pensé m'évanouir ;
Et d'abord, sans vouloir plus long-tems les ouïr,
Mon père ayant parlé de vous rendre visite,
L'esprit plein de frayeur, je l'ai devancé vîte.
De grace, gardez-vous de lui rien découvrir
De mon engagement, qui le pourroit aigrir,
Et tâchez, comme en vous il prend grande créance,
De le dissuader de cette autre alliance.

ARNOLPHE.

Oui-dà.

HORACE.

Conseillez-lui de différer un peu,
Et rendez, en ami, ce service à mon feu.

ARNOLPHE.

Je n'y manquerai pas.

HORACE.

C'est en vous que j'espère.

ARNOLPHE.

Fort bien.

HORACE.

Et je vous tiens mon véritable père.

---

* *Cet Enrique, dont hier je m'informois à vous.*

Voilà encore la faute du mot *hier* que Despréaux ne fait d'une syllabe, que lorsqu'il est précédé d'*avant*.

Le bruit court qu'avant-hier on vous assassina.

ACTE V. SCÈNE VII.

Dites-lui que mon âge.... Ah, je le vois venir !
Écoutez les raisons que je vous puis fournir.

SCÈNE VII.

ENRIQUE, ORONTE, CHRISALDE, HORACE, ARNOLPHE.

(Horace et Arnolphe se retirent dans un coin du théâtre, et parlent bas ensemble.)

ENRIQUE à *Chrisalde*.

Aussitôt qu'à mes yeux je vous ai vu paroître,
Quand on ne m'eût rien dit, j'aurois su vous connoître.
J'ai reconnu les traits de cette aimable sœur
Dont l'hymen autrefois m'avoit fait possesseur ;
Et je serois heureux, si la parque cruelle
M'eût laissé ramener cette épouse fidèle,
Pour jouir avec moi des sensibles douceurs
De revoir tous les siens après nos longs malheurs.
Mais puisque du destin la fatale puissance
Nous prive pour jamais de sa chère présence,
Tâchons de nous résoudre, et de nous contenter
Du seul fruit amoureux qui m'en ait pu rester.
Il vous touche de près*, et sans votre suffrage
J'aurois tort de vouloir disposer de ce gage.
Le choix du fils d'Oronte est glorieux de soi ;
Mais il faut que ce choix vous plaise comme à moi.

CHRISALDE.

C'est de mon jugement avoir mauvaise estime,
Que douter si j'approuve un choix si légitime.

ARNOLPHE à *part à Horace*.

Oui, je veux vous servir de la bonne façon.

HORACE à *part à Arnolphe*.

Gardez encore un coup....

---

* On supprimoit dans cette scène quatre vers commençant par : *Il vous touche de près*, etc.

ARNOLPHE à *Horace*.

                N'ayez aucun soupçon.

(*Arnolphe quitte Horace pour aller embrasser Oronte.*)

ORONTE à *Arnolphe*.

Ah! que cette embrassade est pleine de tendresse!

ARNOLPHE.

Que je sens à vous voir une grande alégresse!

ORONTE.

Je suis ici venu....

ARNOLPHE.

           Sans m'en faire récit,

Je sais ce qui vous mène *.

ORONTE.

               On vous l'a déjà dit?

ARNOLPHE.

Oui.

ORONTE.

     Tant mieux.

ARNOLPHE.

          Votre fils à cet hymen résiste,

Et son cœur prévenu n'y voit rien que de triste;

Il m'a même prié de vous en détourner;

Et moi, tout le conseil que je puis vous donner,

C'est de ne pas souffrir que ce nœud se diffère,

Et de faire valoir l'autorité de père.

Il faut avec vigueur ranger les jeunes gens;

Et nous faisons contr'eux à leur être indulgens.

HORACE à *part*.

Ah, traître!

CHRISALDE.

       Si son cœur a quelque répugnance,

Je tiens qu'on ne doit pas lui faire résistance.

Mon frère, que je crois, sera de mon avis.

ARNOLPHE.

Quoi, se laissera-t-il gouverner par son fils?

Est-ce que vous voulez qu'un père ait la mollesse

---

* *Ce qui vous mène*, l'exactitude demande *ce qui vous amène*.

ACTE V. SCÈNE VIII.

De ne savoir pas faire obéir la jeunesse ?
Il seroit beau vraiment, qu'on le vît aujourd'hui
Prendre loi de qui doit la recevoir de lui !
Non, non, c'est mon intime, et sa gloire est la mienne ;
Sa parole est donnée, il faut qu'il la maintienne,
Qu'il fasse voir ici de fermes sentimens,
Et force de son fils tous les attachemens.

ORONTE.

C'est parler comme il faut, et dans cette alliance,
C'est moi qui vous réponds de son obéissance.

CHRISALDE à *Arnolphe*.

Je suis surpris, pour moi, du grand empressement
Que vous me faites voir pour cet engagement,
Et ne puis deviner quel motif vous inspire....

ARNOLPHE.

Je sais ce que je fais, et dis ce qu'il faut dire.

ORONTE.

Oui, oui, seigneur Arnolphe, il est....

CHRISALDE.

                      Ce nom l'aigrit ;
C'est monsieur de la Souche, on vous l'a déjà dit.

ARNOLPHE.

Il n'importe.

HORACE à *part*.

Qu'entends-je ?

ARNOLPHE *se tournant vers Horace*.

                  Oui, c'est là le mystère,
Et vous pouvez juger ce que je devois faire.

HORACE à *part*.

En quel trouble....

SCÈNE VIII.

ENRIQUE, ORONTE, CHRISALDE, HORACE, ARNOLPHE, GEORGETTE.

GEORGETTE.

Monsieur, si vous n'êtes auprès,
Nous aurons de la peine à retenir Agnès ;

Elle veut à tous coups s'échapper, et peut-être
Qu'elle se pourroit bien jeter par la fenêtre.
ARNOLPHE.
Faites-moi la venir ; aussi bien de ce pas
(*à Horace.*)
Prétends-je l'emmener. Ne vous en fâchez pas,
Un bonheur continu rendroit l'homme superbe ;
Et chacun a son tour, comme dit le proverbe.
HORACE *à part.*
Quels maux peuvent, ô ciel, égaler mes ennuis !
Et s'est-on jamais vu dans l'abîme où je suis !
ARNOLPHE *à Oronte.*
Pressez vîte le jour de la cérémonie,
J'y prends part, et déjà moi-même je m'en prie.
ORONTE.
C'est bien là mon dessein.

SCÈNE IX.
AGNÈS, ORONTE, ENRIQUE, ARNOLPHE, HORACE, CHRISALDE, ALAIN, GEORGETTE.

ARNOLPHE *à Agnès.*
Venez, belle, venez,
Qu'on ne sauroit tenir, et qui vous mutinez.
Voici votre galant, à qui, pour récompense,
Vous pouvez faire une humble et douce révérence.
(*à Horace.*)
Adieu. L'événement trompe un peu vos souhaits,
Mais tous les amoureux ne sont pas satisfaits.
AGNÈS.
Me laissez-vous, Horace, emmener de la sorte ?
HORACE.
Je ne sais où j'en suis, tant ma douleur est forte.
ARNOLPHE.
Allons, causeuse, allons.
AGNÈS.
Je veux rester ici.

ACTE V. SCÈNE IX.

ORONTE.

Dites-nous ce que c'est que ce mystère-ci.
Nous nous regardons tous, sans le pouvoir comprendre.

ARNOLPHE.

Avec plus de loisir je pourrai vous l'apprendre.
Jusqu'au revoir.

ORONTE.

Où donc prétendez-vous aller ?
Vous ne nous parlez point comme il nous faut parler.

ARNOLPHE.

Je vous ai conseillé, malgré tout son murmure,
D'achever l'hymenée.

ORONTE.

Oui. Mais pour le conclure,
Si l'on vous a dit tout *, ne vous a-t-on pas dit

---

* La scène neuvième de cette excellente pièce de Molière languit un peu par de petites explications qui retardent le dénouement et qui sont absolument inutiles. On a vu dans la première scène du premier acte, qu'Arnolphe a eu la jeune Agnès d'une pauvre paysanne qui la lui a cédée par pauvreté. On est instruit, par la scène sixième du même acte, qu'un certain *Enrique*, qui a séjourné quatorze ans en Amérique, revient à Paris fort riche, et qu'il y doit arriver avec le père d'Horace pour un fait important que la lettre ne dit point. C'en est assez pour le dénouement ; Chrisalde et Oronte, qui s'interrompent à chaque couple de vers qu'ils débitent, n'apprennent que ce que le spectateur a déjà soupçonné. On a donc osé réduire ici les vingt-six vers employés à l'éclaircissement, à dix, dont les six premiers sont totalement de Molière, les voici :

ORONTE.

Si l'on vous a dit tout, ne vous a-t-on pas dit
Que vous avez chez vous celle dont il s'agit,
Cet enfant qu'autrefois, de l'aimable Angélique,
Sous des liens secrets, eut le seigneur Enrique ?
Sur quoi votre discours étoit-il donc fondé ?

CHRISALDE.

Je m'étonnois aussi de voir son procédé.

ORONTE.

La paysanne à qui la fille fut commise,
Nous a dit qu'en vos mains elle l'avoit remise ;
Et pour que vous soyez pleinement éclairci,
Vous pourrez à l'instant l'interroger ici.

Que vous avez chez vous celle dont il s'agit ;
La fille qu'autrefois, de l'aimable Angélique,
Sous des liens secrets eut le seigneur Enrique?
Sur quoi votre discours étoit-il donc fondé?

CHRISALDE.

Je m'étonnois aussi de voir son procédé.

ARNOLPHE.

Quoi?

CHRISALDE.

  D'un hymen secret ma sœur eut une fille,
Dont on cacha le sort à toute la famille.

ORONTE.

Et qui, sous de feints noms, pour ne rien découvrir,
Par son époux, aux champs, fut donnée à nourrir.

CHRISALDE.

Et, dans ce tems, le sort lui déclarant la guerre,
L'obligea de sortir de sa natale terre *.

ORONTE.

Et d'aller essuyer mille périls divers,
Dans ces lieux séparés de nous par tant de mers.

CHRISALDE.

Où ses soins ont gagné ce que dans sa patrie
Avoient pu lui ravir l'imposture et l'envie.

ORONTE.

Et de retour en France, il a cherché d'abord
Celle à qui de sa fille il confia le sort.

CHRISALDE.

Et cette paysanne a dit avec franchise,
Qu'en vos mains à quatre ans elle l'avoit remise.

CHRISALDE.

  Je devine à-peu-près quel est votre supplice, etc.

 Avec ce changement très-léger qu'on vient de hasarder, la scène court davantage à la conclusion. La troupe de Moliere s'étoit contentée de retrancher d'abord quatre vers, commençant par : *Et d'aller essuyer mille périls*, etc., puis quatre autres commençant par : *Et qu'elle l'avoit fait*, etc., mais le dialogue étoit encore trop long.

* *De sa natale terre*, il faut de *sa terre natale*.

ACTE V. SCÈNE X.

ORONTE.

Et qu'elle l'avoit fait, sur votre charité*,
Par un accablement d'extrême pauvreté.

CHRISALDE.

Et lui, plein de transports, et d'alégresse en l'ame,
A fait jusqu'en ces lieux conduire cette femme.

ORONTE.

Et vous allez enfin la voir venir ici,
Pour rendre aux yeux de tous ce mystère éclairci.

CHRISALDE à *Arnolphe*.

Je devine à-peu-près quel est votre supplice ;
Mais le sort en cela ne vous est que propice.
Si n'être point cocu vous semble un si grand bien,
Ne vous point marier en est le vrai moyen.

ARNOLPHE *s'en allant tout transporté, et ne pouvant parler.*

Ouf.

SCÈNE X ET DERNIÈRE.

ENRIQUE, ORONTE, CHRISALDE, AGNÈS, HORACE.

ORONTE.

D'où vient qu'il s'enfuit sans rien dire.

HORACE.

Ah, mon père !
Vous saurez pleinement ce surprenant mystère.
Le hasard en ces lieux avoit exécuté
Ce que votre sagesse avoit prémédité.
J'étois, par les doux nœuds d'une amour mutuelle,
Engagé de parole avecque cette belle ;
Et c'est elle, en un mot, que vous venez chercher,
Et pour qui mon refus a pensé vous fâcher.

ENRIQUE.

Je n'en ai point douté d'abord que je l'ai vue,

---

* *Sur votre charité.... Par un accablement d'extrême pauvreté*, ces deux vers ont paru mal écrits.

Et mon ame depuis n'a cessé d'être émue.
Ah, ma fille ! je cède à des transports si doux *.

* On étoit bien loin, du tems de Molière, de prévoir ce qu'une reconnoissance pouvoit comporter de pathétique. Cette découverte merveilleuse étoit réservée à l'impuissance de nos dramatiques modernes. La première tragédie où elle se soit montrée avec cet art trop imité depuis, est celle de *Pénélope*, en 1684. La nécessité d'intéresser dans ce genre, a pu les y faire admettre, mais l'obligation d'agir et d'amuser n'en devoit jamais faire un des ressorts de l'art de *Thalie*.

L'intrigue de l'*Ecole des Femmes* tenoit en quelque façon moins à nos mœurs qu'à celles du tems de Plaute. Ces histoires d'enfans dont on ignore les pères et qui donnent lieu à des reconnoissances, sont rares parmi nous, et par conséquent sont peu du ressort de la comédie, qui ne doit regarder la vie civile que par les événemens qui y sont communs et fréquens. Molière en dut sentir les inconvéniens par les difficultés qu'il trouva de faire un dénouement simple et naturel.

Disons-le une fois pour toutes ici. On a blâmé, on blâme encore aujourd'hui, et même avec plus d'affectation, les dénouemens de Molière. Souvent la critique sur ce point est injuste. On verra que l'intervention de Louis XIV dans le cinquième acte du *Tartufe*, n'est point une machine ; mais la critique est presque toujours plus frivole encore qu'elle n'est injuste. Tâchons d'être gais, plaisans, originaux comme Molière, et nous appuierons moins sur le mérite des dénouemens. Que ce mérite soit, si l'on veut, la ressource du genre dramatique pédant et triste, il faut bien que ce genre, en perdant beaucoup du côté du génie, ait quelque avantage du côté de la fabrique.

M. Riccoboni a observé que l'accablement d'Arnolphe, qui n'a plus la force de parler et qui se retire en poussant un gros soupir, est un coup de génie. C'est cependant ce que les ridicules ennemis de Molière, les *Somaize*, les *Dévisé*, les *Chevalier* et les *Plapisson*, etc., ont osé critiquer sans pudeur et sans goût.

Avant de finir ces observations, nous devons convenir que *la Précaution inutile*, nouvelle de Scarron, avoit été connue de Molière. *Don Pèdre* ainsi qu'*Arnolphe* se sert de tous les moyens propres, à ce qu'il croit, à entretenir l'innocence de sa femme, il l'entoure de valets aussi sots qu'elle, et la scène trois du troisième acte paroît évidemment imitée du roman. Voici ce que dit Scarron. *Il se mit dans une chaise, fit tenir sa femme debout, et lui dit.... Vous êtes ma femme dont j'espère que j'aurai sujet de louer Dieu,... mettez-vous bien dans l'esprit ce que je vais*

ACTE V. SCÈNE X.

CHRISALDE.

J'en ferois de bon cœur, mon frère, autant que vous ;
Mais ces lieux et cela ne s'accommodent guères.
Allons dans la maison débrouiller ces mystères,
Payer à notre ami ses soins officieux,
Et rendre grace au ciel qui fait tout pour le mieux.

vous dire, et l'observez exactement..... A toutes ces paroles dorées, Laure faisoit de grandes révérences, etc. Un gentilhomme de Cordoue passe sous le balcon de Laure, une voisine charitable fait auprès de Laure le même personnage que la vieille de Molière ; à-peu-près même naïveté de la part de l'innocente qui se laisse corrompre comme Agnès. Molière, ainsi qu'on le voit, fit usage de cette nouvelle ; mais il en fit un excellent usage, et c'est à ce seul titre qu'il peut être permis de s'emparer des idées d'autrui. Le plagiat n'est un vol, que pour la médiocrité. Laissons l'abeille se précipiter dans le calice des fleurs, elle en extrait une liqueur précieuse. Le seul frélon n'a point de droit à leurs parfums, puisqu'il n'en retire aucun fruit.

FIN DU TOME DEUXIÈME.

TABLE DES PIÈCES

CONTENUES

DANS LE DEUXIÈME TOME.

Avertissement de l'éditeur sur *Sganarelle,*
 ou *le Cocu imaginaire.* *Page* 3
Sganarelle, ou le Cocu imaginaire. 11
Avertissement de l'éditeur sur *Don Garcie*
 de Navarre, ou *le Prince Jaloux.* 47
Don Garcie de Navarre. 51
Avertissement de l'éditeur sur l'*École des*
 Maris. 121
L'École des Maris. 131
Avertissement de l'éditeur sur *les Fâcheux.* 189
Avertissement. 197
Prologue. 200
Les Fâcheux. 203
Avertissement de l'éditeur sur l'*École des*
 Femmes. 249
Stances sur l'*École des Femmes.* 257
Préface. 261
L'École des Femmes. 263

FIN DE LA TABLE.

www.ingramcontent.com/pod-product-compliance
Lightning Source LLC
Chambersburg PA
CBHW050804170426
43202CB00013B/2562